KB042104

소진 시대의 철학

소진

김정현 지음

시대의

철학

책세상

온 영혼으로 저를 돌보아주셨고

많은 이들을 키워낸 교육의 큰 나무이셨던

아버님(김수년, 1926. 5. 2.~2015. 11. 27.)께 이 책을 바칩니다.

제3부

우리는 어떻게 살아야 하는가
― 살림과 치유 사상

일러두기

이 책은 저자가 쓴 다음 글들을 수정·보완해 엮은 것이다.

〈열린 정신과 상생의 도덕〉,《열린 정신 인문학연구》제4집(원광대 인문학연구소, 2003년 2월), 9~15쪽.
〈행복의 철학과 삶의 예술〉,《원불교사상과 종교문화》제50집(원불교사상연구원, 2011년 12월), 245~272쪽.
〈글로컬리즘에 대한 철학적 성찰―'자아 정체성'을 중심으로〉,《범한철학》제67집(범한철학회, 2012년 겨울), 315~336쪽.
〈에쿠멘 윤리, 대지와 몸의 생태 사상〉,《철학연구》제126집(대한철학회, 2013년 5월), 1~23쪽.
〈불안의 치유와 소통의 사유―'자아신경증'을 중심으로〉,《범한철학》제71집(범한철학회, 2013년 겨울), 321~348쪽.
〈현대에서 '죽음'의 의미〉,《열린 정신 인문학 연구》제15집 2호(원광대 인문학연구소, 2015년 1월), 77~100쪽.
〈니체의 행복과 치유의 사상〉,《철학연구》제135집(대한철학회, 2015년 8월), 209~235쪽.
〈소진의 시대와 영혼의 보살핌〉,《철학연구》제140집(대한철학회, 2016년 12월), 217~242쪽.

머리말

1.

이 책은 2000년 전후, 다시 말해 21세기의 격변하는 시대와 대면한 내 삶의 기록이다. 그렇다고 해서 이 책에 사적인 이야기를 담았다는 말은 아니다. 프리드리히 니체Friedrich Nietzsche가 《반시대적 고찰》을 쓰며 자신의 시대와 대면했듯이, 나 역시 너무나 빠른 속도로 변화하는 우리 시대의 모습을 고민하고 수많은 문제점을 철학적으로 분석하고자 했다. 우리 시대에는 짧은 기간 동안 너무나 빠르게 문명 변화가 일어났고 더불어 숱한 사회문제들이 나타났다. 인터넷을 비롯하여 휴대전화, 사회연결망서비스(이하 SNS)의 등장 같은 정보화 사회 대중매체의 변화뿐만 아니라, 정치·경제·문화 영역에서도 세계화/지구지역화, 신자유주의, 문명의 충돌, 새로운 형태의 서구 제국주의와 다문화주의 같은 거대한 변화가 문명 차원에서 일어났다. 현재도 사물인터넷IoT, 생명공학,

로봇공학, 인공지능AI 등과 같이 혁신적 미래 과학기술들이 등장하며 4차 산업혁명이 일어나고 있으며 이로 말미암아 생활 패턴의 변화도 급물살을 타는 등 새로운 문명의 변화가 다가오고 있다.

그동안 정보화 사회, 지식 사회, 투명 사회, 세계화, 지구촌, 세계위험사회, 신자유주의, IMF 경제위기, 경제적 세계화와 불평등의 심화, 문화적 제국주의, 다원주의, 초고령 사회, 피로 사회, 불안 사회, 소진 사회, 자아신경증 등 우리 시대를 읽는 무수히 많은 용어들이 제시되었는데, 이는 시대 변화와 문명의 흐름과 연관된 것들이다. 물론 여기에도 빛과 그림자가 있다. 세계화에는 경제적 불평등을 심화시키는 신자유주의의 폭력이 있는 반면, 문화다원주의나 세계시민주의 같은 새로운 시대의 요청도 담겨 있다. 정보화 사회에 접어들면서 인터넷이나 새로운 대중매체를 통해 관계(네트워크)가 실시간으로 확장되는 반면, 익명성이나 자아 성찰의 약화라는 문제점도 생겨났다. 마치 거대한 산등성이에 해가 뜨고 질 뿐만 아니라 구름이 흘러갈 때면 커다란 그림자가 드리우듯이 우리 삶의 현장에도 수많은 문명의 난제가 드리워져 있다. 문명의 변화가 너무 빠르고 격렬해서 이 시대를 살아가는 개인들이 자기 삶을 정향할 수 있는 가치론적 무게중심을 잡기가 쉽지 않아 보인다. 현대인들은 이러한 시대의 변화에 적응하라는 지상명령에 닦달당하며 무력감과 만성피로에 젖어 존재의 불안과 소진을 경험하며 힘겨워하고 있다.

근대화와 산업화에 뒤처져 역사의 고난을 겪고 경제적 어려움을 느껴야만 했던 지난 역사의 아픔을 이겨내고자 정보화 사회를 선도해 나가려 했던 오늘날 한국 사회에는 경쟁, 과잉 활동, 스트레스, 사적 생활 영역의 유보, 삶의 질 저하, 삶의 의미 상실, 불안, 우울증, 자살률 증가 등 부정적 현상이 많이 나타나고 있다. 또한 미래 세대의 출산율이 낮아지고 (초)고령 사회로 들어서면서 수많은 사회문제도 나타나고 있다. 출산율 저하와 학령인구의 감소로 초중고등학교가 축소 혹은 폐교되었고, 대학에도 구조조정의 바람이 불어왔다. 취업률이나 경제적 가치를 산출하는 학과 중심의 평가 지표가 제시되고 회사의 재무회계를 평가하는 컨설팅 회사가 대학 구조조정 현장에서 칼을 휘두르는 '기이하고도 코미디 같은' 장면이 연출되기도 했다. 이제 지표, 성과, 효율성, 취업률, 실용성, 창업 같은 용어가 대학의 미래 생존을 좌우하는 언어가 되어버렸고, 대학은 취업준비 학원으로 전락한 것이다. 철학이나 문학, 역사 등의 인문학이나 수학, 물리학 같은 자연과학의 기초학문 영역은 점차 설 자리가 없어져버리는 현상이 나타났다. 21세기 들어서도 노벨상 하나 받지 못한다고 자조自嘲하면서도 오히려 순수학문은 고사시키는 정책이 우리 사회에 유령처럼 돌아다니고 있다.

　　오랜 세월 동안 많은 노력을 기울인 끝에 인문학이 성장해 이제 꽃이 피고 열매를 맺을 때가 되었는데, 효율성, 경제성, 실용성의 잣대로 철학이나 문학의 영역을 고사시키고 있는 것이다. 대학의 역할이나 학문의 본질에 대한 근본적 고뇌나 정책적 배려 없이 실용성과 경제적 효과, 취업, 창업만을 강조하면 당장에는 작은 경제적 성과를 얻을 수 있을지 몰라도 사회 구성원들이 인간적인 삶을 깊이 성찰하며 건강한 삶을 영위할 수는 없게 된다. 실업률이 높아 청년들이 삶을 포기하는 절박한 사회 상황을 몰라서 하는 이야기가 아니다. 희망과 미래가 있는 사회를 만들기 위해 이러한 문제들은 국가 차원에서 풀어야 할 절박한 과제임이 틀림없다. 그러나 분명한 것은 효율성, 성과, 실용성만이 대학과 우리 삶을 평가하는 지표가 될 수 없다는 사실이다. 문명과 시대, 사회의 현기증 나는 변화에 직면해서, 그것이 초래하는 수많은 문제들에 맞닥뜨리고 있지만 그렇다고 절망과 무기력, 불안과 우울증에만 빠져 있을 수는 없을 것이다. 문명과 시대가 어떻게 변하고 있고, 어떤 문제들을 야기하는지를 읽고 아는 것도 한 가지 대응 방식이 될 수 있을 것이다.

문명이 변하면 삶의 이야기도 변한다. 다시 말해 삶의 이야기를 서술하는 문법이 바뀌고 구체적인 표현 방식이나 내용도 달라진다. 인터넷이나 페이스북, 스마트폰, 카카오톡 같은 전자매체의 발달은 의사소통 방식을 변화시키고 있다. 사람들은 얼굴을 보고 의사를 전달하는 방식보다 간단한 문자로 연락을 주고받는 방식을 더 편하게 느끼게 된다. 긴 문장을 통해 자신을 표현하는 데 부담이나 불안을 느끼는 '호흡이 짧은' 인간이 되기도 한다. 전자매체가 인간이 서로 관계를 맺는 방식을 변화시키는 것이다. 여기에는 빛과 그림자처럼 부산물이 생겨난다. 현대사회에서는 전자매체가 자유롭게 사용되며 정보처리의 속도도 빨라지지만 동시에 사이버공간 속으로 침윤된 사회관계가 유동함으로써 삶의 준거틀마저 흔들리는 것이다. 인간관계의 밀도가 줄어들고 주관적·이기적 자기 몰입이라는 증상이 심화된다. 달리 말하자면 비판적·논리적 사고력과 표현 능력, 성숙한 의식을 가지고 사회관계를 맺는 역량이 줄어드는 것이다. 인간적 체온이 느껴지는 만남이나 관계가 사라질지 모른다는 우려가 없지 않은 것도 사실이다.

나는 이 책에 한국 사회뿐만 아니라 지구촌의 변화상을 담았다. 때로는 뭉크의 〈절규하는 사람〉처럼 현기증을 느끼며 어지러워하기도 했고, 사회변화를 이끌어가는 한국의 정치와 정책에 분노와 절망을 느끼기도 했으며, 지구촌의 변화와 문제들을 깊이 고뇌하기도 했다. 이 글은 주로 2000년 이후 새롭게 등장한 우리 사회와 시대, 지구촌의 문제들을 나름대로 철학적으로 진단하고 대안을 제시하고자 쓴 것이다. 이 책은 나 자신의 철학적 고뇌를 담은 사유의 기록이지만 동시대를 살아가는 많은 이들의 삶의 이야기이기도 하다. 격변의 시대에 기우뚱하는 존재의 중심을 잡고 자기 손상 없이 균형 잡힌 삶을 살아가고자 하는 이들을 위한 책이기도 하다. 이 시대를 살아가는 모든 사람이 문명의 미로에서 헤매지 않고, 삶의 길 위에서 추락하지 않고, 사회에서 외톨이로 낙오되지 않기를 바란다. 또 이들이 깊은 인문학적 '정신적 산소'를 마시고 건강하게 삶과 영혼을 보살피면서 인간적 존엄성과 가치를 찾았으면 한다.

2.

이 책은 2000년 이후 나의 철학적 고뇌가 담겨 있다. 제1부에서는 20세기가 열리며 나타나기 시작한 글로벌 시대(세계화)의 흐름과 희망, 그리고 이 시대에 필요한 사유를 정리했고, 동시에 지구화globalization/지구지역화glocalization 현상과 자아 정체성 및 세계시민주의 문제를 다루었다. 제2부에서는 글로벌 시대의 문제들, 즉 성과 사회와 피로 사회의 부산물인 불안과 자아신경증, 소진 사회 및 정보화 사회의 부산물인 자아도취적 몰두와 이를 극복할 수 있는 방안을 살펴보았다. 또 죽음으로부터 소외되고 죽음이 범속화되는 현대사회의 죽음 문제도 함께 다루었다. 제3부에서는 이러한 시대에 우리가 어떻게 살아야 하는가의 문제를 다루었다. 그 가운데 대지와 몸을 어떻게 살려야 하는가의 문제를 에쿠멘 윤리로 다루었고, 행복과 관련해 마음 테라피를 두 개의 장으로 나누어 살펴보았다. 세 가지 논제 모두 살림과 치유 사상에 해당한다. 그동안 발표한 학술논문들을 수정하거나 보완했고, 일부는 이를 주제에 맞게 다시 배치하거나 구성했다. 이 책의 개별 주제들은 전체적으로 긴 호흡으로 연결되어 있기는 하지만, 각 장은 나름 완결성을 갖추고 있어 어디서부터 읽든 무방하다. 그동안 《니체의 몸철학》, 《니체, 생명과 치유의 철학》, 《철학과 마음의 치유》 등을 출간했는데, 이 책 역시 내 학문의 큰 기획에 담겨 있던 것이다. 그동안 쓴 여러 글들을 토대로 앞으로도 여러 책들이 세상에 나올 예정이며, 곧 "니체와 한국 지성사"에 관한 책도 출판될 것이다.

이 책에는 모두 여덟 점의 판화 작품이 있다. 최근 내가 작업한 목판화와 석판화인데, 책의 내용과 전혀 무관하지는 않다. 그동안 시간이 날 때마다 서예와 판화 작업을 해왔는데 여기에 실은 것들이 고졸古拙한 결과물들이다. 2015년 1월 서울 삼청동의 새김아트갤러리에서 고암古岩 정병례 선생님을 처음 뵌 이후 지근에서 찾아뵙고 묻기도 하고 곁눈질도 하면서 홀로 창작한 작품들도 있다. 이러한 작업들은 나름대로 연원이 있다. 서예는 현대 한국 서예계의 최고봉이라 일컬어지는 검여劍如 유희강柳熙鋼 선생님의 제자이자 강원대 교수였던 월천月泉 전용운全龍雲 선생님께 1972년부터 사사하기 시작했고 대학 시절에는 남전南田 원중식元仲植 선생님께 잠깐 배우기도 했지만 대학원과 유학 시절에는 주로 홀로 작업했다. 현재도 춘천에서 활동하시는 시백時伯 안종중安宗重 선생님이 인장 여러 개를 전각篆刻해주셔서 지금까지도 잘 사용하고 있다. 내 작품에 찍은 낙관들은 대부분 시백 선생님이 전각해주신 것들이며, 얼마 전 고암 선생님으로부터 받은 낙관도 이번 작품들에 사용했다. 독일 유학 시절에는 서예를 회화의 영역으로 발전시켰으면 좋겠다는 생각을 하며 목판화를 시작했고, 이후 석판화로까지 자연스레 영역을 넓히게 되었다.

나 자신의 철학적 화두를 이미지로 표현하는 작업은 기실 1988년 독일로 유학을 가면서부터 시작했다. 너무나 심심하고 외롭고 적적해서 서예며 회화 작업을 하고 추상문자적 그림을 그리기도 했는데, 판화 작업은 우연하게 1991년부터 시작했다. 독일 뷔르츠부르크에서 아내와 산보하다가 우연히 길거리에 나뒹구는 작고 모난 나뭇조각 하나를 발견했는데, 이것을 집에 가져와 연필 깎는 칼로 조각을 했다. 이후 짬짬이 이것저것 자료를 찾아가며 홀로 목판 작업을 했는데, 때론 기술적 어려움을 겪고 때론 재료의 물성을 이해하지 못해 힘들어하며 독학의 어려움을 절감하기도 했다. 이러한 어려움을 겪으며 목판화가 이철수 선생님을 찾아뵐 기회가 있어 목판화 조각 방법을 여쭈어보기도 했다. 목판화나 석판화 모두 결과물로는 서툴고 조야하지만 나 자신의 생각을 이미지로 표현할 수 있는 방법이라 흥을 내며 작업을 하곤 한다. 고졸하고 서툰 작품들이지만 그저 지나가는 눈으로 재미있게 보아주었으면 좋겠다.

책이 나올 때까지 은혜를 베풀고 배려를 해준 여러 분들이 있다. 책세상 편집진은 항상 따뜻한 마음으로 내 글을 읽고 좋은 책으로 만들어

주었다. 이 책의 내용 가운데는 원광대학교 열린정신포럼/글로벌인문학 강좌, 영남대학교 인문학연구소, 서울대학교 사회교육연구소, 허준박물관, EBS, 서강대학교 인문학연구소 등 여러 기관이나 강좌에서 발표한 글들이 있다. 발표 기회를 마련해준 이들 기관 덕분에 이 책이 탄생할 수 있었다. 특히 원광대학교에서 4년간 '글로벌인문학'을 맡아 국내외 석학들과 각 분야의 최고 전문가를 매주 한 분씩 초빙해 강좌를 운영했는데, 이 강좌에서 발표한 글들도 여럿 있다. '글로벌인문학' 강좌를 맡도록 배려해주신 정세현 전前 총장님께, 또 이 강좌가 명품 강좌로 유지될 수 있도록 지원해주신 김도종 총장님께도 감사 말씀을 드린다. 내 학문 세계를 잘 펼 수 있도록 항상 관심을 기울여주신 학과 및 주변의 동료 교수님들께도 고마움을 전한다. 작년이 연구년이라 이 책이 세상에 나오는 데 도움이 되었다.

재작년에는 온 마음을 다해 나를 보살펴주신 아버님께서 유명幽明을 달리하셨다. 오늘 내가 이렇게 학문적 작업을 할 수 있었던 것은 고등학교 시절에 강원대학교 독문학과 교수였던 아버님께서 자주 들르시던 서점 한 곳을 소개해주신 덕분이다. 서점에서 내가 보고 싶은 책을 마음대로 가져다 보라고 소개해주시고 추후 아버님께서 책값을 내주시곤 했다. 내 학문에 대한 관심이, 인문학에 대한 애정이 이때부터 무럭무럭 자라날 수 있었다. 무엇인지도 모르고 소설이나 문예지, 시집 같은 문학 책을 밤새 읽었고, 철학서나 철학적 수필집을 가져다 씨름하곤 했다. 주위의 친구들이 교과서를 암기하고 시험을 보고 예비고사와 대학입시를 준비하던 당시 나는 밤새도록 이러한 책들을 읽으며 처음으로 광대한 학문의 세계와 문학적 상상력의 세계를 넘겨다보았고 내 삶의 작은 우주를 기획할 수 있었다. 내 학문적 자양분을 마련하시고 후덕한 인품의 빛을 비추어주셨던 아버님 덕분에 내 학문적 세계가 성장할 수 있었다. 마지막 가시는 길까지 아버님을 지극정성으로 보살펴주시며 사람이 가야 할 바른 길을 온몸으로 보여주신 어머님께도 깊이 감사드린다. 이 책을 아버님의 영전에 바친다.

2017년 겨울

김정현

제1부

우리는 어디에 서 있는가
지구촌 시대 읽기

제1장

글로벌 시대, 어디에 와 있는가
— 지구촌 시대와 열린 정신

1. 지구촌과 지구지역화 시대

"지금까지 천 개나 되는 목표가 있었다. 천 개나 되는 민족이 있었기 때문이다. 다만 천 개의 목에 채울 족쇄가 없을 뿐이다. 하나의 목표가 없을 뿐이다. 그것은 인류가 아직 목표를 가지고 있지 않다는 뜻이다. / 내게 말하라, 형제여, 인류가 여지껏 목표를 가지고 있지 않다면, 인류라는 것 자체가 아직 존재하지 않는 것이 아닐까?"[1] 니체는《차라투스트라는 이렇게 말했다》에서 19세기에 등장한 민족과 민족주의에

---

1 Friedrich Nietzsche, *Also sprach Zarathustra*, Friedrich Nietzsche, *Sämtliche Werke Kritische Studienausgabe*, Bd.4, von G. Colli und M. Montinari(Hrsg.)(Berlin/New York: Walter de Gruyter, 1980ff.), 76쪽(니체 전집은 이 전집판을 인용하면서 KSA로 약기하며, 개별 저서는 현재 세계 니체 학계에서 통용되는 약기에 따른다). ; 프리드리히 니체,《차라투스트라는 이렇게 말했다》, 정동호 옮김(책세상, 2001), 96쪽(니체 번역본은 책세상 출판사에서 펴낸 세계 표준판 비평 전집을 사용한다).

석판화 〈바다 세상〉 (2016)
물고기는 국경이 없다. 종에 따라 자신의 생존 공간이 있기는 하지만 바다가 모두 자신의 세계다. 오늘날 인류도 물고기의 바다 세상처럼 글로벌 세계 속에서 살고 있다. 인터넷이나 SNS를 통해 우리는 세계를 동시적으로 넘나들며 살고 있다. 오늘날 우리는 원하든 그렇지 않든 세계화 물결 속에 들어와 있으며, 글로벌 시대를 살아가고 있다. "지구적으로 생각하고, 지역적으로 활동하라"는 생태학자 뒤보스René Dubos의 말은 지구촌에 살면서 우리의 인식 및 행위 조건이 변했다는 것을 말해준다.

기반을 둔 삶의 양식만이 있을 뿐 지구촌 문화 또는 공동의 인류 의식에 기초를 둔 열린 세계가 제대로 발아하지 못하고 있다고 설파했다. 피부와 언어, 인종과 민족, 종교와 빈부를 넘어서서 인간을 인간으로 바라보는 인류라는 보편 의식이 성숙되지 못했음을 말하는 것이다. 다시 말해 민족주의 이념이 나오고 민족국가가 형성되었지만, 지구촌을 보편적 삶의 공동체로 인식하며 인류가 세계시민으로 살 수 있는 성숙한 '삶의 정치'가 발아하지 못했다는 것이다. 그러나 니체가 죽은 뒤 한 세기가 지난 오늘날 우리는 현대 프랑스의 지성 기 소르망Guy Sorman의 표현대로 "세계가 나의 부족"인 시대에 살고 있다.[2] 비록 완전하지는 않지만 인간의 삶이 하나의 인류라는 의식으로 묶이고 있으며, 지리적·문화적 가장자리가 보편적 인류 의식에 입각한 세계 공동체로 수렴되는 가운데 편재된 중심에서 움직이고 있다.

오늘날 우리는 어찌 보면 과거와는 다른 지구 공동체에 살고 있다. 정도의 차이는 있을지 몰라도 세계 각 지역에서 일어나는 크고 작은 활동들이 전 세계에서 함께 감지되고 서로 영향을 주고받는 '지구촌 체계' 속에서 살고 있는 것이다. '지구촌Global Village'이라는 용어를 처음 사용한 마셜 매클루언Marshall McLuhan은 이미 1964년에 출간된 자신의 저서 《매체의 이해Understanding Media》에서 서양은 지난 3,000년간 지속된 세분화와 기계적 기술공학의 폭발explosion에 이어 이제 내파implosion를

---

2 소르망은 경제 발전과 평화를 줄 수 있다는 약속으로 진행된 미국화된 세계화가 문화적 다양성을 빼앗아가며 세계를 빈곤하게 만들고 있다고 비판하면서, 우리는 '세계화된' 엘리트와 '민족주의화된' 민중들, '세계화된' 경제 생활과 '지역적인' 정치 생활 사이의 모순을 극복할 수 없으며, 이러한 모순과 더불어 살아가는 법을 배우게 될 것이라고 암울하게 진단한다. 기 소르망, 《열린 세계와 문명 창조》, 박선 옮김(한국경제신문사, 1998), 14~23쪽 참조.

경험하고 있고, 우리의 중추신경계를 세계로 연결하는 그물망이 확장되면서 이제 '전자적 기술공학의 시대'가 열리고 있다고 선언한 바 있다.[3] 근대 산업 문명의 기술이 폭발해 우리 육체가 공간적으로 확장되고 욕망이 증폭되는 시대를 거쳐, 오늘날 우리는 전자매체의 기술혁신에 의해 또 다른 문명의 내부 폭발을 경험하며 시공간의 한계를 극복하면서 정보와 욕망, 사고와 삶의 양식을 교환하는 시대에 살고 있는 것이다.

인류는 현재 지구촌 문명의 변화와 위기가 반영된 중층적 문제의식의 광장agora 속에서 함께 움직이고 있으며, '후기산업사회', '정보 사회', '투명 사회'나 '세계화', 4차 산업혁명 등의 용어로 규정될 수 있는 지구 문명의 새로운 환경 속에 거주하고 있다. 최근 세계인의 삶의 양식에 거대한 영향을 미치고 있는 '신자유주의'나 '자본주의적 세계체제'(이매뉴얼 월러스틴Emmanual Wallerstein), 생태적 지구화로서의 '세계위험사회'(울리히 벡Ulrich Beck), 세계와 지역의 쌍방향적 접촉과 대화라는 상호 의존적 문화 결속체로서의 '지구지역화Glocalization'(롤런드 로버트슨 Roland Robertson)에 대한 논의들은 세계가 하나의 생활공간으로 연결되어 있다는 의식이 이제 점차 일상화되고 있음을 보여준다.[4] 프랜시스 후쿠야마Francis Fukuyama는 자유주의 체제가 역사에서 최종적으로 승리

---

3 Marshall McLuhan, *Understanding Media: The extention of man*(New York: Signet Books, 1964), 19~21쪽 참조. ; 송두율, 《21세기와의 대화》(한겨레신문사, 1998), 53~54쪽 참조.
4 세계화에 대한 최근의 중요한 논의로, 이매뉴얼 월러스틴 · 테렌스 K. 홉킨즈, 《이행의 시대》, 백승욱 · 김영아 옮김(창작과비평사, 1998), 11~23쪽. ; 존 그레이, 《전 지구적 자본주의의 환상》, 김영진 옮김(도서출판 창, 1999). ; 미셸 초스도프스키, 《빈곤의 세계화》, 이대훈 옮김(당대, 1998). ; 앤서니 기든스, 《질주하는 세계》, 박찬욱 옮김(생각의나무, 2000). ; Ulrich Beck, *Risikogesellschaft*(Frankfurt a.M.: Suhrkamp, 1986). ; ——, *Was ist Globalisierung?*(Frankfurt a.m., Suhrkamp, 1997) 등이 있다.

를 구가했다는 '역사의 종말The end of history'을 주장하고 있지만, 오히려 하워드 펄머터Howard V. Perlmutter는 하나의 전全 지구적 문명의 역사는 이제 시작되었다고 역설한다.[5] 놈 촘스키Noam Chomsky가 비판하고 있듯이 우리는 한편으로 신자유주의, 세계 정치의 제국주의, 세계의 맥도널드화라는 경제적 지구화와 문화적 제국주의의 위험성에 노출되어 있으면서,[6] 다른 한편으로는 중심과 탈중심, 세계와 지역의 문화적 소통과 대중매체의 기호 교환, 지구적 생태 환경에 관한 공동 운명적 경험을 매일 겪고 있다. 또 한편 신자유주의 체제가 초래한 모순과 정치·경제적 역동 속에서 갈등을 겪고 있으며 동시에 생명공학, 사물인터넷IoT, 인공지능, 나노기술, 로봇산업 등이 융합된 4차 산업혁명 시대를 준비하고 있다.

　　세계는 지금까지 인류가 경험하지 못한 지구적 지평 위에서 그물망처럼 상호 연결되고 있고, 지역과 세계, 특수성과 보편성, 중심과 탈중심의 이종교배적 삶의 질서를 교환하고 있다. 우리가 살고 있는 21세기 현재에는 한편으로 정치 영역에서 많은 문제점을 노출시키고 있는 신자유주의적 경제적 세계화라는 극우적 동력이 작동하고 있고,[7] 또 이에 대한 반작용으로 트럼프의 자국우선주의, 반反이민 정책, 보호무역

5 Ulrich Beck, *Was ist Globalisierung?*, 94쪽.
6 미국의 세계적인 언어학자이자 정치비평가인 촘스키의 신자유주의와 미국의 제국주의적 세계 질서의 재편에 대한 비판적 논의로, 놈 촘스키, 《그들에게 국민은 없다》, 강주헌 옮김(모색, 1999). ; ──, 《507년, 정복은 계속된다》, 오애리 옮김(이후, 2000)를 참조할 것.
7 신자유주의의 폭력적 정치 프로그램에 대해서는, 피에르 부르디외, 〈신자유주의의 본질〉, 비평이론학회, 《비평》 제2호(생각의나무, 2000), 172~180쪽을 참조할 것. 이 글에서 부르디외Pierre Bourdieu는 신자유주의 유토피아가 경제 효율성이라는 미명하에 시장의 권력을 신성시하며, '자유무역 맹신주의'를 부추기고 있는데, 지구적 공공선이란 이러한 신자유주의적·경제적·상인적 비전을 통해서는 결코 획득할 수 없다고 비판한다.

주의 등이 나오며 세계 질서의 불확실성이 더욱 증대되고 있다. 그러나 전자매체의 발달이나 인공지능, 로봇산업 등 4차 산업혁명이 진행되고 있을 뿐만 아니라 생태계 위기, 난민문제 등이 부각되는 현실에서 세계와 현대가 변화와 위기에 처했다는 인식을 공유함으로써 세계는 지구촌 문명을 함께 일구어나갈 수 있다.[8] 이러한 지구촌 시대에 우리는 지식의 규정과 인간의 정체성에서 어떤 시대적 문제를 겪고 있으며 이를 해결하기 위해 어떤 사유가 필요한지 살펴볼 필요가 있다.

2. 현대의 위기와 인문 정신의 위기

현대는 전자적으로 매개된 열린 지구촌의 시대이다. 장 프랑수아 리오타르Jean-François Lyotard는《포스트모던의 조건 *La Condition Postmoderne*》에서 정보화 사회에서 지식의 위상이 변화하고 있으며, 체계성, 통일성, 전체성 등 단일전체성unitotalité의 원리에 의거하는 과거의 메타담론적 지식은 차이와 불일치에 의거하는 '작은 이야기petit récit'로 변하고 있다고 말한다. 즉 지식을 정당화하는 언어 게임의 규칙이 변하고 있다는 것이다. 기술적 생산물에 적용되는 실증주의적 지식과 비판적이고 반

---

8 2016년 6월 23일 국민투표를 통해 확정된 영국의 유럽연합 탈퇴(브렉시트Brexit)나 미국의 트럼프 정부, 프랑스의 마크롱 대통령의 등장에는 이민자 문제, 실업률 등 사회경제적 문제가 전면에 있다. 하지만 이러한 사회정치적 동력의 변화 역시 경제적 세계화로서의 신자유주의 흐름에 대한 작용과 반작용으로 읽을 수 있다는 점에서 21세기 지구촌 문명의 흐름과 변화의 하나로 볼 수 있을 것이다. 지구온난화를 방지하고 온실가스 배출량을 줄이는 국제 협약인 '파리기후변화협정'에서 미국이 탈퇴(2017년 6월 1일)하고 미국의 여러 주정부나 기관, 전 세계가 이에 반대하는데 이 역시 지구촌 문명 차원의 갈등으로 보인다.

성적인 해석학적 지식의 경계가 무너지고, 정보 상품의 가공, 즉 지식의 상품화가 중요한 역할을 하는 정보 시대를 그는 '포스트모던 시대'라고 말한다. 이러한 시대에는 지식이 정신 도야나 인격 도야와 분리될 수 없다는 원리는 효력을 상실하고, 지식은 단지 교환되기 위해 생산되고 소비될 수 있기에 가치를 가진다는 것이다.[9]

욕망이 기호화되고 소비되고 있는 현대사회를 장 보드리야르Jean Baurdrillard가 '소비사회'라고 부르듯이, 현대는 지식과 욕망이 기호화되고 교환되고 소비되는 특징이 있다. 그러나 이러한 포스트모던 시대의 상품화된 지식이 과연 인간의 삶을 행복하고 의미 있게 만들 수 있을까? 과연 지식이란 인간 내면의 삶과 괴리되어 단지 상품 기호로 유통되고 소비될 수 있는 것일까? 이성의 사변적 원리에 의해 조직되고 증식되던 지식의 정당성 원리가, 루트비히 비트겐슈타인Ludwig Wittgenstein이 말하고 있듯이, 오래된 도시의 미로 같은 '언어의 미로'에 빠져[10] 안으로 침식하며 더 이상 정당화될 수 없다고 해서 인간 삶의 정신적 의미를 묻는 지식의 화용론을 포기해야 하는가? 이러한 지식의 자기 규정의 변화 혹은 정당성 원리의 효력 상실이 인간을 규정하는 내러티브의 토대를 무너뜨리는 것일까? 교양이나 지식이 인격 도야나 인간 형성에 기여해야 한다는 훔볼트Karl Wilhelm von Humboldt의 인간교육론은 현대 지

9 Jean-François Lyotard, *Das postmodern Wissen*, von O.Pfersmann(übers.)(Graz: Böhlau, 1986), 24쪽.
10 비트겐슈타인은 골목과 작은 광장들, 낡고 새로운 집들, 다양한 시대를 거치며 증축된 집들로 둘러싸인 미로가 있는 오래된 도시와 언어를 비교하며, '언어의 도시'라는 비유를 사용하고 있다. 이에 대해서는 Ludwig Wittgenstein, *Philosophische Untersuchungen*, Ludwig Wittgenstein, *Schriften 1*, Nr. 18, von G.E.M. Anscombe(Hrsg.)(Frankfurt a.M.: Suhrkamp, 1980), 296쪽을 참조할 것.

식 담론의 변화와 함께 폐기되거나 용도 변경되어야 하는 낡은 틀에 불과한 것일까?

지식을 현실에 유용한 하나의 상품으로 만들며 부가가치화하고 유통시키는 것이 정보화 사회라고 이해하며, 컴퓨터 언어와 전자매체의 조작에만 관심을 기울인다면 사유는 더 빈곤해지고 인간 삶을 포괄적으로 이해할 능력은 점차 약화되지 않을까? 막스 호르크하이머Max Horkheimer와 테오도어 아도르노Theodor Adorno가 근대 문명의 진행 과정에서 '이성의 부식Eclipse of Reason' 현상이 나타났다고 분석하듯이, 지식정보 사회에서는 지식의 기호가 상품으로 유통되고 인격과 정신의 도야가 마비되는 '인간의 부식'이 일어나는 것이 아닐까? 이러한 우려는 현대 소비사회에 대한 보드리야르의 욕망과 기호에 관한 분석에서도 드러나고 있듯이, 욕망의 과잉 생산과 유통의 사회질서 속에서 현대는 새로운 부가가치적 지식과 욕망의 기호記號를 재생산하며 근대와는 또 다른 의미의 자본주의적 물신화에 빠져들어가는 듯하다. 이러한 의미에서 현대는 지식과 욕망의 기호를 소비하는 시대이며, 삶의 의미를 묻는 언어 대신 단순한 기호가 유통되는 기호 소비의 시대인 것이다. 이러한 기호의 시대, 욕망의 시대에 우리는 인간을 어떤 존재로 이해해야 하는가? 지식 상품의 소비 시대에 살고 있는 우리는 단지 기호 소비적 인간으로 살아가야만 하는 것일까?

미셸 푸코Michel Foucault가 니체의 '신의 죽음'을 '인간의 종언'으로 해석했듯이, 인간의 문제는 이제 현대에서 가장 절실하게 풀어야 할 철학적 과제가 되고 있다. 알래스데어 매킨타이어Alasdair MacIntyre의 '유령적 자아ghostly I' 또는 '절름발이 자아crippled self'[11]나 프랜시스 후쿠야마의 '기개thymos의 결여'[12]에 대한 분석은 현대사회에서 해결해야만 하는 인간의 문제점들을 절실하게 보여주고 있다. 도덕적 성찰 및 실천 능력이 마비되는 도덕적 불감증에 사로잡힌 인간으로서, 자존감(가슴)을 상실하고 사소한 사리사욕에 집착하며 자신의 욕망만을 채워나가는 데 급급한 현대인은 정신적 빈곤과 자아 상실의 '자본주의적 욕망 기계'가 되고 있다.

후쿠야마는 하찮은 욕망을 제어하지 못하면서도 수치심조차 없이 살아가는 현대인을 니체의 '마지막 인간der letzte Mensch'이라는 용어를 빌려 인간이기를 포기한 존재라고 표현한다. 이는 곧 현대 정신세계의 위기와 밀접하게 연관돼 있다. 니체는 근대 학문을 비판하며 철학이 현실과 인간의 삶을 도외시하고 사변적 인식론으로 격하될 때 근대 철학 전체가 침몰하며 마지막 숨을 가쁘게 몰아쉬는 '철학의 종말'이 찾아왔다고 비판했다.[13] 그러나 이와는 다르게 지식을 상품화하며 실용적 지식만을 강조하는 현대사회에서 도덕적 실천 능력과 자기 정체성, 나아가 건전한 욕망의 긍정이나 활성화를 깊이 성찰할 수 없다면 인간은 본래 모습을 잃어갈 수밖에 없을 것이다.

---

11 Alasdair MacIntyre, *After Virtue*(Nortre Dame: University of Nortre Dame Press, 1984), 32~33쪽, 61쪽.; 알래스데어 매킨타이어, 《덕의 상실》, 이진우 옮김(문예출판사, 1997), 61~62쪽, 102쪽 참조.; 매킨타이어는 역사적 맥락에서 벗어나 서양의 도덕을 합리적으로 정당화하려는 도덕 이론의 메타담론적인 모든 기획이 실패했다고 말한다. 우리가 살고 있는 현실 세계에서 도덕성의 언어가 무질서한 상태에 있다는 것은 우리의 자기 이해가 위기에 봉착해 있음을 시사한다.
12 Francis Fukuyama, *The End of History and the Lastman*(New York: Avon Books co., 1992), XXiii 및 제4부 '마지막 인간'을 참조할 것.
13 Friedrich Nietzsche, *Jenseits von Gut und Böse*, 204, KSA, Bd. 5, 131~132쪽.; 프리드리히 니체, 《선악의 저편·도덕의 계보》, 김정현 옮김(책세상, 2002), 172쪽.

욕망의 자기 증식적 자동 기제autopoiesis로 작동되는 현대사회의 메커니즘에 예속되어 자아 정체성을 상실하며 살아가는 '마지막 인간'의 모습을 벗어버리고 우리는 인간의 자존감의 감각을 되찾아야 할 것이다. 오늘날 삶의 조건에 대한 성찰 의식 없이 살아간다면 감각이 없는 육체를 유지하는 것과 마찬가지로 삶의 균형과 생명력은 마비되고 말 것이다. 우리는 '인간 향상 기술Human Enhancement Technology'의 발전이 인간 삶을 향상시키는 유토피아적 문명을 가져올 것이라는 기술낙관주의를 절대화해서도 안 되고 디스토피아로 변질될 것을 우려해 이를 무조건 거부해서도 안 될 것이다.

현대의 위기 문제는 기술공학이나 경제학적 언어만으로는 해결될 수 없다. 인간적 삶에 대한 성찰적 노력이 더욱 필요한 시점에 우리는 서 있다. 그러나 철학이나 인문학 역시 학문을 위한 학문의 상아탑에서 벗어나 '지금 여기에' 있는 인간의 현실에 적극 참여하며 문제를 진단하고 대안을 모색하는 살아 있는 학문으로 다시 태어나야만 한다. 이렇게 해야만 사변적 언어 게임의 미로에서 벗어나 삶의 의미에 관한 새로운 화용론을 제시할 수 있을 것이다. 이제 현대의 위기 문제를 보다 깊이 있게 진단하기 위해 여기에서는 과학 문명과 인간 삶의 의미 문제와 연관해 서양 근대정신의 철학적 명암과 더불어 인간과 세계의 분열 문제를 살펴볼 것이다.

3. 인간과 세계의 분열
— 과학 문명의 발전과 삶의 의미의 부식

정보화 사회, 세계화 및 지구지역화로 특징지을 수 있는 현대 문명에는 어떤 문제가 나타나는 것일까? 서양의 근대가 자연과학의 발달과 물질문명의 진보를 달성한 반면 이성의 부식(도구이성)과 인간성 소외(인간의 사물화)를 초래했다면, 오늘날 현대는 정보 지식의 발달과 새로운 소비 문명을 구가하는 대신 인간의 부식과 자연성 왜곡이라는 문제를 낳고 있는 듯하다. 정보 매체의 발전과 정보 유통이 가속화되면서 사람들은 사이버 세계에 몰두하고 인간관계는 피상화되고 있으며, 나르시시즘에 빠져들고 있고 불안해한다. 인공지능, 로봇공학, 생명공학, 정보기술 등 새로운 과학기술의 발전은 현실을 '초연결사회hyper-connected society'로 구성하며 우리에게 유토피아적 '테크노폴리스'의 시민으로 살도록 요구하고 있다.

정보화 사회의 발전은 지식 생태계뿐만 아니라 인간의 자기 규정 방식에서도 혁명적 변화를 야기하며 시대의 불확실성을 증대시키고 있다. 이는 휴머노이드(인간-기계)가 가져올 미래와 기술공학에 의한 인류 문명의 유토피아 실현에 대한 기대를 담고 있다. 하지만 휴먼 커넥션이 무너질까 불안해하고 피와 살을 가지고 살아가는 몸주체로서의 '세계인homo mundanus'[14]을 상실할까 우려하기도 한다. 이미지의 가상현실 속

---

14 호모 문다누스Homo mundanus, 즉 '세계인'이란 독일의 철학자 볼프강 벨쉬Wolfgang Welsch가 최근 사용하는 용어다. 그는 모든 것이 인간에 근거해 이해되거나 인간으로 환원될 수 있다는 인간중심주의적 현대성의 사유를 비판한다. 그는 진화론적 입장에서 인간을 근본적으로 세계와

에서 욕망의 기호를 생산하고 소비하는 현대는 인간 삶의 의미를 부식시키고 있으며, 인간의 자기 발견과 인간애의 실천에 무관심하다. 세계에서 몸을 부딪치며 살아가는 인간은 정보 매체의 속도와 가상에 흡입되며 세계에서 소외되어간다. 인간이 세계에서 소외되는, 즉 문명의 속도나 소용돌이에 휩쓸려 참다운 인간적 삶을 잃어가는 것이나 인간과 인간의 관계뿐만 아니라 인간의 자연의 관계, 인간의 자기 관계에서 소외되는 것은 근대와는 양태가 다소 다르지만 현재에도 여전히 진행되고 있다.

　　세계에 내던져져 있는 '세계-내-존재das In-der-Welt-sein'로서 인간이 근원적인 전체성으로 얽혀 있는 세계와의 의미연관, 즉 세계의 유의미성Bedeutsamkeit과 친숙하게 얽혀 있다는 세계 이해로부터 점차 소외되어 간다는 하이데거의 진단은 '인간 안의 자연의 빛lumen naturale im Menschen', 즉 세계-내-존재의 개시성Erschlossenheit에서 멀어져가는 현대인의 실존양식에 대한 비판을 담고 있다.[15] 존재의 본래성으로부터 부단히 이탈하면서도 언제나 본래성으로 속이는, 즉 비본래적 일상성의 무지반성으로 움직여가는 인간 현존재의 모습을 하이데거는 '소용돌이Wirbel', 혹은 '추락Absturz' 혹은 '퇴락Verfallen'이라는 용어로 묘사한다.[16] 인간의 자기 분열적 소외의 존재 양식을 존재론적으로 분석하는 하이

연결된 세계 연관적 존재weltverbundenes Wesen, 즉 '세계인'이라고 규정하면서 이러한 새로운 인간규정을 미래적 사유의 단서로 제시한다.(Wolfgang Welsch, *Homo mundanus: Jenseits der anthropischen Denkform der Moderne*(Weilerswist: Velbrück, 2012). 여기에서는 자연 속에서 진화해왔고 '인위적' 사이버 세계가 아니라 '자연적' 환경 세계와 교류하며 몸과 살을 가지고 살아가는 몸주체를 표현하는 용어로 '세계인'을 사용했다.

15　Martin Heidegger, *Sein und Zeit*(Tübingen: Niemeyer Verlag, 1972), 87, 133쪽 참조.
16　같은 책, 178쪽.

데거는 세계-내-존재 문제를 논하면서 이 세계를 '도구적 세계'와 타자와 함께 거주하는 '공동 세계', 자기 자신으로 존재하는 '내적 세계'로 구분하며, 이를 묶어 '세계에 대한 관심Sorge'으로 표현하고 있다.[17] 세계에 대한 진정한 관심의 상실은 인간과 세계의 분열, 그리고 인간의 내적 세계의 부식을 나타내는 현대의 특징으로 기술할 수 있다.

니체의 서양 근대성 비판이나 이성의 자명성에 기초한 르네 데카르트René Descartes적 자아 중심의 철학, 혹은 주관성의 철학에 대한 비판, 그리고 더 나아가 자크 데리다Jacques Derrida의 이성중심주의logocentrisme, 남근중심주의phalluscentrisme에 대한 비판적 논의 역시 인간과 세계의 분열 및 '이성의 과잉과 오만'에 빠진 서양 근대 문명의 신화를 문제 삼고 있다. 물론 주체와 대상, 자아와 타자, 인간과 자연에 대한 인식론적·이분법적 사유와 기계론적 자연관, 이성중심주의, 인간중심주의적 사유의 단초를 제공하는 데카르트의 철학과 '자기보존욕'이라는 욕망의 인간학에 기초해 근대 시민사회를 정초하는 토머스 홉스Thomas Hobbes의 시민사회론은 근대성의 문을 여는 중요한 철학적 열쇠를 제공해주었다. 또한 근대 서양의 이성에 대한 믿음은 세계를 탈주술화하며(합리적 이해), 인간을 해방시키고, 자연과학적 언어(보편수학)로 물질적 대상의 영역을 설명함으로써 자연과학의 발달을 촉진시키고, 자본주의 및 물질문명의 발달에 크게 기여했다.

이러한 믿음은 더 나아가 물질적 풍요가 인간의 행복과 도덕적 인

---

17 세계-내-존재의 존재 양식에 대한 하이데거의 구분에 대해서는, Martin Heidegger, *Sein und Zeit*, 131, 181쪽 참조할 것.

성을 증진시키고 더 나아가 인류의 역사를 발전시킬 수 있다는 역사의 낙관주의적 이상을 제공하였다. 그러나 서양 근대 문명 안에서는 소위 근대성의 역설, 즉 목적합리성Zweckrationalität의 원리에 의해 우리가 살아가고 있는 일상적 생활 세계가 식민지화되는 현상, 합리성의 증대에 따라 비합리성이 증대되는 이성의 부식 문제, 휴머니즘의 이념 이면에서 작동하는 사물화Verdinglichung 현상과 비인간성의 증대, 물질주의에 부식되는 인간의 천박화와 인성의 상실, 외적 자유의 증대와 더불어 나타나는 내면적 부자유(불안)의 증대, 물질적 대량 소비와 대중 소비에 수반되는 환경 세계의 파괴 등 후유증도 적지 않게 나타났다. 서양의 근대는 이성에 기초한 근대의 삶의 희망과 더불어 인간과 세계의 분열, 삶의 의미의 부식이라는 상처를 갖고 있다.[18] 정보화 사회와 세계화 시대로 이행된 현대에도 서양 근대의 빛과 그림자는 유사한 형태로 나타난다. 현대 문명에서도 전자적 기술공학에 의해 지구촌 세계가 하나로 연결되지만, 다른 한편 욕망을 과잉 생산하고 지식 상품을 생산하고 소비하는 가운데 인간적 삶의 위기 문제가 대두되기 때문이다. 비록 현대는 지식의 규정이나 인간의 자기 정체성 규정 방식이 근대와 다르기는 하지만 드러나는 문제의 양태나 해결해야 하는 과제는 유사하다고 할 수 있다. 오늘날 현대의 문제를 해결하는 데 서양 근대성 비판의 철학적 논의를 중요하게 참조하는 이유가 여기에 있다.

---

18 근대성의 이념 및 빛과 그림자의 문제, 즉 그 희망과 상처에 관한 철학적 논의로, 김정현, 〈포스트모더니즘의 안과 밖〉, 《인문학지》 제17집(충북대 인문학연구소, 1999년 2월), 302~303쪽. ; 김정현, 〈서양 철학사에 나타난 무의식의 개념〉, 《한국정신치료학회지》 제17호(한국정신치료학회, 2000년 12월), 16~17쪽. ; 김정현, 《니체, 생명과 치유의 철학》(책세상, 2006), 114~119쪽 참조할 것.

막스 베버Max Weber의 목적합리성 원리에 의한 근대의 합리화 과정에 관한 분석, 호르크하이머와 아도르노의 '도구적 이성die instrumentelle Vernunft' 비판, 헤르베르트 마르쿠제Herbert Marcuse의 선진 산업사회에서의 기술제국주의와 '일차원적 사유das eindimensionale Denken'에 대한 비판, 에리히 프롬Erich Fromm의 '자유로부터의 도피'에 관한 사회심리학적 진단, 마르틴 부버Martin Buber의 인간 자아Ich와 (사물적 삼인칭의) '그것Es'의 관계라는 실존적 관계 양식에 대한 논의 등은 서양 근대에 있어서 이성의 과잉과 변형에 대한 니체적 비판의 연장선 위에 있으며, 데리다의 이성중심주의에 관한 존재론적 논의를 선취하고 있다. 이러한 비판적 논의는 근대정신의 설계도에 따라 지어진 근대 문명이라는 건축물 안에서 활동하고 있는 우리가 앞으로 풀어야 할 과제와 새로 그려야 할 현대정신이 나아갈 바를 함께 제시하고 있다.

근대 주관성의 철학, 자아중심주의, 인간중심주의는 주관과 객관, 인간과 자연을 구분하고, 자기 동일적이고 추상적인 자아를 확보하려 했으나 주관, 자아, 인간에 우월한 지위를 부여함으로써 타자의 영역을 자아 혹은 인간 중심으로 삼투시키며 인간과 세계를 분열시키는 주관 중심적 '수렴의 철학'을 전개하였다. 세계와 자연, 타자의 영역을 이성 혹은 의식으로 분리하고 이를 자아 중심으로 수렴하려는 근대의 철학은 인간이 세계 혹은 타자의 세계와 유의미하게 얽혀 있다는 '세계에 대한 관심'을 부식시킴으로써 인간과 세계의 분열, 즉 인간과 자연, 인간과 인간, 인간의 자기 분열이라는 분열적 세계상을 야기하게 된다. 인간 의식의 표상 행위를 통해 모든 존재자가 대상화되는 세계의 대상화 및 자연의 기술적 대상화와 인간의 주체화가 동일한 과정 속에서 일어난다는 사실을 존재론적으로 분석하며, 존재자의 등장과 존재 망각의 역사적 진행, 즉 세계 분열 과정의 세계상을 기술의 본질 문제와 연관해 비판하는 하이데거의 존재론적 논의 역시 서양 근대의 분열적 세계상에 대한 비판을 함축하고 있다.[19]

자연과학적 기술 제국 혹은 물질문명을 건설한 대신 인간은 세계와 분열하고 말았다. 우리는 이를 어떻게 치유하여야만 하는가? 근대인의 내적 분열에서 야기되는 고통을 우리는 어떻게 치료해야만 하는가?[20] 쇼펜하우어Arthur Schopenhauer, 쇠렌 키르케고르Søren Kierkegaard, 니체와 에마뉘엘 레비나스Emmanuel Lévinas는 근대인의 자기 분열적 고통에 주목하며 주체 및 존재 침식의 문제와 연관지어 근대적 고통의 치료라는 의학적 형식의 글쓰기를 한 바 있다. 이러한 균열과 고통에 대한 치유적 철학 행위는 아직도 끝나지 않았다. 특히 니체의 건강과 병에 대한 종교심리학적 분석 및 미래철학적 대안으로서의 생명 사상이나 레비나스의 타자성의 윤리는 근대의 인간과 세계의 분열 및 고통의 문제에 대한 철학적 치유의 대안으로 삼을 수 있을 것이다.

하이데거는 현대 기술 문명의 본질을 존재론적으로 논의한 저서 《기술과 전향Die Technik und die Kehre》에서 프리드리히 휠덜린Friedrich Hölderlin의 시 〈파트모스Patmos〉에 나오는 "위험이 있는 곳에, 그러나 구

---

19 Martin Heidegger, "Die Zeit des Weltbildes"(1938), Martin Heidegger, *Holzwege*(Frankfurt a.M.: Vittorio Klostermann, 1980), 89~90쪽. ; Martin Heidegger, "Nietzsches Wort 'Got ist tot'"(1943), Martin Heidegger, *Holzwege*(Frankfurt a.M.: Vittorio Klostermann, 1980), 251쪽. ; 마르틴 하이데거, 《기술과 전향》, 이기상 옮김(서광사, 1993), 73쪽 참조할 것.
20 근대의 고통 문제를 심층철학적 치료술의 관점에서 다룬 글로, 김정현, 〈고통의 심층철학〉, 《철학연구》 제68집(대한철학회, 1998년 11월), 119~145쪽 참조할 것.

원의 힘도 함께 자란다"라는 문구를 인용하며, 위험은 동시에 전향의 가능성이 생겨나는 지점이라는 것을 밝히고 있다.[21] 우리는 이제 세계에 대한 인식의 패러다임을 바꾸어야 할 지점에 서 있는 것은 아닌가? 서양 근대 문명의 전개 과정이 보여주듯이 과학기술 문명과 물질적 풍요가 인간의 행복과 참된 인간성을 보장하지 못하는 이상, 우리는 세계를 바라보는 시각과 참된 인간성 회복의 문제를 진지하게 고민해야 할 전환의 지점에 서 있는 듯하다. 오늘날 과학 문명의 혜택을 받고 있는 우리는 세계와 화해하며, 인간성을 회복하는 정신문명에 관심을 가져야만 할 것이다. 21세기에는 더 이상 물질적 풍요라는 이름으로 자본주의적 물신화 속에 매몰되어서도 안 되며, 인간 역사의 발전이라는 이름으로 도덕적 불감증을 허용하거나 인간적 삶에 대한 성찰적 관심을 잃어버려서도 안 될 것이다. 이를 위해서 우리에게는 세계(인간과 자연, 자아와 타자, 자기와 자기)의 분열을 치유하는 새로운 미래철학적 '열린 정신의 사유 문법'이 요청되고 있다.

4. 열린 정신의 사유

서양의 근대에 들어 의식철학의 토대 위에서 자아 수렴적 주관주의가 형성되며 인간과 세계의 관계가 분열되어갔다면, 현대에는 상호주관성 혹은 유목적 사유를 통해 분열된 인간과 세계의 관계를 복원하

---

21 마르틴 하이데거, 《기술과 전향》, 115~133쪽 참조.

려는 노력이 요청된다. 서양의 근대 문명은 이성을 강조하며 자연과학을 발전시키고 물질적 풍요를 역사의 발전과 인간의 행복과 동일시하는데, 이성의 도구화와 인성의 침식이라는 역설을 낳아 인간과 세계의 분열과 고통이라는 새로운 문제를 야기했음을 이미 언급하였다. 이러한 위기로부터의 탈출을 모색하는 현대 철학의 경향을 우리는 '열린 정신의 사유'라는 용어로 이해하며, 이를 (1) 상호 이해와 다양성의 철학, (2) 화해와 책임의 철학, (3) 만남과 타자성의 철학, (4) 생명과 치유의 철학 등으로 정리하며 논의할 것이다. 이는 서양 근대정신의 한계를 극복하며 인간과 세계의 분열을 치유하기 위한 현대 철학의 다양한 모색을 정리하는 작업이기도 하다.

상호 이해와 다양성의 철학

위르겐 하버마스Jürgen Habermas는 20세기 들어 현대의 정신 지평이 변하고 있으며, 현재의 철학적 사유의 상황도 불투명해졌다고 진단한다. 이러한 진단은 현대의 사유 패러다임이 형이상학적 사유로부터 반反형이상학적 사유로, 의식철학에서 언어철학으로, 물질적 합리성으로부터 절차적 합리성으로 전회하며 현대의 철학적 사유 문법이 근대와 깊은 단절을 이루고 있다는 사실을 보여준다.[22] 그는 또한 200년 이상 지배해온 의식철학의 패러다임에서 해방된 것은 우리 시대의 진정한

---

22 하버마스는 '탈형이상학적 사유', '언어학적인 전회', '이성의 정황화情況化', '실천에 대한 이론 우위의 반전' 또는 '이성중심주의의 극복' 등 네 가지 현대적 사유의 동기들을 지적하며, 현대에서 사유의 패러다임이 변화하고 있음을 논의한다.(Jürgen Habermas, *Nachmetaphysisches Denken*, (Frankfurt a.M.: Suhrkamp, 1988), 16쪽, 35~57쪽 참조할 것.)

철학적 능력이라고 말한다. 이는 주체(자기의식) 중심의 의식철학적 패러다임에서 벗어나 상호 주관성Intersubjektivität 개념으로 철학적 사유 문법이 새로 기술되고 있음을 보여준다.[23]

의식철학적 패러다임에서 해방되는 것과 철학적 대안을 모색하는 움직임은 주체의 죽음, 철학의 죽음과 같은 새로운 불투명의 지평 속에서 시도되고 있다. 요나스Hans Jonas는 이와 같은 상황에 놓인 세기말을 회고하면서 "철학자들이 존재하듯이 많은 철학적 행위가 존재하고 그래서 많은 철학의 견해들이 존재한다는 것은 한편으로는 고통스럽지만 또 한편으로는 즐거운 사실이다"[24]라고 말한다. 철학이 야기하는 고통과 즐거움이란 위험과 구원이 같은 자리에 있다는 횔덜린의 말처럼 철학의 위기 가운데 새로운 철학의 가능성이 열릴 수 있다는 사실을 말해준다.

근대를 극복하고자 하는 이러한 탈형이상학적인 견해 가운데는 하버마스의 의사소통적 언어 행위를 통한 상호 이해의 실천이라는 패러다임 이외에도 데리다의 이성중심주의, 음성중심주의phonocentrisme, 혹은 남근중심주의에 대한 해체 작업이 있다. 데리다는 의식의 기원, 본질, 동일성을 전제하는 현전의 형이상학Métaphysique de la présence, 즉 주체가 의식의 직접적인 음성을 통해 자기 발화하고 동시에 자기 수신하는

---

23 하버마스는 200년 이상 지배해온 의식철학의 패러다임을 극복하는 많은 철학적·비판적 논의들이 데카르트적인 정신과 육체의 이원론에 반대하며 '행위', '언어', '몸'이라는 제3의 범주를 통해 철학적 지위를 확보하려는 실용적·언어학적·인간학적 시도에서 나타나고 있다고 본다.(Jürgen Habermas, *Die Neue Unübersichtlichkeit*(Frankfurt a.M.: Suhrkamp, 1985), 134쪽.)
24 Hans Jonas, *Philosophie. Rückschau und Vorschau am Ende des Jahrhunderts*(Frankfurt a.M.: Suhrkamp, 1993), 8쪽.

자기 동일적 로고스의 기호를 해체하며, '텍스트의 사유'를 제창한다. 그는 논리적 동일성으로 진리라는 하나의 중심 공간에 의미를 기록하는 정주적 사유 방식을 '책의 사유'라고 정의하면서, 이를 이성중심주의 혹은 남근중심주의라고 비판하며, 시공의 복합체에 존재하는 모든 텍스트(인생, 자연, 사회, 역사, 우주)란 의미와 무의미가 교환되고 흩어져버리는(산종散種) 은유의 공간이라고 주장한다.[25] 하버마스가 언어적으로 구조화된 생활 세계, 즉 언어 공동체의 상호 이해의 실천을 상호 주관성의 개념으로써 찾고자 하였던 반면, 데리다는 '로고스의 제국주의'를 와해시킴으로써 원전의 진리와 저자의 부재를 선언하고 저자와 독자의 교류 속에서 존재하는 다원적 진리의 가능성을 모색한다.

이성중심주의를 비판하며 다원주의를 옹호하는 또 하나의 철학적 시도가 질 들뢰즈Gilles Deleuze와 펠릭스 가타리Felix Guattari의 리좀론 rhizomatik에서도 발견된다. 이들은 세계의 이미지를 나무에 비유하는 데카르트적 '수근樹根적 인식론'에서 진리의 성격으로 규정된 통일성의 개념을 유산流産시키며, 리좀rhizom이라는 개념을 통해 '카오스모스Chaos-mos'[26], 즉 영토화와 탈영토화를 연속 반복하는 다질적 연속체의 질서를 찾고자 한다. 안과 밖이 뫼비우스의 띠처럼 끊임없이 서로 침투하며 반전하는 리좀적 사유에서는 이항대립적 중심성의 위계가 무너지며, 다양한 도주선ligne de fuite이 살아서 움직이게 된다. 세계를 하나의 '리좀-책'으로 읽고 있는 이들의 사유는 하나의 중심을 분산시키며, 어느 지점

25 데리다의 형이상학 비판 및 해체주의에 대한 자세한 논의로는, 김정현, 〈포스트모더니즘의 안과 밖〉, 306~308쪽을 참조할 것.
26 Gilles Deleuze · Felix Guattari, *Rhizom*, von D. Berger(Berlin: Merve Verlag, 1977), 10쪽.

에서든 다른 지점과 연결·접속하는 리좀적 다양체, 즉 다원주의적 '고 원高原'을 옹호한다.[27]

질서의 이면에 무질서나 혼돈이 아니라 다른 질서가 있다는 사유, 이러한 질서와 안과 밖이 혼성 변주되며 또 다른 새로운 질서가 생성될 수 있다는 그들의 리좀적 사유는 이성철학으로 읽는 위계적 세계 질서를 흩어놓으며, 다중심성의 중심, 즉 다원주의적 사유를 탐색하고 있다. 이들의 사유는 동일적이고 획일적인 사유를 회피하며 다원주의적 사유의 토대를 모색한다.[28] 현대의 정신세계에서는 이제 주관성의 독단에서 벗어나 상호 주관성과 다원성의 인정이라는 사유가 변주되고 있다. 중심에 동화되지 않는 타자성과 이질성의 영역이, 질서 밖의 다른 질서가 새로운 질서를 창출할 수 있다는 이들의 사유는 정주적 사유를 무너뜨림으로써 유목적·다원주의적 사유의 가능성을 옹호한다. 열린 사유란 타자성을 배제하지 않고 리좀적 분산과 연결을 변주하는 가운데 새로운 질서를 모색하는 생성의 사유를 말하는 것이다.

우리가 현재 살고 있는 지구촌 사회, 좀더 자세히 표현하자면 지역이 세계를 담고 있고 실시간으로 세계와 소통하는 글로벌 지역사회에서는 문화적 다양성이 표현되고 다원적 질서가 역동적으로 움직이고 있다. (제2장은 글로컬리즘, 즉 지구지역사회의 등장과 관련된 문제들을 다룰

---

27 리좀은 시작이나 끝에 있지 않고 중간에 있는데, 지표에서 땅 밑으로 뻗어가는 줄기를 통해 다른 줄기와 연결될 수 있다. 이렇게 리좀을 형성하고 확장해가는 다양체를 들뢰즈와 가타리는 '고원'이라고 명명한다.(Gilles Deleuze · Felix Guattari, 같은 책, 35쪽.)
28 쉐프는 포스트모더니즘의 문제의식이란 담론의 다양성을 허용하고 존중하는 것이며, 현실의 특수성에 적합하지 않은 동일적이고 획일적인 사유를 회피하는 데 있다고 본다.(A. Schöpf, "Die verdrängte praktische Seite des Problems von Pluralität und Konsensbildung", von B. Schmitz · P. Prechtl(hrsg.), *Pluralität und Konsensfähigkeit*(Würzburg: K&N, 2001), 15~17쪽.)

것이다.) 물론 정치적으로는 여전히 제국주의적 질서를 고수하는 중국이나 자국우선주의와 보호무역주의를 주창하는 미국 등의 강대국이 존재하고 그들의 정치적 권력의 신경연결망이 세계에 뻗어나가 가동되고 있기는 하지만 문화적 다원성과 소수자의 권리를 주장하는 다원주의적 사고는 현대 문명의 새로운 정신적 문법으로 형성되고 있는 듯하다.

화해와 책임의 철학

21세기에 풀어야 할 또 하나의 철학적 문제는 인간과 자연의 화해이다. 근대의 인간중심주의적 세계관은 자연 지배의 이념과 자연과학 및 기술공학에 기초해 물질문명을 발달시키면서 풍요를 일구었다. 그러나 우리는 인간이 지구 생명 공동체의 일원이라는 사실을 망각해갔다. 인간은 이성이 있기 때문에 자연의 지배자가 아니라, 바로 이성이 있기 때문에 자연 생명 공동체의 일부라는 사실을 깨닫고 의무와 책임감을 동시에 가져야만 하는 존재인 것이다. 17세기 근대 자연과학의 등장과 더불어 나타나는 생태계 위기와 문명 가속도 체험에 대해 요나스는 다음과 같이 말한다. "우리가 오늘날 체험하는 것은 자신의 자연 기반을 파괴함으로써 파국으로 나아갈 위험이 있는 과도한 성공의 역설이다."[29] 기술공학적 문명에 적합한 새로운 윤리를 정초하고자 하는 요나스는 바로 지금이 "정신과 자연의 평화 이념에 관한 작업을 해야 할 때"[30]라고 말한다.

---

29 Hans Jonas, *Philosophie. Rückschau und Vorschau am Ende des Jahrhunderts*, 36쪽.
30 같은 책, 39쪽.

호르크하이머와 아도르노도 서양 근대에서 인간이 자연과 분열되고 자연 지배의 도구적 이성을 사용함으로써 동시에 인간 자신의 내적 자연성이 억압되고 부식되는 유럽 문명사의 역설을 진단해내고 있다. 그들의 주저《계몽의 변증법》은 계몽과 진보라는 이름이 덧붙은 서양 근대에서 "인류가 새로운 종류의 야만 상태에 빠지게 된" 유럽 문명의 근본 텍스트를 비판적으로 분석한다.[31] 이제 우리는 유럽 문명의 텍스트에 대한 비판적 분석을 통해 자연 정복적 세계관에서 탈출하여 인간과 자연의 화해 및 평화로운 만남을 주선하는 자연 친화적 세계관을 모색해야 할 것이다. 이러한 맥락에서 요나스는 "자연과 인간, 경제, 정치, 사회에 관한 모든 학문은 인간과 자연 사이에서 예산을 균형 있게 편성하도록 의견을 내면서 행성의 균형을 세우기 위해 공동 작업을 해야 한다"라고 주장한다.[32] 자연에 대한 인간의 책임이라는 요나스의 미래 윤리나 알도 레오폴드Aldo Leopold의 대지 윤리, 제임스 러브록James Lovelock의 가이아 이론 등은 자연을 파괴하고 물질을 향유하면서 동시에 자연에서 '영장성 백혈병'과 같은 암적 존재로 변한 인간이 이제 지구 생명 공동체의 일원으로 다시 태어나야 한다고 절박하게 호소한다.[33]

현대의 가장 중요한 철학적 문제 가운데 하나는 인간과 자연의 화해이며 철학의 본래 역할은 자연에 대한 인간의 책임성을 뿌리내리는 것이다. 우리는 발전과 진보라는 이름의 문명을 자연 친화적 생명 실천

31 Max Horkheimer, Theodor Adorno, *Dialektik der Aufklärung*(Frankfurt a.M.: Fisher, 1989), 1쪽.
32 H. Jonas, *Philosophie. Rückschau und Vorschau am Ende des Jahrhunderts*, 40쪽.
33 이에 대한 구체적인 논의로, H. Jonas, *Das Prinzip Verantwortung*(Frankfurt a.M.: Suhrkamp, 1984). ; A. Leopold, *A Sand County Almanac*(New York: Ballantine Books, 1970), 237~264쪽, 특히 240쪽 참조. ; 제임스 러브록,《가이아》, 김기협 옮김(김영사, 1996) 참조할 것.

의 문명으로 바꾸어야 할 것이다. 체르노빌이나 후쿠시마 원전 사고에서 볼 수 있듯이 자연의 파괴는 곧 인간 문명의 존립 자체를 위협하며 인간의 미래 존속을 불가능하게 만든다. 우리는 인간과 자연의 균열된 관계를 회복해야 하며, 인간이 지구 생명 공동체의 일원임을 자각하고 일상을 영위하는 가운데 환경에 대한 책임 의식을 실천해야 할 것이다. 이는 인간과 자연(환경 생태계)의 관계를 회복하는 문제만이 아니라 인간의 몸을 살리는, 인간 몸의 생태계 복원의 문제이기도 하다. 아토피, 스트레스, 불안증, 암 등 심신을 파괴하는 현대의 질병은 우리가 해결해야 할 너무나도 절박한 문명의 과제인 것이다. (이에 대해서는 제6장에서 '에쿠멘 윤리'라는 명제로 분석하며 실천 방안을 모색해볼 것이다.)

만남과 인정 및 소통의 철학

우리가 또 하나 주목해야 하는 문제는 인간과 인간의 관계성의 회복일 것이다. 서양 근대 문명의 틀 안에서 인간이 점차 사물화된다는 게오르크 루카치Georg Lukács의 지적이나 영적·내면적 공명 없는 '소인'이 되어간다는 니체의 테제는 인간과 인간의 윤리적이고 영적인 만남이 점차 약화되고 있다는 사실을 보여준다. 도덕에 관한 메타이론적인 작업이나 선악에 관한 단순한 지식 교육만으로는 올바른 삶의 문제를 체화해 실천할 수가 없다. 아도르노는 올바른 삶을 가르치던 학설로서의 철학이 오늘날 물질적 소비와 생산 과정의 부록으로 끌려 들어간 삶 속에서 경시되거나 망각됨으로써 '슬픈 학문die traurige Wissenschaft'이 되어버리고 말았다고 비판한다.[34] 올바른 삶이란 과연 무엇일까? 우리는 자신의 본령을 잃어버리고 방법론이나 도덕 이론으로 빠져버림으로써 슬픈 학문이 되어버린 철학을 어떻게 '즐거운 학문'이 되게 할 수 있을까? 즐거운 학문이 된 철학은 어떤 문제를 다룰 수 있을까? 니체는 '즐거운 학문die fröhliche Wissenschaft'으로서 철학은 삶을 영위하고 삶의 가치를 판단하는 것을 도와주어야 하며, 모든 생명의 근본 조건을 묻는 영혼의 의학이 되어야 한다고 말한다.[35] 그에게 영혼의 의학이란 인간의 삶에 대해 깨어 있는 '영혼의 건강학'을 의미한다.

인간의 삶이 깨어 있다는 것은 무엇일까? 우리가 올바른 삶을 살아간다는 것은 무엇일까? 인간의 삶이란 인간과 인간의 만남, 즉 인간의 관계성에서 출발하고 있는 이상, 우리는 삶의 문제를 내면 세계를 자각하는 언어와 타자성의 윤리와 연관해 성찰할 필요가 있을 것이다. 칸트는 인간을 단순한 수단이 아니라, 인격이라는 목적적 존재로 대우해야 한다고 말한 바 있다.[36] 상실된 관계성의 언어에서 우리는 인격이나 인성이라는 용어를 복원해야만 할 것이다. 사랑이란 하나의 존재 개방성이라고 말하는 프롬의 사회심리학적 존재 분석[37]이나 부버의 "나와 너"의 만남의 철학[38]은 왜 인간이 서로 인격적으로 만나야만 하는가를 철

---

34 Theodor Adorno, *Minima Moralia*(Frankfurt a.M.: Suhrkamp, 1991), 7쪽.
35 니체는 인류의 건강, 미래, 성장, 힘, 생명에 대해 물음을 던지는 철학자를 '철학적 의사'라고 부른다. 니체의 철학 및 철학자에 대한 논의는, Friedrich Nietzsche, *Die fröhliche Wissenschaft*, KSA, Bd.3, 349쪽.: 프리드리히 니체,《선악의 저편·도덕의 계보》, 10쪽 참조할 것.
36 Immanuel Kant, *Grundlegung zur Metaphysik der Sitten*(Hamburg: Felix Meier Verlag, 1965), 52쪽.
37 프롬은 사랑이란 두 사람이 자신의 실존의 중간에서 연결될 때 비로소 가능하며, 이때 타자에 대한 믿음의 정점은 곧 인간에 대한 믿음이 될 수 있다고 말한다. 그에 따르면 사랑이란 특정한 인간에 대한 관심이 아니라, 세계 전체와의 관계를 설정하는 하나의 태도, 즉 타자와 자신에 대한 생산적인 형식의 관계성이다.(Erich Fromm, *Die Kunst des Liebens*, von Liselotte und Ernst Mickel(übers.)(Frankfurt a.M.: Ullstein, 1992), 57, 115, 137쪽 참조할 것.)
38 부버의 만남, 관계, 근원어의 관계에 관해서는, 마르틴 부버,《나와 너》, 표재명 옮김(문예출판

학적으로 성찰한 것이다. 니체 역시 자연적 인간homo natura이라는 근본 텍스트를 번역하며 "인간으로 하여금 인간 앞에 서 있게 만드는 것"이 철학의 주요한 과제라고 설파한 바 있다.[39] 인간이 인간답게 되는 것, 이 것은 현대사상이 해결해야 할 가장 절박한 문제이기도 하다.

하버마스는 새로운 기술공학의 시대인 오늘날 절박하게 다가오는 문제는 '올바른' 삶에 대한 철학적 근원 문제를 인간학적인 보편성 속에 서 새롭게 혁신하는 일이라고 말한다.[40] 이것은 올바르고 윤리적인 자 기 이해와 진정으로 인간다운 삶에 대한 성찰이 우리 시대의 절박한 문 제라는 뜻이다. 사람다운 삶이란 과연 무엇인가? 우리는 다른 인간과 어떤 관계를 맺어가야 하는가? 레비나스는 "참으로 사람다운 삶은 있 음의 차원에 만족하는 조용한 삶이 아니라는 것이다. 사람답게 사는 삶 은 다른 사람에게 눈뜨고 거듭 깨어나는 삶이다"라고 말한다.[41] 그는 인 간다운 삶이란 타자와 관계하는 삶이며, 이것은 곧 타자와 얼굴을 마주 한 관계라는 '얼굴의 철학'을 내세운다.[42] "사람의 몸 전체가 얼굴"[43]이 며, 타자의 얼굴을 마주하고 바라보는 관계는 누구도 함부로 죽일 수 없 다는 윤리적 관계를 전제하기 때문이다.[44] 따라서 윤리란 "나와 관계가

사, 1984) 참조할 것.

39 프리드리히 니체, 《선악의 저편 · 도덕의 계보》, 220~221쪽.

40 Jürgen Habermas, "Begründete Enthaltsamkeit. Gibt es postmetaphysische Antworten auf die Frage nach dem 'richtigen Leben'?", Jürgen Habermas, *Die Zukunft der menschlichen Natur. Auf dem Weg zu einer liberalen Eugenik?*(Frankfurt a.M.: Suhrkamp, 2001), 33쪽.

41 에마뉘엘 레비나스, 《윤리와 무한》, 양명수 옮김(다산글방, 2000), 158쪽.

42 ──, 《시간과 타자》, 강영안 옮김(문예출판사, 1996), 91쪽.

43 ──, 《윤리와 무한》, 126쪽.

44 같은 책, 111쪽.

있고 내게 얼굴로 다가오는 것에 대한 책임성"[45]이며, 사심 없이 타자를 섬기라는 "거룩함의 요청"[46]이기도 하다. 우리가 타자와 인간으로서 만나는 것은 타자에 대한 책임성과 '상호 인정'이라는 윤리적 태도를 전제하는 행위이다. 따라서 레비나스에게 인간 사이의 "참된 연합이나 참된 아우름이란 종합이 아니라 서로 마주하는 어울림이다."[47] 인간의 어울림은 동일성과 종합이 아니라 차이를 전제로 한다. 다름은 인간과 인간이 만나는 전제이며, 만남이란 이러한 차이를 인정하고 함께 인격적으로 어울리는 것을 말한다.

현대 정신분석학이 내놓는 최후의 결론 역시 헤겔Georg Wilhelm Friedrich Hegel이《정신현상학Phänomenologie des Geistes》에서 제시한 바 있는 '인정Anerkennung'의 문제로 귀결된다. 갈등과 공격성, 폭력의 문제는 바로 인격적 의사소통의 왜곡, 즉 자아가 타자를 타자로 경험하지 못하거나 타자가 진정한 타자성에서 파악되고 발전될 수 있는 관계가 왜곡됨으로써 발생하기 때문이다.[48] 타자를 자기 자신에게로 동화시키지 않고 하나의 인격적인 타자로 인정하는 윤리적인 만남이야말로 인간과 인간의 만남의 출발점이요, 서로 인정하고 어울릴 수 있는 인간의 진정한 소통인 것이다. 현재 우리에게 필요한 것은 타자를 인정하고 인격적으로 어울릴 수 있는 만남과 소통의 정신일 것이다. 특히 스마트폰이나 페이스북, 트위터 등과 같이 온라인에서 인적 네트워크를 형성하고 서로 생

---

45 에마뉘엘 레비나스,《윤리와 무한》, 123~124쪽.
46 같은 책, 136쪽.
47 같은 책, 100쪽.
48 알프레트 쉐프,《프로이트와 현대철학》, 김광명·김정현·홍기수 옮김(열린책들, 2001), 6, 238쪽.

각이나 정보를 주고받는 SNS 등을 사회적 소통의 매체로 사용하는 정보화 시대에 정보 매체에 스스로 몰입하는 현상이 심화되고 타자에 대한 냉담이나 무관심이 더욱 확산되고 있어 인간의 원자화, 불안, 존재의 소진 등 극복해야 할 사회문제도 점차 커지고 있다. (동전의 양면처럼 세계화와 정보화 사회의 이면에 주조된 피로 사회와 소진 시대의 문제점과 극복 가능성에 대한 탐색은 제3장과 제4장에서 보다 구체적으로 논의할 것이다.)

생명과 치유의 철학

서양의 근대적 사유에는 주지하다시피 주관성의 철학이나 인간 중심주의가 관철되고 있다. 프랜시스 베이컨Francis Bacon의 유명한 명제 "아는 것이 힘이다Scientia est potentia"가 보여주듯이 인간의 이성 능력과 지식은 다름 아닌 자연을 지배하기 위한 것이었고, 데카르트의 유명한 명제 "나는 생각한다. 그러므로 나는 존재한다cogito ergo sum"도 인간 존재의 정체성이 사유에 있음과 동시에 인간이 이성적 존재라는 것을 천명한다. 즉 자연이나 객관적 세계를 설명하는 인식 능력이 인간 주관에 있다는 것이다. 주관성의 철학은 인간이 중심이 되어 자연이나 환경을 지배하고 사용할 수 있으며 물질문명을 발전시킬 수 있다는 인간중심주의를 배태한 것이다. 서양 근대의 물질문명의 발전을 가져온 이러한 사유는 자연을 지배하고 인간을 도구화하며 인간 스스로 사물화되는 부작용을 낳았다. 니체를 중심으로 한 근대와 탈근대의 논의에는 다름 아닌 근대 문명의 이성적 기획의 문제점에 대한 진단과 대안을 둘러싼 논쟁이 담겨 있다.[49]

경제적 이익을 위해 효율성과 성과만을 강조하는 도구적 이성은 경제지상주의적·산업사회적 문명에서 극단화되었고, 신자유주의적 세계 질서에서 더욱 첨예화되며 우리가 사는 생활 세계를 점령해갔다. 경제적 이해관계 아래서 생태계는 어지럽혀졌고 음식이나 자연/대지, 인간의 육체마저도 화학 물질이나 유해 물질로 중독되어갔다. 이제 인간과 자연의 관계뿐만 아니라 인간과 인간의 관계, 인간이 자기 자신과 맺는 관계도 근본적으로 다시 성찰하고 생명의 언어를 회복해야 할 것이다. 인간관계나 사회관계에서도 현대 문명은 많은 문제를 드러내고 있다. 오늘날 사람들은 물질주의, 이기주의, 향락과 경제적 부유함만을 생각하는 가치관 속에서 외로움과 공허함을 느끼고 삶의 의미를 찾지 못해 방황하며 살고 있다. 전자매체의 발전은 사이버 세계 속으로 나르시시즘적 자기 몰입을 하게 만들고 있으며 홀로 먹고 살아가는 '혼족 문화'를 양산하고 있다. 인간과 세계의 관계 단절은 삶의 불안을 증식시키고 어떻게 살아야 하는지 모르는 삶의 가치 혼돈이나 의미 상실을 초래한다. 이는 삶을 소외시킬 뿐만 아니라 더 나아가 죽음마저 대상화하며 소외시키는 부작용을 낳고 있다. (현대인이 직면하는 삶과 죽음의 문제와 죽음의 범속화 현상은 제5장에서 보다 상세히 다룰 것이다.)

자살, 죽음뿐만 아니라 경쟁, 적자생존, 고독, 불안, 우울, 스트레스, 피로, 소진 등이 우리 시대의 증후로 나타나고 있다. 이혼이나 가정 해체, 인간관계의 파손, 폭력, 왕따, 중독(알코올 중독, 약물 중독, 게임 중독, 인터넷 중독, 소비 중독 등), 자살 등의 시대적 병리 현상이 점차 증대하고

---

49 니체 철학을 중심으로 서양 근대성의 문제를 진단하고 그의 철학적 대안을 생명의 철학으로 이해한 책으로, 김정현, 《니체, 생명과 치유의 철학》 참조할 것.

있다. 1980년대 이후 등장한 여러 철학 상담 치료에 대한 논의도 철학이 단순한 아카데미 영역을 벗어나 삶의 의미나 가치를 찾지 못하고 고통받는 사람들에게 실천적으로 도움을 줄 수 있어야 한다는 시대적 과제를 담은 것으로 보인다.[50] 물질적 부유함에서 행복을 찾으며 불행해하는 현대인에게 진정한 행복이란 무엇인가, 인간답게 산다는 것은 무엇인가를 근본적으로 성찰할 필요가 있다. (이러한 행복의 문제는 제7장과 제8장에서 구체적으로 다룰 것이다. 여기에서는 시대나 사회에 의해 상처받으며 불행해하는 현대인들이 자기 존재의 중심을 잡으며 치유할 수 있는 방법을 모색할 것이다.)

5. 인간답게 산다는 것의 의미

프로이트에 따르면 "행성이 자신의 축을 중심으로 자전하면서도 또한 중심이 되는 천체 주위를 공전하는 것처럼, 개별적인 인간 역시 독자적인 인생의 길을 걸어가면서 인류 전체의 발전 과정에 참여한다".[51] 행성의 자전과 공전이 동시에 일어나고 있듯이, 인간 역시 자기 삶의 자전 운동을 하고 동시에 다른 인간과 관계를 맺으며 인류의 삶 주위를 공전하며 움직여간다. 우리는 자연 및 타인의 삶과 유의미하게 얽힌 세계

---

50 철학의 실천적 과제나 철학 상담 치료가 등장하는 시대적 배경과 내용에 대해서는, 김정현, 《철학과 마음의 치유》(책세상, 2013) 참조할 것.
51 Sigmund Freud, *Das Unbehagen in der Kultur*, Sigmund Freud, *Sigmund Freud Studienausgabe*, Bd. IX, von A. Mitscherlich · A. Richards · J. Strachey(hrsg.)(Frankfurt a.M.: S. Fisher Verlag, 1974), 266쪽.

라는 그물망 속에서 자신과 인간의 삶을 동시에 살아간다. "텍스트의 밖은 없다"라는 데리다의 사유 역시 우리가 살아가는 세계가 우리가 사랑해야 하는 유일한 세계임을 강조한 것이다. 그러나 현재 우리의 삶은 물질문명 속에서 경제적 이기주의라는 욕망의 동력에 의해 자전 운동만을 하고 있는 것은 아닌가? 우리는 나를 앞세우며 타자를 나에게 종속시키고자 하는 전체주의적이고 닫힌 사고를 하고 있는 것은 아닌가? 나의 경제적 이익이나 문화적 우월성을 확보하기 위해 다른 문화나 사고방식을 억압하는 제국주의적 사고가 세계화라는 이름으로 온 세상을 떠돌아다니는 것은 아닌가?

우리가 세계와 호흡한다는 것은 비판 정신으로 닫힌 정신에 저항하며, 인간적인 삶을, 너무나 인간적인 인류의 문화를 찾고자 하는 정신적 모색 행위일 것이다. 세계에 열려 있는 열린 정신이란 자기만을 고집하다 자기 정체성을 상실하며 생명에 대한 불감증에 걸린 마지막 인간이기를 거부하는 정신이다. 이는 또한 내면의 정신 혁명에 의해 세계가 나와 얽혀 있음을 자각하며 타자의 세계와 상생을 모색하는 생명의 정신이기도 하다. 상호 이해와 다양성, 화해와 책임, 만남과 타자성의 인정, 생명과 치유 등의 정신은 이러한 생명 정신의 발아에 필요한 사상적 씨앗이 될 수 있을 것이다. 타자의 텍스트에 대한 이해란 타자의 세계와 소통하며 나의 정체성을 확보하는 나의 이해 과정이기도 하다. 연고적 집단주의나 정실주의cronyism라는 폐쇄적 사유가 열린 자유주의적 사회의 활력을 질식시킨다는 자유주의 사상가 프리드리히 하이에크Friedrich Hayek의 지적에서 볼 수 있는 것처럼, 닫힌 사유는 세계와의 만남이라는 활력을 죽이고 자신의 진정한 이해를 방해하는 퇴락의 사유일 뿐이다.

니체는 오늘날 우리가 '큰 정치'를 해야 하는 시대[52], '혼들의 싸움 Geisterkrieg'을 해야 하는 시대[53]를 맞았다고 말한 바 있다. 이것은 인간과 자연(환경 세계), 인간과 인간(사회 세계), 나와 나(내면 세계)의 관계가 살아 있는 생명의 언어로 기술되어 있다는 사실을 내적으로 자각하고, 더 나아가 자신을 진정으로 이해하는 것이 일상 세계에 깨어 있는 정신으로 참여하는 데서 비롯된다는 것을 깨달아야 하는 시대에 우리가 서 있음을 뜻한다. 나의 정신적 생명의 자각은 세계와 소통하는 나의 인간적 자존감을 회복하는 데서, 즉 내가 나와 타인을 인격적으로 배려하고 존경하는 삶의 태도를 성숙시키는 데서, 인간이 인간답게 되어 인류 앞에서 인간으로 살아가는 인간성을 회복하는 데서 비롯될 것이다. 이를 위해서는 우리 자신을 열어가는 정신의 내적 혁명이 필요할 것이다. 맑고 밝고 훈훈한 세계는 우리가 세계에 대한 열린 정신과 생명의 삶을 서로 나눈다는 상생相生의 윤리적 태도를 가다듬을 때 가능할 것이다.

---

52 프리드리히 니체,《선악의 저편 · 도덕의 계보》, 183쪽.
53 Friedrich Nietzsche, *Ecce homo*, Warum ich ein Schicksal bin 1, KSA 6, 366쪽.

제2장

글로벌 시대, 어디로 가고 있는가
― 글로컬리즘과 자아 정체성

1. 우리가 살고 있는 세계는 지구지역화 공동체이다

"지구적으로 생각하고, 지역적으로 활동하라." 오늘날 우리는 이런 이야기를 많이 듣는다. 이는 미국의 의학생태학자 뒤보스가 한 말로, 나중에 미래학자 제러미 리프킨Jeremy Rifkin에 의해 지역적 생태계의 정치적 동력을 불러일으키는 '생명권 정치학'의 표제어로 사용되었다.[1] 다른 한편 이 명제는 오늘날 세계화된 지구촌의 현실을 반영하는 중요한 삶의 모토로 사용되기도 한다. 현재 우리가 살고 있는 세계는 지구촌 구석구석과 영향을 주고받으며 복잡한 연결망 속에서 움직이는 역동성을 드러내고 있기 때문이다.

오늘날 우리는 분명 과거와는 다른 지구 공동체에 살고 있다. 대중

---

[1] 제러미 리프킨, 《생명권 정치학》, 이정배 옮김(대화출판사, 1996), 418~419쪽.

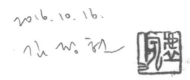

석판화 〈큰 별〉 (2016)

"어머니, 간밤에 꿈을 꾸었습니다. 하늘의 별들이 나타났습니다." 지금부터 약 4800년 전 수메르의 영웅 신화《길가메쉬 서사시》에서 길가메쉬가 큰 별이 떨어지는 꿈을 꾸고 난 후 어머니에게 해몽을 부탁하는 장면이다. '물갈mulgal'은 '큰 별'을 뜻한다. '물'은 '별'을, '갈'은 '큰'이라는 뜻이다. (김산해, 《최초의 신화 길가메쉬 서사시》(Humanist, 2015), 96쪽 이하 참조)

어머니는 길가메쉬에게 땅에서 강한 힘을 가진 자가 다가와 동료를 구한다고 해몽한다. 현대에 인류는 역사상 처음으로 우리가 사는 지구촌을 하나의 생존 및 행위 공간으로 인식하기 시작했고, 인류를 '세계인homo mundanus'으로 받아들였다. 우리에게 필요한 것은 세계시민으로서의 자각이다. 즉 인종, 종교, 여성, 이민자에 대한 차별이 아니라 다른 사람을 나와 더불어 세계에서 살아가는 하나의 인간으로 대하는 휴머니즘의 큰 의식이다.

교통 수단의 발달로 공간적 거리가 변화했을 뿐만 아니라 컴퓨터나 인터넷, 페이스북, 유튜브, 스마트폰, SNS 등 가상공간 만남을 통해 전 세계가 하나의 그물망으로 연결되는 세상에서 살고 있는 것이다. 이러한 세계는 전자적 기술공학에 의해 인류의 중추신경계를 세계에 연결하는 '지구촌', 세계인의 삶의 양식에 거대한 영향을 미치는 '신자유주의'나 '자본주의적 세계체제', 생태적 지구화로서의 '세계위험사회', 세계와 지역의 쌍방향적 접촉과 대화라는 상호의존적 문화 결속체로서의 '지구지역화' 등으로 표현된다. 이 논의들은 분명 세계가 하나의 생활공간으로 연결되어 있다는 의식이 점차 일상화되고 있음을 보여준다.[2]

그러나 이러한 세계화 혹은 지구지역화 논의[3]가 항상 낙관적 전망만을 제시하고 있는 것은 아니다. 촘스키가 비판하고 있듯이 우리는 한편에서는 신자유주의, 세계 정치의 제국주의, 세계의 맥도널드화라 표현되는 경제적 지구화와 문화적 제국주의의 위험성에 노출되어 있고, 다른 한편으로는 중심과 탈중심, 세계와 지역의 문화적 소통과 대중매체의 기호 교환, 지구적 생태 환경에 관한 공동 운명적 경험을 매일 체험하고 있기 때문이다.[4] 세계화 혹은 지구지역화는 빛과 그림자를 모두

---

2 지구촌과 지구지역화에 대한 최근 담론을 간략히 소개한 글로, 김정현, 〈열린 정신과 상생의 도덕〉, 《열린 정신 인문학연구》 제4집(원광대 인문학연구소, 2003년 2월), 9~15쪽 참조할 것.
3 'Globalization', 'Globalisierung', 'la mondialisation' 등은 현재 국내에서 필자나 번역자에 따라 혹은 맥락에 따라 '세계화', '지구화', '글로벌라이제이션' 등으로 쓰이고 있다. 또한 'Glocalization'은 '지구지역화', '세방화世方化' 등으로 번역된다. 여기에서 나는 주로 맥락에 따라 '세계화'와 '지구화', '지구지역화'를 혼용해 사용할 것이다. 벡이나 기든스 역시 세계화라는 용어를 사용하고 있는데, 세계의 지역에 대한 영향뿐만 아니라 지역의 세계에 대한 영향 등을 함께 고려하고 있기에 '지구지역화'는 넓은 의미에서 보면 세계화 논의에 들어간다고 볼 수 있다. 나는 '글로컬리즘glocalism'이라는 용어를 주로 지구지역화 현상을 야기하고 그로부터 생겨나는 문제를 포괄하는 이념이나 정신세계를 논의할 경우에 사용할 것이다.

지니고 있다. 세계가 하나의 체험 공간으로 확장되고 다양한 문화와 생활양식이 교환되며 인정과 존중의 의식이 증대되는 반면, 신자유주의에 의한 경제적 금융 질서의 재편으로 세계가 부의 양극화 현상을 드러내며 무한 경쟁이라는 자본주의의 잔인성을 보여주고 있기 때문이다. 여러 지역에 동시에 거주하는 중복 공간성이 나타나기도 하지만, 개인은 사회적 자아 정체성의 혼란을 겪기도 한다. 전자매체를 통해 세계와 쌍방향으로 동시에 접속하며 시민들이 자신의 견해를 표출하지만, 또 한편 지역 생태계의 위험이 동시에 지구화되는 생태학적 글로벌 위험 사회가 도래했다.

오늘날 세계는 지구적 차원에서 연결되며 지역과 세계, 특수성과 보편성, 중심과 탈중심의 이종교배적 삶의 질서를 교환하고 있고, 신자유주의 경제적 지구화, 전자매체의 발달, 생태계 위기와 같은 문제의식을 공유하며 점차 지역사회와 세계 사회가 상호 소통하는 지구적 문명 단계에 돌입하고 있다. 프랑스의 인문지리학자인 올리비에 돌퓌스 Olivier Dollfus의 말처럼 '세계화La mondialisation'는 사람들로 하여금 지구를 역사상 처음으로 자신의 공간과 역사를 동시에 만들어가는 세계적 단일체로 인식하게 만든 것이다.[5] 그는 세계라는 공간을 인류 전체가 참여하는 상호 교류의 공간, 수많은 지역 활동과 궁극적인 인류의 공동 운명 사이에 밀접한 상호 간섭 현상이 일어나는 공간으로 이해하며, 세계

---

4 김정현, 〈열린 정신과 상생의 도덕〉, 12쪽.
5 올리비에 돌퓌스, 《세계화》, 최혜란 옮김(한울, 1998), 25쪽. ; 지구화가 시작된 시점은 다음과 같이 다양하게 파악된다.(Ulrich Beck, *Was ist Globalisierung?*, 44쪽〔울리히 벡, 《지구화의 길》, 조만영 옮김(거름, 2000), 48쪽〕.)

화는 인류 전체가 단일 집단을 구성하고 있다는 사실을 인식하게 한다고 주장한다.[6] 하워드 펄머터의 말처럼 전 지구적 문명의 역사는 이제 시작하고 있는 것이다.[7]

세계화를 한 지역에서 일어나고 있는 사건이 한참 떨어진 다른 지역에 영향을 주는, 서로 다른 지역을 연결하는 범세계적인 사회관계의 집중화로 이해하는 앤서니 기든스Anthony Giddens의 말처럼 우리는 우리가 살고 있는 지역과 다른 지역의 사회·문화·정치적 관계가 글로벌 세계로 연결되어 있는 시대에 살고 있다. 세계가 상호 의존해 있으며 단일한 장소라는 의식이 광범위하고 깊이 있게 일상화되는 현상을 로버트슨은 '지구지역화'라고 표현하는데, 이는 기존의 세계화 담론과 달리 세계가 지역에 영향을 미치는 일방적 관계가 아니라 지역이 세계 각지와 맺는 영향 관계에 주목한다는 점에서 확장된 세계화 담론의 하나로 보인다. 여기에는 전자매체의 발달과 정보의 유동성, 자유로운 이동과 거주 공간에 대한 유목적 기억, 글로벌 단위의 소비문화, 문명권이 충돌하고 문화가 뒤섞이는 혼성화, 인간 행동 양식의 전全 지구적 일반화 등의 보편주의와 지역적 정체를 옹호하는 특수주의가 공존하는 현상 등 많은 지구촌 문제들이 담겨 있다. 70억 인구가 사는 작은 행성 지구는 통

저자	시점	주제
마르크스	15세기	근대 자본주의
월러스틴	15세기	자본주의 세계체제
로버트슨	1870−1920년	다차원성
기든스	18세기	근대화
펄머터	동서 갈등의 종말	글로벌 문명

6 올리비에 돌퓌스,《세계화》, 251쪽.
7 Ulrich Beck, *Was ist Globalisierung?*, 94쪽.

합과 이동성, 상호 연결성을 지향하며 나아가고 있지만, 여전히 배타성이나 울퉁불퉁한 정치 지형을 유지하려는 움직임이 공존하는 모자이크 공간이기도 하다.[8]

2. 세계화/지구지역화와 새로운 불투명성

독일의 사회사상가 벡은 "지구성Globalität은 이 세기말의 시점에서 회피할 수 없는 인간 행위의 조건"[9]이라고 말한다. 이미 우리의 세계나 사회구조가 지구 사회와 상호 연관되어 있고 지역사회 역시 세계와 서로 영향을 주고받는 지구성의 특성을 띠고 있기 때문이다. 이러한 지구성의 특징인 세계화가 진행되며 나타난 현상들 몇 가지를 살펴보자. 매클루언의 진단처럼 컴퓨터가 보급되고 인터넷이 출현하자 우리는 세계와 실시간으로 접촉하며 감각과 소통의 영역을 지구촌으로 확장시켰다. 이메일을 통해 일상의 공간을 현재화하고 가상현실을 통해 전 세계를 실시간으로 접촉할 수 있게 된 것이다. 이러한 과정에서 세계의 문화와 삶의 방식, 사고방식이 유입되고 동시에 나 자신의 삶의 양식을 세계로 송출하는 쌍방향 교류가 이루어졌다. 전자 대중매체나 대중교통 수단의 발달로 인한 이동의 자유는 다른 문화와 접촉하는 기회를 다양하게 만들어냈고, 이는 기존의 전통문화와 충돌하며 또 다른 혼성 문화를

---

8 세계화와 연관해 공간의 지형학을 분석하며 부유한 중심부는 '평평'하고 주변부는 '울퉁불퉁'하다고 주장하는 입장으로, 하름 데 블레이, 《공간의 힘》, 황근하 옮김(천지인, 2009) 참조할 것.
9 Ulrich Beck, *Was ist Globalisierung?*, 35쪽.

만들어냈을 뿐만 아니라 문화적 정체성의 혼란도 야기했다.

경제 영역에서는 신자유주의가 확산되면서 경제적 세계 경쟁 체제를 낳고 사회에도 무한 경쟁을 불러왔을 뿐만 아니라 세계 사회의 빈부의 양극화 문제를 일으켰다. 이러한 경영 중심의 세계화 전략은 경제 영역뿐만 아니라 현재는 교육, 문화 영역을 파고들어 모든 것을 취업, 효율성과 같은 경제적 지표 중심으로 평가하고자 한다. 이제 경제가 문화 영역을 식민지화하고 대학마저 실용적 기능을 강조하는 소위 직업 준비 학교로 전환시키는 등 문화·정신세계를 황폐화하고 있다. 또한 서양 문화가 제3세계에 유입되면서 맥도널드화, 코카콜라 문화로 표현되는 미국 문화가 세계를 지배하게 되었고 전 세계의 소비문화를 균질화시키며 '코카콜라 식민지화Coca-colonization'를 야기했다. 물론 이에 대한 지역의 저항운동이 일어나기도 했다.

세계화가 진행되면서 농촌이나 지역의 사람들이 세계와 접촉하거나 국제결혼을 하는 사례도 늘었는데, 이는 음식, 복식, 습관, 사고방식의 차이와 다양성 등 다문화주의 형성에 기여했고, 민족중심주의나 인종우월주의, 단일민족의 신화를 성찰하는 움직임을 이끌어내는 데 일조했다. 또한 체르노빌이나 일본의 후쿠시마 원자력발전소 사고에서 볼 수 있듯이 지구 생태계 위기의 동시 체험으로 환경 위기가 한 지역의 문제가 아닌 지구촌의 문제임을 자각하게 되었고, 우리 모두가 '세계위험사회Weltrisikogesellschaft'[10]에 직면하고 있음을 보여주었다. 또한 세계화

---

10 글로벌 위험사회에 대한 벡의 최근 연구 성과로, 울리히 벡,《글로벌 위험사회》, 박미애·이진우 옮김(길, 2010) 참조할 것.

의 폐해를 치유하기 위해 지역의 대안 문화를 모색하게 되었고, NGO 활동 역시 세계화되어 국경을 뛰어넘은 연대 활동을 벌이고, 지역의 정체성을 찾고자 노력하기도 했다. 세계화의 진행은 다른 한편 세계시민 의식이 확장되는 데 기여하기도 했다. 다시 말해 개인이 국가의 일원이 자 세계시민의 일원이라는 새로운 세계동포주의가 확산된 것이다.

이러한 세계화(지구화)를 벡은 국제교역에서 상호 영향력 증대, 금융시장의 글로벌 네트워크화, 정보·커뮤니케이션 기술의 지속적 혁명, 보편적으로 주장되는 인권에 대한 요구, 글로벌 문화산업, 탈국제적·다중심적 세계 정치, 지구적 빈곤의 문제, 지구적 환경 파괴, 지역에서 일어나는 초超문화적 갈등 등으로 정리하며, 세계화에는 경제, 정보통신 기술, 시민사회, 노동조직, 생태계, 문화라는 여섯 가지 차원이 있다고 보았다.[11] 기든스는 이에 대해 세계화를 공간과 시간의 변형과 관련시킨다. 전 지구적 차원의 신속한 의사소통 및 대중교통 수단의 등장과 연관해 세계화는 대규모 체계의 창출뿐만 아니라 사회적 경험의 국지적·개인적 맥락의 변형에도 관계한다고 지적한다. 즉 우리의 일상 활동은 점차 세계의 다른 부분에서 일어나는 사건의 영향을 받으며, 국제적 생활습관은 전 지구적 파급력을 가진다는 것이다.[12] 세계화는 이제 일상의 경험이 되고 '지역의 태도'가 된 것이다.[13]

세계화 과정에서 시간이 압축된 지구가 등장하게 된다. 이제 지구 상의 다양한 지역에서 다양한 의미를 지닌 사건들이 여러 시간축이 아

11 Ulrich Beck, *Was ist Globalisierung?*, 29~30쪽.
12 앤서니 기든스,《좌파와 우파를 넘어서》, 김현옥 옮김(한울, 1997), 17쪽.
13 Ulrich Beck, 앞의 책, 45쪽.

니라 단 하나의 시간축 위에 놓이게 된 것이다. 프랑크푸르트의 외환시장과 주식시장이 열린 시간에 도쿄, 싱가포르, 홍콩의 증권거래소는 폐장하며, 뉴욕 월스트리트의 증권거래소가 개점할 시간에 유럽 증권거래소의 시황이 알려지는 등 세계 각지의 경제 동향은 24시간 실시간으로 관찰되고 상호 영향을 주고받는다.[14] 우리가 살고 있는 세계 경제 시장은 매일 3조 200억 달러가 자본시장에서 광속으로 교환되는 세계인 것이다.[15] 이는 100달러짜리 지폐로 쌓아올리면 에베레스트산보다 예순 배 이상 높은 거대한 규모이다.

경제적으로 지구는 더 이상 크지도 넓지도 않고, 텔레커뮤니케이션으로 잘 짜인 시장들이 밀집해 있는 협소하고 작은 공간일 뿐이다.[16] 이는 영토 단위로 조직되고 운영되던 사회, 국가의 기본 틀이 무너지는 것을 뜻하며, 벡은 "지구성이란 국민국가와 국민사회의 통일성이 붕괴된다는 것을 의미한다"[17]라고 말한다. 세계화란 벡의 관점에서 보면 국민국가적 단위와 국민국가의 행위자들을 한편으로 하고, 초超국민적 행위자와 정체성, 사회적 공간, 상황과 과정을 다른 한편으로 하는, 새로운 유형의 권력과 경쟁관계, 갈등과 융합이 나타나는 것이다.[18] 세계화란 경제와 텔레커뮤니케이션 영역에서 단일한 시간축이 형성되며 영토적 국가와 초국가적 행위의 갈등과 융합이 새로 일어나는 지구 공간화를 뜻하는 것이다.

---

14 Ulrich Beck, *Was ist Globalisierung?*, 46쪽.
15 제러미 리프킨,《공감의 시대》, 이경남 옮김(민음사, 2010), 531쪽.
16 Ulrich Beck, 앞의 책, 47쪽.
17 같은 책, 47쪽.
18 같은 책, 47쪽.

경제 행위의 세계화는 동시에 문화적 세계화라는 물결을 동반한다. 세계의 맥도널드화로 지칭되는 지구화는 전 지구적 차원의 표준화만을 지향하는 것이 아니라 지역적인 문제에도 관심을 기울이는데, 이때 지구화는 탈지역화De-Lokalisierung만을 의미하지 않으며 재지역화Re-Lokalisierung를 전제로 한다. 자기 제품을 '지구적'으로 생산하고 시장에 내놓는 회사들 역시 지역적 유대를 발전시킨다. 코카콜라와 소니는 전 지구적 현지화(지역화) 전략을 세우고 있는데, 이때 '지구적'이라는 것은 전파되고 토착화되어 '여러 장소에 동시에' 존재하는, 즉 여러 지역을 가로지르는 초超지역적인 것을 뜻한다.[19] 따라서 세계화는 경제적 특성뿐만 아니라 정치적·기술적·문화적인 특성을 띠며,[20] 생태학적 위험 사회의 경험을 공유한다. 이는 세계화가 초국가적이며 지역적인 특성을 띠고 있음을 보여준다. '유랑하는 빈민'이나 '인구 폭발', 핵발전소의 재난 사건, 식품·공기·물의 오염 등은 지구 사회가 '외부 어디엔가' 있는 것이 아니라 자기 자신의 삶의 기반에 접해 있음을 말해준다.[21]

오늘날 지구 문명에서 돈, 각종 기술, 상품, 정보, 환경오염은 국경을 넘어서고 있다. 세계화는 시간과 공간을 변형시키며, 거리를 소멸시키고 초국민적 생활 방식에 휩쓸리게 한다. 그러나 초국민적 생활 방식이 외부 영역이 아닌 나의 일상에서 일어난다는 점에서 복합적 성격을 지닌다. 정치적·경제적 영향들이 뒤섞임으로써 나타난 세계화는 우리가 살고 있는 사회의 제도를 변형시키는데, 이는 '새로운 개인주의new

---

19 Ulrich Beck, *Was ist Globalisierung?*, 86쪽.
20 앤서니 기든스,《질주하는 세계》, 박찬욱 옮김(생각의나무, 2000), 43쪽.
21 Ulrich Beck, 앞의 책, 155쪽.

individualism'의 부상과 밀접한 연관이 있다.[22] 세계와 지역 사이를 유목하듯 오가고 다중 정체성을 가지며 국민국가적 충성심이나 영토적 기억을 벗어나는 현대 개인의 삶은 동시에 여러 장소에 있으면서 자기 지역을 가로지르는 초지역적인 것에 관심을 기울이는 새로운 삶의 방식을 보여준다. 지구화는 자본, 문화, 정치가 현기증 나게 뒤얽히면서 사회의 이해뿐만 아니라 개인의 정체성 문제를 제기한다. "나는 누구인가?", "나는 어디에 있는가?", "나는 어디의 누구에게 속하는가?"라는 물음이 이에 해당한다.[23] 이러한 맥락에서 세계화(지구화)는 하버마스의 용어를 빌려 표현하자면 '새로운 불투명성Die neue Unübersichtlichkeit'에 놓여 있다고 할 수 있다.

3. 지구지역화 현상

지구지역화의 특징으로 복수 지연성地緣性, 문화다원주의, 전자 아고라의 확장, 공생의 네트워크 등을 들 수 있다.

첫째, 우리는 현재 영토상으로 고정되어 있지 않고, 통합적이지 않으며 배타적이지 않은 복수 지역적 세계 사회에 살고 있다.[24] 벡은 이러한 복수 지역적 세계 사회의 삶을 '복수 지연성複數地緣性, Ortspolygamie'이라고 규정하며, "여러 곳에 산다는 것은 사적 삶의 세계화로 들어서는

---

22 앤서니 기든스, 《제3의 길》, 한상진 · 박찬욱 옮김(생각의나무, 1998), 73쪽.
23 같은 책, 203~204쪽.
24 Ulrich Beck, *Was ist Globalisierung?*, 177쪽.

입구이다"[25]라고 말한다. 여러 장소에 걸쳐 있는 것은 바로 사적 삶에서 지구촌 세계로 들어가는 입구에 해당하며, 이로부터 개인 삶의 기록인 전기傳記의 지구화가 시작된다는 것이다.

'전기의 지구화'란 세계의 대립들이 사적인 삶 중심에 자리 잡고 있음을 의미한다. 문화권을 달리하는 결혼과 가족 구성, 근무, 친교 범위, 교육, 영화 관람, 식품 구입, 음악 감상, 저녁 식사, 연애 등 삶의 전 영역에 걸쳐 삶의 지구화가 진행된다는 뜻이다.[26] 독일에서 많은 시간을 보낸 나의 경우에도 매년 방문하는 독일에서 옛 친구를 만나고 그를 통해 새로운 인간관계를 맺고 또 새로운 사람들과 저녁 식사를 하고 영화를 보며 또 다른 나라를 여행하기도 하는 등 사적 삶의 이야기에 지구적 서사가 기록되어 있다. 오늘날 한국에 살면서 미국이나 독일 등 다른 나라에 연고를 두거나 혹은 외국에 살면서 한국이나 동남아에 연고를 두고 지속적으로 삶의 공간을 바꾸며 유목적 삶을 사는 사람도 적지 않게 늘어나고 있다. 다문화 가정의 경우도 친정 혹은 처가 등을 오가며 새로운 가족의 유대를 맺고 다른 문화를 체험하며 사적인 삶의 이야기에 여러 장소와 문화의 서사를 기록한다. 이 모든 것은 삶의 방식에서 지구적 체험과 '노마디즘nomadism' 사고를 강화한다.

복수 지역적 삶을 살아가는 사람들에게는 대륙·문화권·종교의 온갖 대립과 충돌이 사적인 삶의 공간에서 벌어지기도 한다. 그래서 벡은 "사적인 삶은 바로 지구지역적인 것이 현존하는 장소"라고 말한다.[27]

---

25 Ulrich Beck, *Was ist Globalisierung?*, 127쪽.
26 같은 책, 129쪽.
27 같은 책, 129쪽.

복수 지역적 삶을 살아가는 사람의 사적인 삶은 더 이상 장소에 구속되지 않으며, 고정되고 정주적인 삶의 방식을 보이지 않는다. 이는 '여행을 지향하는' 삶이며 유목민의 삶이고 자동차·비행기·철도·전화·인터넷 속의 삶이자 대중매체에 의해 지탱되고 각인되는 초국민적 삶이기도 하다.[28] 이러한 복수 지연성의 삶에서 "한곳에 산다는 것은 더 이상 같이 산다는 것을 뜻하지 않으며, 같이 산다는 것은 더 이상 같은 곳에 산다는 것을 뜻하지 않는다."[29] 복수 지역적 삶이라는 차원에서, 함께 산다는 것은 정주적 공간에 거주한다는 뜻이 아니다.

전자매체는 다른 맥락에서 이러한 복수 지연성을 가능하게 한다. 전화와 이메일을 통해 우리는 한곳에 있으면서 동시에 한곳에 있지 않고 대답하지 않으면서도 자동적으로 소식을 보내고 받으며 살아간다. 인터넷이나 스마트폰, SNS 등은 공간의 정주성을 유목적으로 확장할 뿐만 아니라 시간의 다양한 축을 동시성의 연결망으로 바꾸어놓는다. 연구나 사업상 외국에 체류하는 사람이 한국의 학교나 회사 메일을 사용하고 이를 통해 마치 한국에 머무르고 있는 것처럼 한국의 지인들과 소식을 주고받고 공적인 일도 처리한다. 이는 부재의 현존을 가능케 하며 동시에 다른 곳에서의 현존을 통해 내부적 부재를 은폐하기도 한다. 인터넷으로 접속하는 이상 내가 한국에 부재하다는 사실을 아무도 눈치채지 못하는 것이다. 또한 나는 동시에 여러 곳에 거주하는 복수적 삶의 방식을 갖게 된다.

---

28 Ulrich Beck, *Was ist Globalisierung?*, 129~130쪽.
29 같은 책, 130쪽.

전자 통신은 나라, 종교, 대륙 등의 경계를 초월해 개별 행위자들이 실시간으로 활발히 접촉하게 하며, 특정 지역에 구속된 공동체와는 달리 디지털로 매개되는 공간의 대화 형태는 혈연적·전통적·사회적 구속력, 혹은 공간적 친연성이 아니라 오직 네트워크 안에서, 네트워크에 결부된 공통의 관심사에 바탕을 두게 된다.[30] "복수 지연적 생활 방식들은 서로 다른 생활 방식으로 이전되고 번역되는 전기(傳記)이며, 복수의 삶을 영위하기 위해 자신을 위해서나 다른 사람을 위해서나 지속적으로 번역되고 이전되어야 하는 번역·이전의 전기"[31]이기에 한 문화권과 다른 문화권의 이동과 중층적 이야기, 유동성에 대한 새로운 이해가 필요하다. 전자매체는 이러한 전자 네크워크 안에서 다른 문화의 이야기를 번역하고 이전하는 상호 교류를 매개하는 것이다.

둘째, 문화다원주의의 문제이다. 세계화가 진행되면서 일상의 환경도 변화하며, 지금까지 접하지 못했던 상품이 슈퍼마켓에 전시되거나 낯선 기호나 상징 등이 도시에 유입되고, 음악, 식문화, 패션, 도시 문화 등이 활발히 교류된다. 베를린의 일본 레스토랑에서는 독일인들이 젓가락을 들고 회를 먹으며 일본 문화를 소비하고, 뉴욕에서는 미국인들이 불고기와 한류를 소비하며, 서울에서는 티베트의 음식과 불교 문화의 기호를 소비한다. 세계화는 모든 공항에서 표준화되고 균질화된 제품을 판매하듯 획일화를 유발하기도 했지만, 다른 한편으로 혼성 문화를 생성하는 역할을 한다. 지구지역화의 문화적 경험은 획일화, 표준

30 Ulrich Beck, *Was ist Globalisierung?*, 179쪽.
31 같은 책, 131쪽.

화 경향에 저항하며 새로운 혼성 문화를 만들어간다. 이는 문화의 다양성이나 문화적 기호의 소비에서 혼성 문화를 만들어내는 데 그치지 않고 초문화나 초문화적 개인의 정체성 문제를 낳기도 한다.

오늘날 유동성, 대중교통, 경제 네트워크의 시대에 출신 집단의 활동 반경을 넘어서 다른 집단들과 함께 생활하고 일하는 사람들이 점차 늘어나고 있다. 외국인 노동자의 경우 자신이 살던 영토와 문화를 넘어 삶의 터전을 옮기면서 문화적 충격을 받기도 하고 자아 정체성의 혼란을 겪기도 한다. 또한 국경을 넘나들면서 한 나라에서 태어나 다른 나라에서 성장하고 또 다른 나라에서 결혼하여 아이를 낳게 되는 사람들이 늘어나면서 이중 문화권에 속하는 부부도 늘어나고 있다. 이는 초문화권의 인구와 사회적 소속성의 문제를 만들어내기도 한다.[32] 한국인으로 미국에 거주하고 필리핀 2세와 결혼해 살아가며 한국과 필리핀, 미국 등을 왕래하며 다중 문화적 체험을 하는 사람의 경우 문화적 정체성이나 사회적 정체성에서 기존의 규범으로 확정할 수 없는 다원적 정체성을 갖게 된다.

지구지역화로 인해 우리는 자신이 살고 있는 지역의 문화뿐만 아니라 세계의 문화를 내 삶의 사적 영역으로 흡입하며 다원적 문화 체험 속에서 개인의 정체성을 중층적으로 제시하게 된다. 여기에서는 민족주의적이며 동시에 세계주의적인 개인의 다원성뿐만 아니라 젠더, 섹슈얼리티, 다문화주의 등 다양한 다원성의 형태가 출현한다. 하버마스는 세계화(지구화)와 관련해 점증하는 이주가 많은 사람들의 윤리적이

---

32 Ulrich Beck, *Was ist Globalisierung?*, 89쪽.

고 정치적인 자기 이해를 변형시키고 있다고 말한다.[33] 이러한 상황과 관련해 한편으로는 방어적 토착주의자가 저항에 나서지만, 다른 한편으로는 차이와 혼성에 대한 새로운 관심이 나타나게 된다.[34] 지구지역화가 생성한 다문화주의는 문화적 타자를 인정할 뿐만 아니라 타자를 근본적으로 재발견하는 계기를 제공한다. 여기에는 타자의 다름을 문화라는 이름으로 인정하는 삶의 혼성적 전략이 담겨 있을 뿐만 아니라 다른 문화와 내 문화를 혼성하는 가운데 초국가적 세계시민의 문화 지평을 찾으려는 노력도 담겨 있다. 타자에 대한 이해, 관용, 공생의 훈련은 문화다원주의에 관심을 갖고 참여함으로써 시작할 수 있을 것이다.

셋째, 전자 아고라의 확장과 세계시민적 참여의 문제이다. 인터넷은 지구적 차원의 전자 아고라를 만들어낸다. 이는 전 세계인이 참여하는 민주적 대화의 광장이지만 동시에 가상현실의 공간이기도 하다. 한 가지 실례를 들어보면 오늘날 전쟁은 지구 도처에서 여러 대중매체를 통해 세계인 모두가 참여하는 형태로 벌어진다. 이라크전쟁에서는 미군 주도의 다국적군이 바그다드를 공격하는 모습이 전 세계에 생중계되었고 세계인은 모두 집에 앉아 텔레비전을 통해 이를 지켜보았다. 마치 불꽃놀이 같은 비현실적 비극이 현실에서 벌어진 것이다. 사담 후세인을 체포하고 재판하며 처형하는 과정이나 빈 라덴이 피살되는 장면, 무아마르 카다피를 체포하고 죽이는 광경도 지구촌의 모든 사람들이 안방에서 실시간으로 시청했다. 글로벌 시민사회는 글로벌 시청자 사

33 Jürgen Habermas, "Struggles for Recognition in the Democratic Constitutional State", Amy Gutmann(ed.), *Multiculturalism*(Princeton: Princeton University Press, 1994), 137쪽.
34 낸시 프레이저, 《지구화 시대의 정의》, 김원식 옮김(그린비, 2010), 223~224쪽.

회가 된 것이다. 텔레비전이나 인터넷, 페이스북 등 전자매체는 동시에 시청하거나 참여할 수 있는 가상의 전자 아고라를 만들고 가상의 공론 장을 만들어낸다. 이제 전쟁은 어떤 의미로는 장소를 상실했다. 또 텔레비전이 이를 대리함으로써 정치적 위기로 번져가며, 서로 떨어져 있는 전 지구적 시민사회의 중심부에서 이에 대한 정당성이나 개입의 문제가 토론되는 것이다.[35] 지역적 무력 대결의 전 지구적 의미가 대중매체에 의해 생산되고 구성됨으로써 전 지구적 시민사회가 작동되고 갈등이 전 지구적으로 확산되기도 한다.[36]

넷째, 공생의 사회적 네트워크 문제이다. 세계의 상호 의존성이나 국경을 가로지르는 흐름들, 새로운 통신수단으로 인해 상호 연결성은 점차 증대되고 있다. 점점 더 많은 개인들이 국제적으로 활동하고, 노동하며, 사랑하고, 결혼하며, 여행하고, 소비하고 있다. 아이들은 여러 언어를 말하도록 길러지고, 텔레비전과 인터넷을 접하는 공간에서 양육된다. 우리는 구글 지도를 통해 세계의 여러 장소를 눈으로 확인할 수 있고, 인터넷을 이용해 외국의 거주지를 바로 찾아 주택 계약을 맺기도 한다. 여행을 할 때도 인터넷을 이용해 예약하고, 인터넷 사이트를 통해 책을 사거나 물건을 주문하기도 한다. 오늘날 지구촌의 공생 네트워크가 어느 때보다 발달하고 있다. 또한 세계 문제, 즉 기후변화, 환경 파괴, 식량 위험, 지구적 금융위기, 이주, 유전공학, 인간 유전공학의 혁신, 나노기술의 혁신 등이 일상화되고 있는데,[37] 이러한 문제에 직면해서 지

---

35 Ulrich Beck, *Was ist Globalisierung?*, 156쪽.
36 같은 책, 157쪽.
37 울리히 벡, 《세계화 시대의 권력과 대항 권력》, 홍찬숙 옮김(길, 2011), 7~8쪽.

구촌은 지구적 운명 공동체라기보다는 지역적 갈등을 생산하는 공장이자 지구적 성찰의 공간이 된다.[38] 지구 차원의 위험, 즉 문명의 존폐와 관련된 생태적 위험이 증대되면서 글로벌 위험사회가 출현하고 있고, 이는 생태계 위험과 관련해 지구촌 차원의 공생의 사회적 네트워크를 성찰케 한다.

4. 글로컬리즘과 '자아 정체성'

세계화나 지구지역화와 같이 지구적 변화의 소용돌이 안에서 개인이 안정된 자아 정체성을 유지하며 살아가기에는 많은 어려움이 있다. 세계의 거대한 사건이 지역적 삶의 현장에 높은 파고로 휘몰아치기도 하고 개인 삶의 안정성을 뒤흔들며 위협하기도 한다. IMF 경제위기와 같은 외환위기가 우리 삶을 위협하거나 붕괴시키기도 한다. 미국의 모기지론과 주택시장의 붕괴, 신자유주의의 확산과 월가의 탐욕, 자본주의의 타락, 실업률의 증가, 그리스의 부도 위기, 이탈리아, 스페인, 포르투갈의 경제위기 등 많은 문제가 드러나 있다. 이는 한 국가의 차원을 넘어서 전 세계 경제에 막대한 영향을 미칠 뿐만 아니라 지역에 사는 개인의 삶을 파괴하거나 피폐하게 만들 수 있는 거시적이자 미시적인 위협이다. 세계가 공생의 네트워크로 연결되어 있다는 것은 그만큼 위험이나 파국의 가능성도 함께 열려 있다는 뜻이다.

---

38 울리히 벡, 《세계화 시대의 권력과 대항 권력》, 148쪽.

지구지역화는 복수 지연성, 문화다원주의, 전자 아고라의 확장, 공생의 사회적 네트워크 등 다양한 사회현상을 수반하지만 동시에 자아의 안정성이나 세계 준거점을 확보하는 데 어려움을 낳는다. 우리가 오늘날 지역적인 삶을 살아가면서 동시에 세계주의적 삶을 살아가자면 자아의 수준에서 다양한 긴장과 어려움을 겪게 된다.[39] 지구지역화의 이러한 양면성으로 인해 개인은 자아 정체성의 중심 자체가 흔들리는 상황에 노출되며, 일상적 삶의 안정을 유지하는 준거점을 쉽게 상실할 수도 있다. 이는 개인의 삶에 스트레스와 긴장을 유발하고 불안을 야기하며 자아 정체성의 서사에 문제를 만든다. 기든스는 이와 관련해 후기 현대의 자아 고난의 네 가지 딜레마를 말한다.[40] 첫째, 자아의 통일 대 분절화의 딜레마이다. 탈전통 사회에서 개인은 세계 체험을 하며 경험을 분절화하고, 이를 상이한 환경에서 얻은 하나의 통합적 서사에 능동적으로 결합한다. 어떤 사람은 세계의 정치 지도자나 유명한 배우의 외모, 성격, 생각을 옆집 사람의 외모와 일상보다 더 잘 알고 있으며, 자신의 지역에서 일어나는 환경오염보다 지구온난화의 원인에 더 익숙해져 있기도 한다. 인터넷이나 전화 통화를 통해 세계 여러 곳에서 일어나는 지역적 사건이나 삶의 이야기에 친숙해져서 다양한 문화적 서사가 개인의 일상으로 침투하게 된다. 다양한 맥락에 얽힌 세계의 사건과 경험이 자아의 분절화를 촉진하기도 하지만 많은 상황에서 자아를 통합하기도 한다. 지구지역화 과정에서 개인은 경험의 다양성과 자아의 통합

---

39 앤서니 기든스, 《현대성과 자아 정체성》, 권기돈 옮김(새물결, 1997), 304쪽.
40 자아 고난의 네 가지 딜레마에 대해서는, 같은 책, 304~322쪽 참조할 것.

사이에서, 즉 자아 정체성의 서사를 확보하는 과정에서 어려움을 겪게 되는 것이다.

둘째, 자아의 무력함과 선택할 수 있는 기회 전유專有의 딜레마이다. 개인은 다양하고 거대한 사회적 우주들과 관련해 무력감을 경험하며, 때로 삶에 대한 통제력을 어쩔 수 없이 시장에 양도하게 된다. 지구화된 다양한 요소들이 출현한다는 것은 특정 장소에 위치한 개인이 사회적 변수에 대한 통제력을 가지지 못한다는 뜻이다. 이러한 통제력의 상실이나 박탈 과정은 일상생활의 영역뿐만 아니라 자아 심장부에 영향을 미치며, 이때 자아 무력감도 발생하는 것이다. 개인은 자기 삶의 스타일을 선택할 수 있는 기회를 많이 가지게 되지만 동시에 지구적 차원에서 대두되는 다양한 사회적 변수에 대해 속수무책이라는 느낌을 갖는 것이다.

셋째, 권위 대 불확실성의 딜레마이다. 오늘날 지구지역화된 세계, 탈전통 사회에서는 어떤 특권화된 전통적 권위도 존재하지 않는다. 오늘날 자아 성찰에 임하는 개인은 삶의 방식을 찾는 일과 삶의 기준이나 최종적 권위가 없는 불확실성 사이에서 길을 헤쳐나가야 한다.

넷째, 개인화된 경험과 상품화된 경험 사이의 딜레마이다. 자아는 상품자본주의의 효과나 광고에 영향을 받으며 개인의 경험을 축적하고 소비한다. 자아의 기획은 욕망하는 재화를 소유하는 기획이자 인위적으로 틀 지워진 생활양식을 추구하는 기획이다. 또한 자아의 서사는 소비 영역에서 표준화된 영향력에 영향을 받는 상황에서 구성된다.

기든스는 이러한 자아의 고난을 야기하는 네 가지 딜레마에 대한 자아 성찰적 기획에 놓인 동학動學을 '개인의 무의미화라는 위협'으로 읽는다.[41] 삶의 가치나 의미와 연관된 인생관, 세계관, 가치관 등과 연관된 자기 존중감, 존재 의식의 측면에서 현대인은 일종의 자아 정체성의 신경증을 앓고 있다고 보며 '자기 관계성Selbstbezüglichkeit'에 관해 물음을 제기하는 페터 슬로터다이크Peter Sloterdijk처럼, 기든스는 개인의 무의미화라는 위험이 현대에 매우 증대되고 있음을 염려한다.[42] 오늘날 미국과 영국의 경우 대졸자가 퇴직할 때까지 직종을 세 번 바꾸고 직장을 열두 번 바꾼다는 통계에서 볼 수 있듯이 현대인은 위험하고 파편화되고 떠돌아다니는 삶을 영위하기 십상이다. 오늘날에는 노동시장도 국제화, 다변화되고 있고 직업이나 일자리도 지구적 차원에서 유목하며 선택하도록 강제되고 있다. 이는 한편으로 문화적 다양성을 습득하고 문화적 차이와 인류의 보편적 시민의식을 체험하는 기회를 제공하는 긍정적 측면도 있지만, 끊임없이 동요하고 불안하게 삶을 재再선택해야 하는 자아의 고난을 요구하는 부정적 측면도 있다. 캐나다에서는 교육 경험을 충분히 쌓아야 교사가 될 수 있기에 캐나다인은 전 지구적 차원에서 영어 교사와 같은 스펙 쌓기 여행을 하기도 한다.

지구지역화 시대에 개인의 삶은 다중적 정체성을 요구한다. 개인은 다양한 지구 사회에 참여하며 자아 고난의 딜레마를 체험하고 자기 관계성의 영역에서 무의미화라는 위험에 노출된다. 이는 자기 관계성에서 자아 정체성의 서사가 약화되거나 위협받는다는 뜻이지만, 동시에 복수 지연성이나 다문화적 체험을 통해 새로운 자아 경험의 표현 가

---

41 앤서니 기든스, 《현대성과 자아 정체성》, 320쪽.
42 Peter Sloterdijk, *Über die Verbesserung der guten Nachricht. Nietzsches füntes »Evangelium«* (Frankfurt a.M.: Suhrkamp, 2001), 56쪽.

능성이 열릴 수 있다는 뜻이기도 하다. 전자 네트워크 사회에서 중심의 권위가 존재하지 않으며 자기표현에 대한 중요성과 삶의 질에 대한 관심이 부상하듯이,[43] 이를 기반으로 하는 지구지역화 사회에서도 자신의 삶을 일구기 위한 자기표현은 무엇보다 중요한 가치로 부상하고 있다. "위험이 있는 곳에, 그러나 구원의 힘도 함께 자란다"라는 횔덜린의 말처럼 자기 서사에 대한 위협 속에는 자기 창조적 표현의 새로운 가능성이 놓여 있는 것이다. 지구지역화 시대의 새로운 불투명성은 시간과 공간의 변형, 다양한 경험과 자아 정체성의 위기, 문화다원주의와 혼성 문화, 전자 아고라와 세계시민주의 등 다양한 문제들이 복합적으로 얽힌 난제의 공간을 보여주고 있지만, 다른 한편으로 자기 서사의 표현 가능성이라는 새로운 자아 정체성의 가능성도 함축하고 있다.

5. 세계시민주의의 발견

벡은 지구화/지구지역화에 적절히 대처하기 위해서는 특정한 일자리나 직업에 국한된 교육을 완화 내지 폐기하고 폭넓게 응용할 수 있는 '중점 기능'에 초점을 맞추어 교육과정을 재편해야 하며, 사회적 능력, 협동 능력, 갈등 조정 능력, 문화에 대한 이해력, 네트워크 사고력 등을 키우는 교육이 필요하다고 강조한다. 이때 그가 염두에 두고 있는 것은 초국민화 과정 연구('글로벌 스터디')와 같은 교육과정이다. 이러한

---

43 홍성욱,《네트워크 혁명, 그 열림과 닫힘》(들녘, 2002), 144쪽.

교육은 '지구지역적인' 삶과 행위의 다차원성과 함정을 이해하고 비켜 갈 수 있는 인식의 지도를 제공해야 하며,[44] 행동과 삶의 방향 설정에서 고유한 자아를 형성하게 해주어야 한다. 글로벌 사회에서 자기표현의 가능성을 찾기 위해서는 '글로벌 인문학'과 같은 교육이 필요하다는 것이다.

그는 우리가 지구촌 세계를 살아가며 종족적 · 민족적 · 종교적 전통을 넘나드는 교류 속에서 활기 있게 세계적 상식을 창조하고, 타자의 다름을 인정하는 정신을 일깨울 것을 요구한다. 다시 말해 일국적 시야에서 세계시민적 시야로 지평을 전환할 것을 요구한다.[45] 이러한 전환은 곧 자아의 고난이나 개인의 무의미화 같은 지구지역화의 위협을 비켜 가는 길이며 공생의 지구 공동체의 기반이 되는 세계시민주의로 향하는 길이다. 그에게 "세계시민적 관점이란 문화적 타자의 존엄성을 존중하고, 거기에 각 개인의 생존 이해를 결합하는 것을 의미"하는 것으로, 다시 말해 "세계시민주의는 민족주의, 공산주의, 사회주의, 신자유주의라는 역사적으로 마모된 이상 이후에 오는 거시적 이상"이기도 하다.[46] 그에게 세계시민적 상상력은 인간성의 보편적 이해 자체를 표방하며, 일국적 원칙과 오만을 뛰어넘는 상호 의존성과 호혜성을 새롭게 하려는 시도이다.[47]

세계시민주의는 좌파와 우파를 막론하고 종족중심주의와 민족주

44 Ulrich Beck, *Was ist Globalisierung?*, 230~231쪽.
45 울리히 벡,《세계화 시대의 권력과 대항 권력》, 10쪽.
46 같은 책, 14쪽.
47 같은 책, 15쪽.

의의 해악에 대한 처방전이며,[48] 지구지역화 시대를 살아가는 세계시민이 소통하는 새로운 공론장에 기여할 수 있는 자각적 인식이다. 지구화/지구지역화의 또 하나의 새로운 긍정적 전망은 지구촌을 하나의 삶의 터전이자 공생의 장으로 인식하며 행동하는 세계시민주의를 발견하는 일일 것이다. "지구적으로 생각하고, 지역적으로 활동하라"는 명제가 생태학적인 위기 사회의 정언명령을 넘어 글로벌 사회의 행위 규범이 되려면 세계시민주의의 큰 정치가 발견되고 활성화되어야 할 것이다. 국가나 지역에 귀속되어 삶을 살아가지만 지구촌의 문제의식을 공유하며 세계시민 의식으로 지구촌의 공론장을 확장해가는 것이야말로 오늘날 글로벌 시대에 우리가 성취해야 할 과제이다.

글로벌 시대에는 세계시민주의의 발견이라는 공론장의 확장과 더불어 자아 정체성의 문제가 제기되고 있다. 여기에는 중첩되는 정보화 사회와 성과 사회의 성격으로 인해 다양하게 표출되는 자기표현의 탈주 현상과 더불어 자기 관계성의 약화나 서사적 자기표현 가능성의 미숙 등의 문제가 동시에 나타나고 있다. 우리가 이전에는 경험하지 못했던 새로운 시대를 맞아 다양한 문명의 이기들을 사용하며 오감의 확장을 경험하고 있지만, 동시에 나는 도대체 어떻게 살아야 하는가, 좋은 삶이란 무엇인가, 나는 누구인가 등과 같은 시대적 물음들이 나타나고 있는 것이다. 나는 어떻게 살 것인가와 같은 물음은 우리가 살아가는 시대가 어떻게 움직이고 있는가라는 물음과도 연관되어 있으며, 나의 삶을 어떻게 꾸려나갈 것인가와 같은 인간학적·가치론적 물음을 함유한

---

48 울리히 벡, 《세계화 시대의 권력과 대항 권력》, 433쪽.

다. 글로벌 시대에 우리는 세계시민으로서 지구촌의 공론장에 적극 참여하며 동시에 자아의 무의미화에 매몰되지 않고 인간적 삶을 표현하는 자아 서사를 계발할 필요가 있다.

제2부

오늘날 무엇이 문제인가
지구촌 시대의 문제들

제3장
현대인의 '자아신경증', 어떻게 치유할 것인가
― 불안의 치유와 소통의 사유

1. 성과 사회와 피로 사회의 신경증

"우리 문명은 평온의 결핍으로 인해 야만 상태로 이어지게 된다. 활동하는 자, 즉 부산한 자가 이렇게 높이 평가받은 시대는 없었다. 따라서 내면의 성찰적 요소를 대대적으로 강화하는 것은 시급히 이루어져야 할 인간 성격의 교정 작업 가운데 하나이다."[1] 니체는 《인간적인 너무나 인간적인》에서 현대 문명의 성격을 부산하고 불안정하며 동요하는 삶으로 인한 '평온의 결핍'으로 규정하며, 이를 치유하는 대안으로 고요한 내적 성찰의 요소들을 강화할 것을 제시한다. 현대인의 삶은 니체가 예시豫示하고 있듯이 동요와 불안정 속에 놓여 있다.

엄청난 삶의 속도와 자기 성찰의 결여, 과잉 활동Hyperaktivität, 피로

---

1 Friedrich Nietzsche, *Menschliches, Allzumenschliches* I, 285, KSA 2, 232쪽.

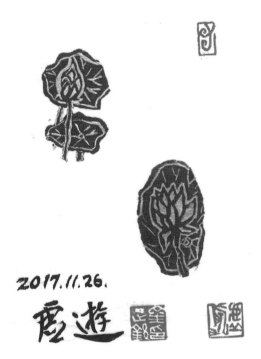

2017.11.26.

석판화 〈연蓮〉(2016)
고요한 산과 들녘의 바람, 별빛, 이슬, 침묵을 먹으며 자라나는 연꽃〔蓮〕은 존재 자체에 깊은 향을
지니고 있다. 바람에 흔들리는 연못을 걸어본 사람이면 연 자체가 내뿜는 향에서 깊은 우주를 느낄
수 있을 것이다. 인간의 탐욕과 불안은 자신의 존재를 부식시키지만, 생명 의식은 연 같은 맑은 존
재의 향을 만든다. 영혼이 깨어 있을 때 인간은 연향 같은 존재의 향기를 지니게 된다.

및 불안의 증대는 현대사회의 주요 특징이기도 하다. 현대의 특성을 보여주는 삶의 가속화와 부산함, 자기 존재에 대한 성찰의 결핍 등은 성과 사회Leistungsgesellschaft와 피로 사회Müdigkeitsgesellschaft/불안 사회Angstgesellschaft가 이중으로 결속되어 있음을 보여준다. 노동 능력과 스펙, 몸값과 욕구를 효율적으로 관리하고 극대화하며, 부산하게 노동하고 자신을 성과 주체로 경영해야만 하는 현대인은 한편으로는 물질적 풍요를 분배받는 성과 사회의 구성원이지만 다른 한편으로는 스스로를 착취하는 가해자인 동시에 피해자가 되고 있다. 21세기의 병리적 상황을 지배하고 있는 우울증, 주의력결핍 과잉행동장애ADHD, 경계성성격장애, 소진 증후군 등 신경증 질환들은 이를 대변한다.[2]

일과 능력의 효율적 관리라는 미명 아래 자신의 존재를 소진하며 과도한 피로에 빠져 있는 이들이 지탱하는 현대사회는 분명 '불안 사회', '피로 사회', '소진 사회'로 표현될 수 있다. 경제적 효율성이라는 이름하에 진행되는 과잉 활동과 정신적 탈진, 사색 능력의 상실은 인간의 내적 공간을 불안과 고립, 무력감과 긴장으로 채우게 한다. 삶이 생동감을 잃고 경직된 자기 몰입에 빠지게 될수록 현대인은 불안감으로 인해 부(돈)나 소유물을 통해 삶의 안정과 존재의 정체성을 찾으려 한다. 물질적 풍요를 추구하는 현대 문명 속에서의 소유(물)를 통한 존재의 확인은 자기 불안을 각인하는 병리적 행위일 뿐이다.

찰스 테일러Charles Taylor에 따르면 오늘날 우리는 문명의 발전에도 불구하고 상실감을 안고 살아간다. 그는 현대인의 불안의 근원이 '개인

---

2 한병철,《피로 사회》, 김태환 옮김(문학과지성사, 2012), 11~12쪽.

주의', '도구이성의 지배', '중앙집권화된 관료주의 정치' 세 가지 영역과 밀접하게 연관되어 있다고 지적한다. 우리는 개인주의가 근대 문명의 최고 업적이라고 생각하지만 '가련한 안락'이라는 니체의 말처럼 각자 자신의 삶에만 초점을 맞추기 때문에 세계와 삶에 대한 광범위한 시야를 상실하고 있다는 것이다. 삶의 의미를 상실하고 타인의 삶이나 사회에 점차 무관심해지는 이러한 개인주의 경향을 그는 '자기 몰입Self-absorption'이라는 어휘로 표현한다. 이러한 경향은 개인이 공동체와 연계하여 비로소 삶의 목표를 실현할 수 있다는 인식의 상실, 즉 삶의 의미 상실이나 도덕적 지평들의 실종을 뜻한다. 공동체의 도덕 지평이 상실되고 삶의 지향점을 잃어버린 현대사회의 개인은 원자로 부유하는 불안한 개체일 뿐이다. 가족이 해체되고 타인의 삶에 무관심한 채 자기 몰입에만 빠진 개인들은 불안 속에서 존재를 소진하며 살아간다.

테일러가 지적하는 또 하나의 현대사회의 특징은 도구이성의 지배인데, 이는 투자-소득의 맥락이나 시장의 경쟁적 조건에서 효율 최대화 전략을 사용하는 것을 말한다. 모든 것을 시장적 조건, 즉 소득-비용 효율성으로 평가하는 사회에서는 점차 도구이성이 만연하고 건강한 삶의 목표는 소멸된다. 대학 교육조차 주로 경제 기여도의 척도로 평가하는 현재 한국 사회에서 삶의 가치와 의미를 논할 수 있는 본래적 의미의 인문학적 정신 공간은 점차 소멸하고 있는데 이는 수단의 합리적 효율성만을 강구하는 도구이성의 만연과도 밀접하게 연관되어 있다. 신자유주의 경제적 시장 조건에서 효율성과 성과를 중심으로 기업의 재무회계를 평가하는 컨설팅 회사가 교육을 담당하는 대학을 평가하며 구조조정을 주도하는 것은 도구이성의 만연을 드러내는 단적인 사례이다.

개인주의와 도구이성은 정치에도 영향을 미치는데, 자아도취적 개인의 고립적 원자주의는 중앙집권화된 관료주의 정치 세계에서 개인의 무력화, 공공 영역에서의 소외, 자유·자결권의 상실 등을 야기한다는 것이다.[3] 물론 정치 영역에서 NGO 같은 시민단체의 결성이나 활동이 이러한 시대적 경향에 대한 대항 운동으로 활성화되고 있지만, 삶의 의미 지평의 상실이나 개인의 내적 공간의 불안을 대체하기에는 역부족인 듯하다. 테일러에 따르면 "현대사회는 우리 인간들을 원자주의와 도구주의에로 몰아붙이고 있다."[4] 현대사회는 자기실현을 인생의 주요한 가치로 삼지만 타인에게는 관심을 두지 않는 생활 태도(나르시시즘 문화)와, 의미 지평에 대한 개방과 대화를 통해 정체성을 찾고자 하는 진실성의 이상 사이의 내재적 긴장이라는 병을 앓고 있는 것이다.[5]

나르시시즘과 진실성의 이상 사이의 내재적 긴장, 성과 사회와 피로 사회의 신경증적 증상으로 나타나는 이러한 존재의 불안증을 우리는 어떻게 극복할 수 있을까? 원자적 부유감浮遊感, 만성적 존재 피로감 속에서 느끼는 자아 불안을 넘어설 수 있는 방법은 있는가? 삶의 과정에서 낯선 손님처럼 다가오는 "나는 누구인가?" 혹은 "나는 어떻게 살아야 하는 것일까?"라는 물음이 이제 더 이상 낯설지 않은 이유는 무엇일까? 이번 장 두 번째 절에서는 이 시대에 만연해 있는 불안의 문제를 분석하고, 이와 더불어 소통 가능성의 부재로 인한 '불통'이라는 인간 존재의 병리적 문제를 살펴보고자 한다. 세 번째 절에서는 자아신경증의 원

---

3 찰스 테일러, 《불안한 현대사회》, 송영배 옮김(이학사, 2009), 9~21쪽 참조.
4 같은 책, 126쪽.
5 같은 책, 75, 89, 94쪽.

인과 문제점 등을 살펴보고, 네 번째 절에서는 열린 정신과 존재 소통의 가능성 문제를 고독, 대화, 만남이라는 개념을 중심으로 탐구하려 한다.

2. 불안이라는 질병

성과 사회와 피로 사회라는 이중의 특징이 있는 현대사회가 초래하는 존재 양식 가운데 하나가 '불안'이다. 이 불안은 물론 키르케고르가 문제시하는 죄의 불안 혹은 단독자로서 범죄의 결과인 불안과는 양상이 다르다. 인간의 내면에 있는 '무'의 불안을 원죄에 대한 심리학적 분석을 통해 유추해내는 키르케고르의 시도는 존재론적인 불안을 표명한다는 점에서 여전히 인간 존재의 규명에 도움을 주지만, 신앙을 통해 구원하려는 시도는 종교적 영혼이 고갈된 오늘날에는 한계가 있어 보인다. 현대사회의 불안은 죽음과 인간의 유한성을 기반으로 하는 하이데거적인 존재론적 불안과도 다르다. 우리가 경험하는 불안은 세계전쟁 이후 죽음의 집단적 체험에서 오는 존재에 대한 두려움, 즉 실존적 불안과는 양상이 다르다. 시대마다 특유의 병리 현상이 있고, 이를 치유하기 위한 대안은 달리 모색될 수 있다. 그러면 우리 시대를 관통하고 있는 불안의 양상은 무엇인가? 현대를 살고 있는 우리는 왜 불안을 느끼며, 도대체 삶에서 어떤 불안을 느끼며 살고 있는 것일까?

현대의 실존철학자이자 실존적 심리치료사인 롤로 메이Rollo May는 20세기 인간의 불행의 원인을 다양하게 분석한다. 그는 20세기 초에는 인간의 본능적·성적 측면과 사회적 금지를 둘러싼 갈등이 원인이 되었다면(프로이트), 1920년대에는 열등감, 부적응감, 죄악감이 문제가 되었다(랑크Otto Rank)고 본다. 또 1930년대에는 경쟁심이나 개인과 집단 간의 적대 의식이 드러났으며(호나이Karen Honey), 20세기 중엽에는 텅 빈 느낌, 즉 공허감이나 무력감이 지배했다고 분석한다.[6] 그에 따르면 현대인의 심리적 특징으로 '공허감', '고독감(홀로 있는 것에 대한 두려움)', '불안'을 들 수 있다.

공허감, 즉 텅 비어 있다는 느낌은 어떤 일을 긍정적으로 수행할 수 있는 힘의 상실을 의미한다. 내적 공허감은 인간이 주동적으로 살지 못하고, 적극적인 대인관계를 할 수 없게 하는 깊은 절망감이나 자학감을 뜻한다.[7] 고독에 대한 두려움은 자의식과 삶의 좌표를 잃지 않을까 하는 데서 오는 것이다.[8] 그는 불안을 '중세기의 흑사병' 같은 것이라고 말하며,[9] 20세기 중엽은 중세의 붕괴 이래 가장 불안이 많아진 시대라고 본다.[10] 불안은 인간의 정신적 힘과 실존을 휩쓸어버릴지도 모르는 위협 사이에 심리적·정신적 전투가 일어나고 있음을 말해준다는 것이다.[11] 이는 제2차 세계대전이 일어나고 나치즘과 군국주의의 집단적 광기와 죽음을 체험한 이후 정신적 공황 속에서 느끼는 삶의 상실감과 연관된 것이다.

그러나 우리가 살고 있는 20세기 후반과 21세기 초의 상황은 다소

---

6 롤로 메이, 《자아를 잃어버린 현대인》, 백상창 옮김(문예출판사, 1991), 10~11쪽.
7 같은 책, 21쪽.
8 같은 책, 29쪽.
9 같은 책, 35쪽.
10 같은 책, 32쪽.
11 같은 책, 42~43쪽.

다르다. 20세기 후반 이후에는 냉전의 붕괴, 소련의 붕괴와 세계의 재편, 체르노빌과 후쿠시마 원전 사고, 컴퓨터와 인터넷의 보급 및 전자 아고라의 실시간 개방(스마트폰의 보급, SNS의 확산), 9·11 사태와 아프가니스탄 전쟁 및 이라크 전쟁, 신자유주의의 전 세계 확산과 IMF 사태 및 글로벌 금융위기, 세계화와 탐욕적 자본주의의 한계 노출 등 지구촌 차원에서 다양한 현상이 일어나며 사회적, 정치적, 경제적 변화가 생겨났다.[12] 이러한 방식으로 진행된 세계화를 사회학자 지그문트 바우만 Zygmunt Bauman은 '부정적 세계화'라 명명하며, 오늘날 전 지구적 불확실성이 확산되고 있다고 진단한다.[13] 문명의 급격한 변화와 세계의 정치적, 경제적, 환경적 위기의 확산, 삶의 불안이 겹치면서 삶의 좌표를 정하기가 더욱 어려워진 것도 사실이다. 신자유주의 열풍으로 글로벌 시장경제는 더욱 강화되고 성과와 평가, 효율성과 지표를 계산하느라 사회는 더욱 분주해졌다. 21세기 현대사회는 인간을 '분주함(바쁨, 조급 Eiligkeit)'과 '부산함(안정의 상실Ruhelosigkeit)' 속에 몰아넣고 성과주의로 몰아세운다. 지표, 평가, 효율성, 순위, 생존, 구조조정 등의 용어는 국가부도 위기에 처한 유럽의 경제적 존립을 좌우하는 언어가 되었다. 이러

---

12 현대 지구촌 사회의 문제점을 자아 정체성의 문제와 연관해 고찰한 글로, 김정현, 〈글로컬리즘에 대한 철학적 성찰—'자아 정체성'을 중심으로〉,《범한철학》 제67집(범한철학회, 2012년 겨울), 315~336쪽 참조할 것. ; 신자유주의와 인간 억압의 조건에 대한 이탈리아 철학자 마우리치오 라자라토Maurizio Lazzarato의 최근 분석도 흥미롭다. 그에 따르면 신자유주의의 금융자본주의가 빚어낸 미국 서브프라임 위기와 유럽 국가의 위기(그리스, 아일랜드, 아이슬란드, 포르투갈 등의 파산 및 스페인, 이탈리아, 영국 등의 금융위기)는 호모 데비토르Homo debitor, 즉 빚을 진 부채인간을 생성하며 위선, 냉소주의, 불신이 뒤섞인 주체의 억압 조건을 만든다.(마우리치오 라자라토,《부채인간》, 허경·양진성 옮김(메디치미디어, 2012) 참조할 것.)
13 지그문트 바우만,《유동하는 공포》, 함규진 옮김(산책자, 2009), 159쪽 이하(글로벌 공포) 참조할 것.

한 용어는 이제 한국에서는 경제적 이익을 추구하는 회사를 넘어서 교육과 연구를 담당하는 대학을 구조조정하는 현장적 언어가 되어버렸다. 생존, 실용, 사회 기여도, 취업률 등이 대학의 미래 생존을 가름하는 지표적 언어가 된 것이다. 하이데거식으로 표현하자면 '닦달(몰아세움, Ge-stell 혹은 Forttreiben)'과 성과에 대한 강박은 경쟁의 격화와 자기 생산성의 과열을 초래한다. 또 인간은 성과적 자동인간으로 자신을 태우며 피로와 존재의 소진을 경험하게 된다.

　현대인들은 몸값을 올리기 위해 영어나 컴퓨터, 경영학을 공부하고, 직장에서 성과를 보여주기 위해 새벽부터 밤늦게까지 뛰어다닌다. 사람들은 성과와 생산성, 보다 나은 임금을 얻기 위해 부단히 움직이지만, 다른 한편 피로와 소진감, 조급함과 불안, 분노와 무력감을 느끼게 된다. 성과에 내몰리며 존재의 소진을 경험하고 있는 현대인은 마치 만성피로에 젖어 있는 사람처럼 삶의 약동이나 활기 없이 내면적으로 막혀 있다. 탈진, 피로, 불안, 우울증, 분노, 무기력 등과 같이 현대인이 겪고 있는 심리적·정신적 고통은 시대적 닦달의 결과이기도 하다. 바우만은 우리 시대의 고질병으로 나타나는 '정신적 우울증'이 무력감이나 삶의 고난을 헤쳐나가기에 부적절하다는 느낌(부적절함)과 연관되어 있다고 말한다.[14] 현대인은 분주하지만 활기 없고 조급해하고 허둥대며 불안 속에서 부유물처럼 살아간다. 존재의 무력감과 부적절함의 느낌은 생각 없이 허둥대며 살아가는 현대인을 더욱 독촉하고 몰아세운다.

　이 시대는 우리로 하여금 깊이 있는 성찰 없이 부산함 속에서 유동

---

14 지그문트 바우만,《방황하는 개인들의 사회》, 홍지수 옮김(봄아필, 2013), 75쪽.

하듯 시장적 삶을 살도록 강요하고 있다. '분주함'은 삶의 좌표에 대한 성찰 없이 허둥대는 몸짓이다. 삶의 의미나 가치에 대한 물음과 진실한 삶에 대한 물음 없이 허둥대며 살고 있는 이러한 활동의 특징은 아무런 생각 없이 살아가는 태도, 즉 '무정신성Geistlosigkeit'이다. 키르케고르는 무정신성을 "무엇보다 가장 섬뜩한 것"[15]이라고 표현하며, "정신의 침체이며 관념성이 깨진 모습"이라고 말한다.[16] 무정신성이란 자신의 삶에 대한 깊은 성찰적 사유 없이, 타자의 삶과 내 삶의 공동체적 연대성에 대한 의식적 반성 없이 살아가는 태도를 말한다.

성과 위주의 원자적 삶을 살아가는 현대인은 오로지 성과와 이기적인 자기관리에만 몰입하며 살아간다. 이러한 자아 몰입과 무정신성의 삶은 근본적으로 인간관계를 의미 있게 이어주는 소통을 단절시킨다. 소통 가능성의 부재로 인한 불통이란 자아 몰입의 질병, 소통 부재의 질병이다. 불통이란 소통이 막히고 단절되는 관계의 경화증이다. 수단의 합리성과 효율성을 강구하며 살아가는 현대인은 생활 세계가 도구이성에 의해 식민지화된 상태에서 분주한 무정신성의 몰입 활동에 빠져들고 있는 것이다. 자기 자신이나 자신의 삶과 의미 있게 연결되어 있지 못한 사람은 타인과도 제대로 교류할 수 없다. 불안 속에서 자신과의 소통 가능성이 막힌 사람은 타인과 제대로 소통할 수 없다. 이기적 자아 몰입 상태에서는 인간과 인간의 만남이, 인간적인 교류나 표현이 막히는데 이는 현대가 보이는 자아 질병의 하나이다. 이는 과잉 활동과

---

15 Sören Kierkegaard, *Der Begriff Angst*, von Hans Rochol(übers.)(Hamburg: Meiner Verlag, 2005), 103쪽.
16 같은 책, 104쪽.

존재의 소진, 만성피로, 불안으로 인해 자아가 딱딱하게 굳어버리는 자아 경화硬化의 질병이기도 하다.

3. 현대의 자아신경증

현대인은 삶의 의미나 자기 존중감, 자기 존재 의식 등을 둘러싼 자아 정체성의 문제를 겪고 있다. 자신과 정신적으로 관계하는 능력뿐만 아니라 타인과 인간관계를 맺고 소통하며 삶을 의미 있게 이끌어나가는 능력의 약화는 현대인에게서 두드러져 보인다. 현대인은 분주함과 부산함, 자아 몰입과 무정신성, 자아의 약화와 관계의 불통 속에서 고통을 느낀다. 슬로터다이크는 현대인의 문제를 '자기 관계성Selbstbezügli-chkeit'의 위기로 규정하며, '나는-누구인가-신경증Wer-bin-ich-Neurose'이라고 부른다.[17]

삶에 대한 성찰 부재로 인한 자기 관계성의 위기는 외적 조건이 아니라 내면에서 자아 정체성을 확립하고 삶을 진실하게 이끌어나가는 자아 능력이나 실존적 의지의 약화 및 상실과 연관되어 있다. 우리는 일상에서 집안, 부, 학력, 사회적 명예, 권력 등 외형적·세속적 가치를 추구하며 살아간다. 하지만 이러한 것들이 나를 규정하는 것은 아니다. 아파트의 크기가, 자동차의 종류가, 새로 산 명품 가방이 나의 가치를 보

---

17 Peter Sloterdijk, *Über die Verbesserung der guten Nachricht. Nietzsches füntes 'Evabgelium'* (Frankfurt a.M.: Suhrkamp, 2001), 56쪽. ; 김정현,《철학과 마음의 치유》, 155~156쪽.

여주는 것도 나를 규정하는 것도 아니다. 그러한 상품을 소유하고 소비한다고 해서 내가 품격 있는 명품 인간이 되는 것이 아니기 때문이다. 아리스토텔레스가 말하고 있듯이 나의 정체성이나 행복은 외형적 가치로 형성되지 않는다. 그런데도 많은 사람들은 이런 세속적 가치를 좇으며 살아간다. 자기 재산에 맞추어 결혼 상대를 찾고, 소유한 재화나 사회적 능력을 과시하기 위해 값비싼 호텔에서 결혼식을 한다.

외형이나 세속적 가치만을 추구하다 보면 진정으로 추구해야 할 정신적 가치를 놓치게 된다. 이에 반해 내가 왜 사는지, 나는 어떻게 살아야 하는지, 나는 누구인지, 나의 삶이 타인의 삶과 어떻게 연관되어 있는지, 내가 타인을 어떻게 배려해야 하는지, 타인을 배려하는 삶에는 어떤 의미가 있는지 등을 물으면 눈에 보이지 않는 정신적 가치를 주목하게 된다. 이런 사람은 인간의 가치와 존엄성에 대한 의식을 가지고 자신뿐만 아니라 타인과도 인격적 관계를 맺는다. 자신의 삶을 의미 있게 만들고 진실하게 이끌어나가려는 실존적 의지는 오토 랑크가 말하고 있듯이 삶을 창조적으로 이끌어가는 동력이 된다.

과잉 활동을 요구받고 닦달당하는 현대인은 성과와 피로 사이의 경계선에서 탈진하게 된다. 부산하고 바쁘게 정신없이 살아가지만 성찰적 자아의식이 없는 자기 몰입의 활동(무정신성)은 자아신경증을 유발한다. 자기 긍정감의 결핍이나 자기 존중감의 결여는 한편으로는 이기적 자아 몰입을, 다른 한편으로는 소유물을 통해 자신을 표현하려는 유아 도취적 자아과잉증후를 초래한다. 프롬에 따르면 돈이나 재산, 권력, 외모 등의 소유물이 곧 자기 자신이라고 생각하며 이를 통해 사회관계를 맺고 우월감 혹은 열등감을 느끼는 것은 '퇴행regression' 혹은 '쇠퇴의 증후syndrom of decay'에 다름 아니다. 현대의 자아신경증은 자아도취적 나르시시즘 문화의 병리적 증후이다. 프롬이 말하듯이 부모나 부모 같이 삶의 확실성을 보장해주는 대상이나 조직에 의존하는 근친상간적 공생Incestuous symbiosis, mother fixation도 이런 증상의 하나요, 과대망상이나 우울증 같은 증상도 실은 비생산적 자기도취나 다름없다. 퇴행적 파괴 관계withdrawal-destructiveness를 보여주는 자만심이나 무관심 등도 사실은 열등감의 자기도취적 형태이다.[18]

　　인터넷이나 스마트폰을 사용하며 정보의 홍수 속에 빠져 있는 우리는 편집증적 자기 몰입에 탐닉한다. 그러나 이것은 세계에 대한 생산적 몰입이 아니라 아무런 성찰 없이 호기심에 몰입하는 비본래적 현존을 강화할 뿐이다. "정보의 양이 급속하게 증가하면 할수록 그 현상에 대한 치장과 맹목성은 확산된다"[19]라는 하이데거의 말은 정보의 홍수 속에 인간관계의 단절과 편집증적 자기 몰입이 강화되는 현대인의 모습을 예견한 것이다. 편집증적 자기 몰입이 야기하는 중요한 문제 가운데 하나는 자아를 무반성적으로 만드는 것이다. 키르케고르에 따르면 현대인은 주로 외적인 모습을 통해 자아를 인식하는데, 이것은 오직 처세술에만 관심을 가지고 자아 반성이나 윤리적 반성이 없는 상태를 말한다.[20] 그는 대부분의 인간이 전 생애를 통해 청소년기 상태, 즉 자아

---

18 프롬의 저작에 나타난 인간 성격의 병리학적 증후에 대한 논의로는, 김정현, 〈현대의 자아지리학: 프롬의 자유의 인간학〉, 《사회비평》 제18호(1998), 262쪽 참조할 것.

19 Martin Heidegger, *Zollikoner Seminare*, von Medard Boss(hrsg.)(Frankfurt a.M.: Vittorio Klostermann, 2006), 96쪽.

20 Sören Kierkegaard, *Die Krankheit zum Tode*, von Hans Rochol(übers.)(Hamburg: Meiner Verlag, 2005), 53~55쪽.

반성이 극히 미흡한 직접성의 상태 이상으로 진보하고 있지 않다고 지적한다.[21] 성찰적 자아의식 없이 외형적 가치만을 추구하며 이기적 자기 몰입에 빠져 살아가는 삶은 결코 개성 있는 삶이라 할 수 없다.

오늘날 우리는 자기 자신을 자기가 소유하고 있는 재산으로 구성된 존재로 여긴다. 프롬의 표현에 따르면 "'나라는 존재는 바로 내가 생각하는 것'이 아니며, 나라는 존재는 바로 내가 가지고 있는 것, 즉 '내가 소유하고 있는 것'"으로 바뀌게 되었다.[22] 즉 자신의 정체성이 소유에 기반을 둔 이해관계에서 규정된다는 것이다. 그는 현대 문화가 실패한 원인을 진정한 자아에 충분히 관심을 기울이지 않는 데서 찾는다. 이는 진정한 자아에 대한 관심의 결여, 즉 자신을 사랑하고 있지 않다는 사실과 밀접한 관계가 있다.[23]

현대인은 이해관계가 있는 관심사에 편집증적으로 몰입하지만 진정한 자아에는 관심을 기울이지 못하는 자아의 내적 긴장을 안고 살아간다. 그들은 현실과 세속적 가치에 안주하며 부산한 활동을 하지만 진실성의 이상과 괴리되면서 내적 갈등을 일으키며 불안의 자아신경증을 경험한다. 이는 자기 존재의 긍정과 창의적 자기표현을 가로막는 신경증이기도 하다. 이러한 신경증이나 존재의 불안에서 탈피하려면 자기 자신으로 존재하려는 용기를 가져야 하며 자신을 있는 그대로 긍정하고 삶을 창조해나가려는 의지를 발휘해야 한다. 니체 혹은 의지의 심리치료사인 랑크는 자기 창조의 가능성이란 자신의 현실을 수용하고 자

---

21 Sören Kierkegaard, *Die Krankheit zum Tode*, 58쪽.
22 에리히 프롬, 《자기를 찾는 인간》, 박갑성·최현철 옮김(종로서적, 1992), 120쪽.
23 같은 책, 122쪽.

신을 긍정하며 사랑하는 데서 비롯된다고 강조한 바 있다.[24]

현대의 저명한 신학자 폴 틸리히Paul Tillich 역시 현대의 가장 절박한 위기인 무의미와 불안을 극복하는 방법을 제시하며 "용기는 '~에도 불구하고' 행하는 자기 긍정이며, 자기 자신으로서 존재하려는 용기는 자아가 자기 자신으로서 행하는 자기 긍정이다"라고 말한다.[25] 그에 따르면 "지나치게 강제적인 자기 긍정과 지나치게 광신적인 자기 포기는 모두 자기 자신으로서 존재하려는 용기의 비창조적인 표현인 것이다".[26] 자기 자신으로 존재하고자 하는 창조적인 용기란 현실을 수용하고 자신을 긍정하며 진실한 자아를 찾고자 하는 의지와 연관되어 있으며, 이는 소유나 외형적 가치로부터 탈피하여 삶의 정체성을 찾으려는 활동이기도 하다.

분주함, 부산함, 닦달(몰아세움), 정처 없이 떠도는 존재의 부유浮游, 무정신성, 자기 성찰의 결여, 과도한 자기 몰입, 과잉 활동, 성과, 피로, 불안 등은 현대인을 규정하는 용어들이다. 성과 사회에 사는 현대인은 과잉 활동을 요구받으며 낙오에 대한 두려움과 피로, 탈진, 불안 속에서 살아간다. 자신의 삶을 확인할 수 있는 수동적 방법으로 스마트폰이나 게임과 같은 전자매체적 이기利器에 빠져들거나 정신없이 바쁜 일상으로 도피하고 있지만 이는 진정한 자아를 찾지 못하고 부유하는 비생산적 자기표현이나 다름없다. 인터넷, 트위터, 페이스북, 스마트폰 등으

---

24 니체와 랑크의 창조성과 삶의 긍정에 대한 논의로는, 김정현, 《철학과 마음의 치유》, 259~290쪽 참조할 것.
25 폴 틸리히, 《존재의 용기》, 차성구 옮김(예영커뮤니케이션, 2006), 187쪽.
26 같은 책, 187쪽.

로 끊임없이 누군가와 접속하며 살아가는 현대인들은 부산하고 분주하게 살아가며 외로움을 느낄 새도 없는 듯하다. 지하철에서도 사람들은 하나같이 고개를 숙이고 스마트폰을 통해 누군가와 부산하게 접속하거나 자기 이해적 몰입에 빠져 있다. 바우만에 따르면 현대인들이 고독으로부터 도피하는 이러한 방식의 행위란 반성적이고 창조적이며 인간과 인간의 진정한 의사소통을 가능케 하는 조건을 박탈하는 것이다.[27] 과잉 활동과 피로, 불안과 자아 약화를 초래하는 자아신경증을 치유할 수 있는 방법은 있을까? '나는-누구인가-신경증'을 치유하고 진정한 자아를 찾으며 존재를 충일하게 하는 동시에 타자와 실존적으로 소통할 수 있는 방법은 있을까? 타자와 소통한다는 것은 어떤 의미가 있을까?

4. 열린 정신과 소통 ─ 고독, 대화, 만남의 관계

고독과 자기 찾기

자기 자신을 찾는다는 것은 무엇을 의미하는 걸까? 진정한 자기 자신과 만나기 위한 조건은 무엇인가? 우리는 어떻게 하면 자신을 세계에 개방하며 타인과 진정한 소통을 할 수 있을까? 나는 이러한 문제를 프로이트가 삶의 과정으로 제시한 '자전'과 '공전'이라는 두 개념 축 위에서 다루고자 한다. 프로이트에 따르면 "행성이 자신의 축을 중심으로 자전하면서 동시에 중심이 되는 천체 주위를 공전하는 것처럼, 인간

---

27 지그문트 바우만,《고독을 잃어버린 시간》, 조은평·강지은 옮김(동녘, 2013), 31쪽.

도 자신의 독자적인 인생길을 걸어가면서 동시에 인류 전체의 발전 과정에 참여하고 있다".[28] 삶의 과정에서 자전이란 고요 속에서 자기 내면과 만나는 활동에, 공전이란 인간의 사회적 삶에 참여하는 소통적 활동에 해당할 것이다. 이러한 시각과 유사하게 불안에 대한 심리치료로 저명한 프리츠 리만Fritz Riemann 역시 세계가 움직이는 힘을 공전, 자전, 중력, 원심력 등 네 가지 힘으로 분석한 바 있다. 그에 따르면 인간의 삶에서 자전이란 자기 자신을 긍정하고 일회적 개인이 되는 것이며, 공전이란 세계, 삶, 그리고 함께 살아가는 인간들을 신뢰하며 자신을 여는 삶을 사는 것이고, 중력(구심력)은 불확실한 미래를 내다보며 나아가고 우리 삶을 기획하는 것이고, 원심력이란 우리를 늘 변화시킬 준비를 하는 것이다.[29] 불안을 극복하고 세계에 대해 열린 태도로 살아가기 위해서는 참된 자기 만남으로 얻는 자기 긍정이나 자기 관계의 회복(자전의 활동), 그리고 함께 살아가는 인간에 대한 신뢰나 인격적 만남, 실존적 소통(공전의 활동)이 필요할 것이다.

아우구스티누스, 키르케고르, 니체와 같은 철학자는 자기 자신과 만나고 자기를 찾는 조건을 고독에서 찾는다. 고독이란 홀로 존재하는 사실에 대한 두려움, 즉 자기 몰입 상태에서 경험하는 비생산적인 두려움이 아니다. 이는 세계와 단절되어 홀로 있는 자의 외로움이라는 부정적이고 비생산적인 감정이 아니라 인간 존재가 자신과 대면하며 성장하거나 성숙할 수 있는 존재의 조건이다. 고독은 자기 삶의 텍스트와 만

---

28 지그문트 프로이트, 《문명 속의 불만》, 김석희 옮김(열린책들, 1997), 335쪽.
29 프리츠 리만, 《불안의 심리》, 전영애 옮김(문예출판사, 2008), 17~23쪽.

나는 존재의 생산적 용기이다. 고독은 자신의 과거, 삶의 고통과 분노, 열등감, 복수심과 상처와 만나는 고요한 용서와 화해의 공간이기도 하다. 단순히 홀로 있다고 해서 불안하고 두려운 것이 아니다. 홀로 자신과 만나며 진실하게 존재하는 용기를 발휘함으로써 고독은 생산과 치유의 공간이 된다. 고독은 진실한 자신과 만나는 정신적 치유의 시간을 제공한다. 분주함(바쁨)이나 부산함 속에서 과잉 활동에 내몰리며 살아가는 현대인에게 가장 부족한 것은 자신과 대면하는 이러한 내면적 성찰이다.

키르케고르는 고독의 힘이 인간이 정신적으로 살아 있는 표식이 될 수 있다고 매우 긍정적으로 평가한다. 그에게 고독을 향한 욕구, 고독과 함께 호흡하는 행위는 다름 아닌 정신이 깨어 있다는 정신적 자각의 척도인 것이다. 그에 따르면 "고독에 대한 욕구는 인간의 내부에 정신이 자리 잡고 있다는 표시이다. 또한 그 정신을 재는 척도이기도 하다".[30] 그에게 고독이란 자아의 약함에 절망하며 자아의식을 상승시키는 가능성의 열림이며, 증오, 자폐, 오만, 경멸, 분노 등이 자신의 약함과 연관된다는 것을 깨닫고 이를 치유하는 가능성을 열어가는 공간이다. 고독은 자기 몰입의 나르시시즘으로 들어가는 입구가 아니라 자신과 만나 자아를 강화할 수 있는 존재의 출구이다.

니체 역시 저녁 무렵 물 위를 흐르는 음악같이 경쾌한 고독을 선택할 것을 권한다.[31] 고독은 내면의 투쟁 공간이며 인간적 성숙을 위한 조

---

30 Sören Kierkegaard, *Die Krankheit zum Tode*, 65쪽.
31 프리드리히 니체, 《선악의 저편 · 도덕의 계보》, 31쪽.

건이기도 하다. 니체가 고독을 긍정적으로 평가한 것은 그것이 자기 자신에 이르는 길, 창조자가 되기 위한 길로 이어지기 때문이다. 독립적인 인간, 자유정신으로 살아가는 인간이 되기 위한 길은 고독을 훈련하는 가운데 열린다. 내면의 공간에 주목할 것을 권면하는 사람은 니체만이 아니다. 아우구스티누스 역시 외적인 인간(지상적 인간, 묵은 인간)에서 탈피해 내적인 인간(천상의 인간, 새로운 인간)이 되는 길로 하느님의 교육학 혹은 종교적 의학을 주창한다. 이는 무질서의 마음 상태cupiditas로부터 질서 잡힌 마음 상태caritas로 전환되는 것을, 즉 쾌락이나 호기심, 교만의 마음 상태로부터 벗어나 사랑과 올바른 의지를 지니고 살 수 있는 마음의 능력을 갖는 것을 뜻한다. 그는 이를 위해 자신의 내면으로 돌아갈 것을 권한다. "밖으로 나가지 말라! 그대 자신 속으로 돌아가라! 진리는 인간의 내면에 있다!Noli foras ire. in te ipsum redi. In interiore homine habitat ueritas!"[32] 로마시대 네로 황제의 스승이자 황제의 명으로 자살을 할 수밖에 없었던 스토아학파의 철인 세네카Lucius Annaeus Seneca 역시 우리는 모든 외적인 것에서 벗어나 자신에게 집중하는 법을 배워야 한다고 말한다. 즉 자신을 신뢰하고, 자신을 좋아하고, 자기를 존중할 줄 알아야 하며, 역경을 만나도 피해 의식에 젖을 게 아니라 삶의 한 과정으로 받아들여야 한다는 것이다.[33]

진정한 자아를 찾는 방법은 내면으로 돌아가 자신과 진실한 대화를 나누는 것이다. 내가 나 자신을 진정 사랑하고 있는 것일까? 나의 삶

---

32 아우구스띠누스,《참된 종교》, 성염 역주(분도출판사, 1989), 144~145쪽.(일부는 필자가 번역한 것임.)
33 루키우스 안나이우스 세네카,《인생이 왜 짧은가》, 천병희 옮김(숲, 2005), 116쪽.

이 기만과 거짓, 위선과 도피, 허명과 불안 속에 놓여 있는 것은 아닐까? 권력이나 사회적 명성, 재화를 누리고 타인의 인정을 받는 것이 내 삶의 궁극 목표가 될 수 있는 것일까? 내 삶에서 진정 중요한 가치는 무엇일까? 나 자신의 게으름이나 비겁, 용기 부족을 다른 사람 탓으로 돌리며 나는 타인을 원망하며 살아온 것은 아닐까? 세네카, 아우구스티누스, 키르케고르, 니체와 같은 철학자들이 고독을 강조하는 이유는 우리가 성숙한 삶을 살아가기 위해서는 자신과 진실하게 대면해야 한다고 보았기 때문이다. 진실한 자기 대화나 자기 만남은 자기를 존중하고 현실적인 조건을 있는 그대로 인정하며 살아 있는 고유한 한 인간으로서의 자신의 가치를 찾는 길을 제시한다. 이는 삶에 대한 집착과 타인에 대한 의존성에서 자유로워지는 정신적 성찰 공간을 제공한다. 고독이란 자신과의 만남을 주선하는 행위일 뿐만 아니라 인간다운 가치, 즉 우리가 인갑답게 살아가는 기반이 되는 성숙한 휴머니즘이 발효되는 장소이기도 하다.

타인과 만나고 인간적으로 소통하는 데는 성숙한 정신세계가 필요하다. 미성숙하고 자기 존재를 변화시킬 용기가 부족하고 소통 능력이 없는 사람은 문제가 생겼을 때 항상 다른 사람 탓을 하게 된다. 반사회적 성격장애를 겪고 있는 사람은 타인이 무엇을 생각하고 내게 기대하는지, 더 나아가 자신이 무엇을 원하는지도 잘 알지 못한다. 이러한 사람들은 대부분 감정부전장애를 안고 있으며, 자신의 삶에 많은 문제가 있었음에도 불구하고 지금까지 지속해왔던 잘못된 생활습관을 그대로 유지하려는 고집스런 태도를 보인다. 자기와 소통이 되지 않는 사람은 타인과도 제대로 소통할 수 없다. 이에 반해 자기와 깊은 대화를 할 수 있는 사람은 타인과 의사소통을 하며 일상의 문제뿐만 아니라 삶의 문제를 함께 잘 해결해나간다. 소통이란 홀로 있으면서 동시에 더불어 존재하는 어울림의 미학이 발현되는 덕목이다. 소통이란 자신과 만나는 행위를 통해 성숙해진 자아가 타인과 공동체의 가치, 인간적 가치를 함께 나누는 연대적 삶의 행위인 것이다. 우리는 무엇보다 고독 속에서 자기 자신과 생산적인 만남을 추구할 필요가 있다.

대화와 사회적 자아 정체성

메이에 따르면 오늘날 많은 사람들이 자아 감각을 상실하고 있고 이와 동시에 자신의 의미에 대해 깊은 대화를 나눌 언어를 잃어버리고 있다.[34] 자아 감각의 상실이란 인간의 가치와 존엄성에 대한 감각 혹은 의식의 상실을 뜻하는데, 이는 자신과 깊이 있는 삶의 의미를 두고 대화할 수 있는 언어의 상실을 야기한다는 것이다. 인간의 삶을 규정하는 가장 일반적인 특징은 대화에 있다. 대화란 자신의 내면과 대면하는 소통 행위일 뿐만 아니라 타인과 의사소통하는 행위를 의미한다. 자아 정체성이란 대화 과정에서 형성된다. 찰스 테일러의 다음과 같은 말은 자아 형성과 대화, 소통의 관계를 잘 말해준다.

내가 나의 정체성을 찾아낸다는 것은 결코 홀로 고립된 가운데 그것을 만들어낸다는 의미가 아니다. 그것은 내가 다른 사람들과 부분적으로는 공개적인 대화, 그리고 또 부분적으로는 내면의 대화를 통하여 나의 정

---

34 롤로 메이, 《자아를 잃어버린 현대인》, 62쪽.

체성을 타협적으로 만들어낸다는 것을 의미한다. 이런 근거에서 내심에서 형성된 정체성의 이상의 발전은 인정에 새롭고 결정적인 중요성을 부여한다. 내 자신의 정체성은 타인과 나의 대화 관계에 결정적으로 의존하고 있는 것이다.[35]

건강한 자아를 형성하기 위해서는 나와의 대화뿐만 아니라 타인과의 대화가 반드시 필요하다. 인간은 사회적 존재이기에 언어를 통해, 대화를 통해 자신을 표현하며 살아가기 때문이다. 미국의 사회철학자 조지 허버트 미드George Herbert Mead는 인간이란 의미 있는 타인과의 의사소통을 통해 언어를 습득하며 자아 정체성을 형성한다고 말한다.[36] 인간의 마음은 독백이 아니라 상호 대화 과정에 의해 생성된다는 것이다. 대화 과정에는 생물학적 욕구를 지닌 자아(I, 주격 자아)가 사회 공동체의 구성원에게 보내는 욕구의 발신과 그에 대한 타자의 반응뿐만 아니라 이에 대한 나 자신의 또 다른 반성적 자아 활동(Me, 목적격 자아) 등이 포함된다. 자아 정체성은 자아와 사회 공동체의 관계에서 규정된다. "내적 성찰을 하는 (주격) 자아는 타자의 정체성과의 사회관계 속에서 드러나는 정체성이다. (……) 내적 성찰을 하는 (목적격) 자아는 타자의 사회적 행위의 대상인 자아이다. 사람들은 타자에 대해 행위하면서 스스로 서게 된다."[37]

---

35 찰스 테일러, 《불안한 현대사회》, 66~67쪽.
36 상징적 상호작용 이론이라고 불리는 미드의 자아 정체성에 대한 구체적인 논의는, George H. Mead, *Geist, Identität und Gesellschaft*, von Charles W. Morris(hrsg.)(Frankfurt a.M.: Suhrkamp, 1988), 216쪽 이하. ; 김정현, 《니체의 몸철학》(지성의 샘, 1995), 146~152쪽 참조할 것.
37 George H. Mead, *Gesammelte Aufsätze*, Bd.1, von Hans Joas(hrsg.)(Frankfurt a.M.: Suhrkamp,

자아와 타자 사이의 이러한 대화 과정을 통해 나(자아)는 일반화된 사회적·규범적 관점을 갖게 되고 사회적 상황 속에서 '일반화된 자아'로서 타자와 사회적 상황이나 규범에 맞는 소통을 하게 된다. 자기 관계에만 빠져 있는 독백적 대화는 현실을 상실하는 독단을 가져오기 쉽고, 자기 성찰 없이 타자에만 의존하는 사회관계로서의 대화는 자기 상실을 초래한다. 전자는 독단, 즉 전제적 폭군의 성향(sadism)으로, 후자는 타자에게만 의존하는 나약한 노예적 성향(masochism)으로 드러나기 쉽다. 우리는 의식이라는 자아의 거울 속에서 자아와 타자, 그리고 타자의 반응에 의해 나타난 내면 성찰적 자아의 역동적 모습을 갖는다. '주격 자아(I)'-'목적격 자아(Me)'-'일반화된 자아(generalized I)'-'보편적 자아(universalized I)'에 대한 미드의 자아론은 인간의 자아 정체성이 자기 성찰 능력과 사회관계와 밀접하게 연관되어 있다는 것을 보여준다. 현실 상실이나 자아 상실, 독단과 무정신성, 폭군과 노예 같은 부정적 상태에서 벗어나 건강한 자아를 형성하려면 개인의 내면과 공동체 양자의 변증법적 관계를 구축해야 한다.

만남과 소통의 미학

자아의 소통은 나를 고집하거나 나 자신의 생각에 집착하지 않고 세계와 타자를 향해 나를 열어놓는 지향성에서 성립된다. 자신의 생각만을 고집하고 관철하고자 하는 의지는 독선과 불통을 야기하게 된다. 다른 사람을 인정하지 않으면 진정한 대화나 소통은 불가능하다. 대화

1987), 243쪽.

란 나와 너의 '열린' 관계 속에서 이루어지는 소통이다. 대화나 만남은 자신을 내려놓으면서도 동시에 자신의 뜻을 표현하며 상대와 생각을 조율해가는 이중적 과정이다. 고정된 사고의 틀에 갇히지 않고 상호작용 속에서 사회적 상황에 기반을 둔 시선을 수용하고 이에 적절하게 반응하는 균형 있는 태도는 열린 정신을 낳는다. 열린 정신은 인간의 삶을 결코 피상적으로 바라보지 않는다. 이는 삶에 굴곡이 있고 시련이 있으며 아픔과 고통이 서려 있다는 것을 깊게 자각하는 깨어 있는 정신이다. 그러므로 정신이 열린 사람은 다른 사람에게 피상적으로 접근하거나 상대의 생각을 가볍게 여기지 않는다. 대화란 인격적 만남에서 가능한 소통의 수단이다. 진정한 대화란 상대를 깊이 있게 이해하고 인격적 존재로 대우하는 만남에서 시작된다. 칸트가 말하고 있듯이 인간은 수단이나 값을 가진 대상이 아니라 인격을 가진 존재이기에, 정신이 열린 사람은 상대를 인격적으로 존중하고 그의 삶의 이야기를 귀담아듣는다. 진정한 인간 사이의 만남이란 상대의 이야기를 단순히 그리고 대충 듣는 것이 아니라 귀 기울여 주의 깊게 진지하게 들음으로써 상대의 존재를 이해하려는 실존 해명의 대화 과정에서 성립한다.

열린 정신은 인간다운 삶을 지향한다. 인간다운 삶은 다른 사람의 삶에 깨어 있고 이를 통해 거듭나는 삶이다. 부버에 따르면 인간은 관계 속에 존재한다. 내가 홀로 존재하는 것이 아니라 '나-너Ich-Du'의 나와 '나-그것Ich-Es'의 나만이 있을 뿐이라는 것이다. 내가 '그것'과 관계한다는 것이 물질적 대상('그것')처럼 다른 사람과 관계를 맺는 것을 의미한다면, '나와 너'의 관계는 보다 근원적인 만남의 관계다. 대문자 너Du는 상호성 속에서 표현될 수 있는 근원적 인격성, 즉 사랑의 관계를 표현하는 것이기 때문이다. 부버는 "나는 너로 인하여 나가 된다. 나가 되면서 나는 너라고 말한다. 모든 참된 삶은 만남이다"[38]라고 말한다. 너와 마주하면서 직접 관계를 맺는 것은 나의 선택인 동시에 너로부터 받는 동시적 선택이며 능동인 동시에 수동의 한 행위이다.[39] 만남이란 능동과 수동이 하나로 되는 행위이며, 자신을 내려놓는 행위이면서 동시에 자신을 찾는 행위이다. 그것은 물성Dinglichkeit의 껍질 속에 상대를 집어넣고 소유하려는 배타적·폭력적 행위가 아니다. 이는 인간과 더불어 사는 삶의 '근원어Grundwort'를 이해하는 행위이자 인간과 인간의 관계를 자유롭게 만드는 정신적 생명의 활동이다.

삶이 불안할수록 우리는 주변 사람을 소유하고 대상화하려 하고 물건에 집착하며 살아가고자 한다. 인간은 물건이 아니기 때문에 결코 소유물이 될 수 없다. 그러나 근대의 도구이성은 우리의 생활 세계를 점령하고 식민지화하며 모든 것을 효율적으로 관리하고 사물화Verdingli-chung하고자 한다. 성과주의의 분주함과 무정신성의 부산함 속에서 불안과 인간관계의 불통은 삶의 고통과 자아신경증을 초래하게 된다. "내가 누구인지", "내가 진정 나의 삶에서 원하는 것이 무엇인지", "삶의 중요한 가치가 무엇인지"를 모르며 사회와 시대가 닦달하며 요구하는 성과나 외형적·세속적 가치에 몰입하는 사람은 삶의 고통과 불안을 벗어나기가 어렵다. 인간다운 삶이 무엇인지, 어떻게 이를 실현할 수 있는지를 고민하며 주변 사람들과 진실한 만남 혹은 소통을 하려고 노력하는

---

38 마르틴 부버, 《나와 너》, 표재명 옮김(문예출판사, 1984), 17쪽.
39 같은 책, 99쪽.

사람만이 나와 상대를 함께 성장시킬 수 있다. 상생의 만남은 깨어 있는 정신들이 나누는 생명의 소통이다.

우리가 살아가는 일상의 세계에서 인간과 인간의 참된 관계는 사물화된 가치의 종합이나 비교가 아니라 '서로 마주하는 어울림'[40]에서 이루어진다. 레비나스에 따르면 서로 마주하는 것, 서로 어울리는 것은 존재의 책임이 필요한 행위다. 책임이란 숨김없는 얼굴, 정직한 얼굴을 드러내며 관계에 응답하는 진실성이 깃든 것이다. 소통이란 책임의 언어로 교류되는 진실한 인간적 어울림이다. 야스퍼스Karl Jaspers가 강조하고 있듯이 실존적 소통Kommunikation이란 자신을 이해하고 스스로를 드러내며 자기 자신을 찾는 실존 해명의 작업에서 비롯된다. 실존적 소통이란 나와 너의 관계를 이해하고 이 관계에 소통이라는 실존적 빛을 밝게 비추는 존재의 미학이다. 이는 나와 너의 관계를 성장시켜주는 존재의 빛이자 나와 너를 하나로 묶는 이해의 빛이다. 열린 정신은 소통의 언어를 품을 수 있으며 참된 만남을 가교한다. 참된 만남과 삶 속에서 인간은 존재 의미를 실현할 수 있고 깨어 있는 인간다운 삶을 살게 된다.

5. 자기 긍정과 실존의 소통 미학

분주함, 부산함, 닦달, 성과, 불안이 특징인 현대의 삶은 문명의 발

---

40 에마뉘엘 레비나스, 《윤리와 무한》, 100쪽.

전과 성과에 대한 열망 못지않게 자아신경증이라는 부산물을 낳고 있다. 집착과 의존성, 소진증후와 반사회적 성격장애, 학교 폭력과 소통의 부전(incompetence) 등은 시대의 문제일 뿐만 아니라 사회문제이기도 하다. 문명과 시대, 사회가 만들어낸 병리 현상이기는 하지만 자아신경증에 시달리는 것은 각 개인이다. 나의 고통은 가족관계에서 그대로 나타나고, 가족의 고통은 사회문제가 된다. 내 안에는 나 자신뿐만 아니라 모든 인간관계, 더 나아가 사회문제가 응축되어 있기 때문이다. 나는 시대적 병리 현상을 앓고 있고, 내 몸은 사회적 질병의 고통을 드러낸다.

현대사회가 만들어낸 병리 현상의 하나로서 자아신경증을 해결하는 방법은 물론 여러 가지가 있을 수 있다. 글로벌화된 문명을 비판하고 신자유주의적 금융자본주의의 모순을 지적하고 항거하는 거시적 차원의 대응을 생각할 수도 있다. 하지만 나는 인간학적 차원에서 문제에 접근함으로서 이를 해결하는 철학적 치유의 방법을 찾고자 했다. 이 글에서는 삶을 움직이는 자전과 같은 활동으로, 자기 자신과 진실하게 대면하는 과정을 '고독'이라는 개념으로 살펴보았고, 공전의 힘과 같은 원리로 대화, 만남, 소통 등 사회적 자아의 정체성을 찾는 문제를 논의했다. 그런 방법 가운데 하나가 니체가 제시한 나약한 자아를 강화하는 방법으로서 정신적 관조 능력, 즉 고요한 내면적 성찰 능력을 강화하는 것이다. 즉 자기 영혼의 주인이 되는 것, 고독으로부터 삶의 생산적 에너지를 만드는 법이다. 그러나 이것은 자기 몰입의 배타적 고독이 아니라 열린 정신 속에서 '더불어 어울림'을 이룰 수 있는 생산적 소통의 전제라는 것을 밝혔다. 진실한 자기 만남은 사회관계에서 참된 인간적 만남과 소통을 가능하게 하는 조건이기 때문이다.

프롬이 말하고 있듯이 자신을 긍정하고 사랑할 수 있는 사람이 다른 사람들을 사랑하고 생산적인 관계를 발전시킬 수 있다.[41] 세계의 불확실성 속에서 부유하고 불안해하는 삶이 아니라 자기 존재의 가치를 무조건 신뢰하는 가운데, 그리고 주어진 현실을 있는 그대로 인정하고 이를 토대로 자신과 진실하게 대면하고 주변 인간과 소통하면서 문제를 해결하고자 노력하는 가운데 우리는 생산적 삶을 살아갈 수 있을 것이다. 그리스 철학자 에픽테토스는 "인간을 혼란스럽게 만드는 것은 사물이 아니라 그 사물에 대한 그들의 믿음이나 생각이다"[42]라고 말했다. 잘못된 생각이나 건전하지 못한 세계관이 우리 삶을 불안하게 하고 비생산적으로 만들 수 있다. 우리는 시대의 불확실성이나 나르시시즘적 문화의 성격을 이해하고 그것과 비판적 거리를 두는 건강한 사유 능력을 키울 필요가 있다. 이는 시대와 문명이 만들어내고 있는 스트레스 반응인 불안에 대처하며 소진되는 자아의 능력을 회복하는 길이 될 수 있다. 자기 긍정감을 찾고 열린 정신으로 자신 및 타인과 생산적으로 만나는 것은 깨어 있는 정신이 창조하는 실존의 소통 미학이 될 수 있을 것이다.

---

41 프롬의 다음의 말은 자기 긍정과 생산적 인간관계의 가능성을 제시해준다: "이기적인 사람들은 타인들을 사랑할 수 없다는 것은 사실이지만, 그들은 또한 자기 자신들마저도 사랑할 수 없는 것이다."(에리히 프롬, 《자기를 찾는 인간》, 116쪽.) ; "진정한 사랑은 생산성의 표시이며, 관심, 존중, 책임 및 이해를 뜻한다. 진정한 사랑은 누군가에 의해 감동받았다는 의미에서의 '정서'가 아니라, 자기가 사랑하는 사람의 성장과 행복을 바라는 적극적인 욕구로서 자기 자신의 사랑할 수 있는 능력에 뿌리박고 있는 것이다."(에리히 프롬, 《자기를 찾는 인간》, 114쪽.)
42 Epictetus, *The Enchiridion*, Elizabeth Carter, N.C. Raleigh(trans.)(Alex Catalogue(NetLibrary), 1996), Sec.5.

제4장

소진消盡 시대, 어떻게 살 것인가
— '사색의 삶'과 '영혼의 보살핌'

1. 소진 시대와 현대인의 자화상

우리는 어떤 시대에 살고 있는 것일까? 왜 우리가 살고 있는 사회에는 폭력, 강박, 중독, 분노조절장애, 자살, 우울증, 공허감, 삶의 의미 상실 등 많은 증후나 문제들이 분출하고 있는 것일까? 이러한 사회병리학적 증후와 세계 사회 혹은 개인의 삶은 어떻게 연결되어 있는 것일까? 이러한 증후를 치유할 방법은 있는 것일까? 지구촌 혹은 세계화 시대인 오늘날 우리는 어떻게 삶의 좌표를 설정하며 살아야만 하는 것일까? 어떻게 해야 건강하게 존재 중심을 찾으며 살아갈 수 있을까? "나는 누구이며, 어떻게 살아야 하는가?"라는 친근하면서도 낯선 질문에 어떻게 답해야만 하는 것일까?

이러한 물음을 철학적으로 문제시한 사람은 한 세기 전 철학자 니체였다. 그는 현대 문명의 성격을 분석하며 여기에 내포된 불안정의 원

석판화 〈명상〉 (2016)
현대사회는 '과잉 활동'과 경제적 가치를 중시하지만, 현대인은 삶의 중력이 무너지고 삶의 의미나 가치가 전도되는 경험을 하고 있다. 즉 불안, 초조, 분노, 공격성, 피로, 소진 등을 느끼며 삶의 좌표를 찾지 못하고 불면의 밤을 보내는 것이다. 인터넷이나 스마트폰, 게임과 같은 전자매체에 과도하게 몰두하는 현상도 관계 상실적 자기 몰입이라는 나르시시즘적 장애를 만들어낸다.

니체는 '활동적인 삶vita activa'의 과잉에 대한 대안으로 '비타 콘템플라티바vita contempla-tiva', 즉 명상적이고 사색적인 삶의 복원을 제시한다. 이는 자신의 말과 생각, 행동을 멈추고 기다리며 다른 세계를 볼 수 있는 영혼의 여유 공간, 즉 달리 생각할 수 있는 사유의 공간을 찾는 일이다. 인간 존재의 무게는 이 정신적 공간의 깊이와 질감이 율동적으로 표현되는 데서 나온다.

인을 문제시한다. 그는 우리 문명에 안정과 평온이 결여되어 있어 곧 새로운 야만이 나타날 것이라고 보며, '활동하는 자', 즉 과도하게 일하며 부산하고 초조해하는 사람을 높이 평가하는 풍토를 원인으로 적시한다. 여기에 더해 문명의 불안정과 야만 상태로부터 벗어나 안정을 찾는 방법으로 '내면의 성찰적 삶'을 제시한다. 그가 말하고 있는 평온의 결핍(불안정), 새로운 야만, 부산함, 초조, 활동하는 사람에 대한 높은 평가, 관조 혹은 내면의 성찰적 요소 등은 우리 시대와 어떤 연관성이 있는 것일까? 왜 오늘날 현대사회에도 이러한 문제들이 반복되고 있는 것일까?

니체가 현대 문명의 불안정의 원인으로 지목하는 것은 자본주의 체제에서 두드러지는 '노동'(일)과 '활동Tätigkeit'의 강조다. 서양 근대는 노동을 통한 '활동적인 삶vita activa'에 가치를 두게 되고, 인간을 경쟁과 효율성, 생산성이라는 가치에 매몰되는 '일하는 동물homo laborans'로 만든다.[1] 마르크스Karl Marx가 말하고 있듯이 노동이란 인간이 생존하기 위한 경제적 가치를 생산하는 동시에 사회관계를 이어주는 자아실현의 매체가 되지만, 노동이나 과잉 활동이 절대화되면서 일상을 지배하면 삶의 중력과 의미가 전도되고 만다. 근대 이후 사회는 점차 합리화되면서 효율성과 성과를 중시하게 되고, 이를 관리하기 위해 도구이성이 생활 세계로 침입해 들어와 마침내 일상을 식민지화하게 된다. 인간의 모든 행동은 생산성과 효율성 지표에 의해 사회적 평가의 대상이 되고 이러한 사회적 요구에 부응하기 위해 어쩔 수 없이 과도한 노동 활동을

---

1 한병철, 《시간의 향기》, 김태환 옮김(문학과지성사, 2015), 148쪽.

하게 된다. 산업사회 이후 인간은 이렇게 과잉 노동 활동을 해야 한다는 요구를 받고 있다. '산업Industrie'이라는 단어는 라틴어 '인두스트리아 industria'에서 기원했는데, 이는 활동, 활발함, 근면, 부지런함 등의 의미를 가진다. 산업화Industrialisierung에는 세계의 기계화라는 뜻뿐만 아니라 근면한 인간으로의 훈육이라는 의미도 담겨 있다. 요컨대 산업화를 통해 시간과 노동의 경제학적 원리에 따라 인간의 행태를 육체적인 면에 이르기까지 최적화하라는 명령이 내려진 것이다.[2]

끊임없이 자아를 최적화하며 부지런하게 노동하고 활동하는 자가 사회에서 높은 평가를 받게 되지만, 과잉 활동Hyperaktivität이 일상을 지배하면서 불안, 초조, 부산함, 조급함, 분노, 공격성 등이 인간의 내면으로 파고드는 것이다. 오늘날 우리 사회에는 외형적으로는 경제적 풍요와 성과가 두드러지지만 내면적으로는 인간성의 상실이라는 새로운 위기가 도래하고 있다. 니체뿐만 아니라 호르크하이머, 아도르노, 베버, 프롬 등 많은 사상가가 이러한 근대의 역설에 주목한다. 인간의 자아실현과 행복을 위해 과학기술의 발전을 추진했는데, 그것을 추동하던 도구이성이 일상을 지배함으로써 인간이 도구화되고 사물화된다는 것이다. 니체는 부산한 활동에 대한 사회적 평가가 역설적으로 인간의 자기상실이라는 문명의 야만 상태를 초래했다고 본 것이다. 그는 경제적 풍요 속에 들어 있는 야만, 즉 활동하는 삶 속에 들어 있는 초조와 불안 등 비인간적 요소에서 회복되는 단서를 '내면의 성찰적 삶', 즉 고요하게 자신과 대면하며 삶을 성찰할 수 있는 관조 능력에서 찾은 것이다.

---

2 한병철,《시간의 향기》, 147쪽.

니체의 현대 문명 비판은 어느새 우리 삶의 현장을 비추고 있다. 엄청난 삶의 속도 및 과잉 활동, 점차 증대되는 피로와 불안, 그리고 부산함과 자기 존재에 대한 성찰의 결여 등은 성과 사회와 피로 사회/불안 사회가 이중으로 결착되어 있는 현대사회의 성격을 잘 보여준다. 노동 능력과 스펙, 몸값과 욕구를 관리하고 자신을 성과 주체로 경영해야 하는 현대인은 다른 한편 자기 자신을 착취하는 소진증후를 앓고 있다.[3] 경제적 효율성, 양적 평가, 생산적 자기관리 등은 모두 사회가 현대인에게 요구하는 사회적 자기관리의 지표이자 현대인의 생존 전략이다. 개인은 새벽부터 밤늦게까지 사회가 요구하는 경제적 생산 가치와 성과를 내는 노동 활동을 해야만 하고, 더 나아가 자아실현 혹은 자기계발이라는 명목 아래 자기 몸값을 올리기 위한 무한 투쟁을 벌여야 하는 것이다.

과잉 활동으로 인한 경제적 성과 이면에는 정신적 탈진, 피로, 불안, 고립, 무력감, 긴장 등이 도사리고 있다. 외면적 삶의 화려함과 내면적 삶의 가치 사이의 긴장은 인간을 분열시키고 삶이 지향해야 할 가치 좌표를 잃게 만들며 사람들로 하여금 타인에 대한 관심보다는 자신에게만 주관적으로 빠져들게 한다. 더욱 분주해진 삶 속에서 우리는 삶의 의미를 파악할 수 있는 의미 지평이나 좌표(방향) 설정에서 혼란을 느끼며 삶의 긴장과 피로 속으로 내몰리게 된다. 성과 주체로 살아가기를 강요당하고 자기 경영(자기관리)의 미명 아래 자신을 스스로 착취하고 소

---

3 김정현, 〈불안의 치유와 소통의 사유―'자아신경증'을 중심으로〉, 《범한철학》 제71집(범한철학회, 2013년 겨울), 322쪽.

진시키는 사회 속에서 우리는 불안과 피로를 느끼며 삶을 충만하게 해 줄 내적 경험을 느끼지 못하고 살아가게 된다. 분주하고(바쁨, 조급), 부산하고(안정의 상실), 닦달당하며(몰아세움) 살아가는 현대인은 자신이 누구인지 모르는 실존적 불안이나 고통('자아신경증Wer-bin-ich-Neurose') 을 느끼며 공격성을 드러내게 된다.[4] 오늘날 사회를 유지하기 위해 사용하는 심리 정치는 개인이 사회에 적응하기 위해 자아 최적화를 추구하며 자기 자신과 투쟁하도록 내모는 것인데, 이러한 자기 착취적 질서 속에서 자기 공격성은 더욱 강화된다.[5]

최근 등장하는 '성과 사회', '피로 사회', '불안 사회', '분노 사회' 등의 용어는 오늘날 우리가 살아가는 사회와 시대가 인간의 존재를 소진하는 성격을 지니고 있음을 보여준다. 여기에서 표현되는 과잉 활동, 불

---

4 현대사회의 특징과 현대인의 불안 및 자아신경증 문제에 대해서는, 김정현, 〈불안의 치유와 소통의 사유―'자아신경증'을 중심으로〉, 《범한철학》 제71집, 321~348쪽 참조할 것.
5 현대사회를 성과 사회와 피로 사회로 분석하는 한병철의 연구는 현대사회와 현대인의 삶에 대한 흥미로운 성찰거리를 제공한다. 그는 자본주의의 변이체인 신자유주의가 현대인으로 하여금 자기 자신의 기업에 고용되어 스스로를 착취하는 노동자가 되도록, 즉 자기 자신과 투쟁하도록 내몰고 있다고 보았다. 이러한 자기 착취적 질서 속에서 공격성은 스스로를 겨냥하는 자기 공격성을 띠며 많은 사람으로 하여금 우울증 환자가 되게 한다는 것이다.(한병철, 《심리정치》, 김태환 옮김 (문학과지성사, 2015), 15, 17쪽.) 그에 따르면 우울증이나 소진증후군과 같은 심리적 질병을 초래하는 소진의 시대에 자기관리 워크숍, 동기부여를 위한 주말 워크숍, 인성 세미나, 멘털 트레이닝 등은 자아 최적화와 효율성을 약속하고 있으며, 자기계발서의 힐링이라는 주문도 모든 기능적 약점을 제거함으로써 자아 최적화를 이루고자 하는 목적이 있다. 그러나 신자유주의적 시스템의 최적화에 부합하는 부단한 자아 최적화는 결국 자아 착취, 즉 정신의 붕괴를 가져오게 한다는 것이다.(한병철, 《심리정치》, 46~47쪽.) 그는 신자유주의의 심리 정치가 의식산업을 활성화하며, 자아 최적화 명령, 즉 주체가 더 큰 성과를 위해 끝없이 노력해야 한다는 강제 속에 몰아넣음으로써 '힐링'이 아니라 '킬링'을 가져온다고 비판한다.(한병철, 《심리정치》, 49~50쪽.) 그러나 자기계발서나 일상에서 철학적 지혜를 접하게 해주는 비교적 가벼운 책들이 모두 사회에 기능적으로 적응하는 자아 최적화 전략에 기여하기만 하는 것은 아니다. 나는 깊은 전문 지식 없이도 일상에서 자기실현을 위해 노력하는 사람들에게 이러한 책들이 나름대로 기여하는 바도 있다고 본다.

안/피로/소진, 사색 등과 같은 키워드는 현대사회의 문제들을 분석하고 치유적 대안을 모색하는 데 있어 주요한 개념적 마중물이 될 수 있을 것이다. 여기에서는 먼저 성과 사회와 정보화 사회의 특성이 중첩된 현대사회의 문제점을 분석하고 여기에서 나타나는 인간의 문제를 살핀 다음, 이런 문제점을 해결할 수 있는 실마리를 영혼의 보살핌과 사색적 삶이라는 개념을 통해 찾고자 한다. 이어 우리가 관심을 가지고 실천할 수 있는 '영혼의 훈련' 문제를 살펴볼 것이며, 어느 때보다 오늘날 우리에게는 깨어 있는 삶의 태도가 필요하다는 점을 역설할 것이다.

2. 정보화 사회와 자기도취적 몰입

산업사회적 '과잉 활동'만이 인간을 피로하게 하고 소진시키며 불안하게 만드는 것은 아니다. 20세기 후반 이후 진행되어온 세계화/지구지역화, 정보 기술 혁명, 신자유주의 등이 세계와 인간의 삶의 모습을 바꾸어놓고 있다. 현대의 전자매체는 필요불가결한 사회적 네트워크의 기반을 형성하고 일상에 깊이 침투해 있다. 오늘날 전자매체는 인간 사회를 연결하는 속도 전쟁을 하고 있기에, 이러한 속도전을 통해 사이버공간을 연결하고 세계를 동시적·편재적으로 연결한다. 전자매체의 속도 증가는 인터넷 같은 매체의 흐름뿐만 아니라 기술, 정보 유통, 경제적·정치적 행위의 가속화를 수반하며, 이로 인해 삶의 준거틀은 매우 유동적이 된다. 이때 점점 더 가속도가 붙는 문명의 엄청난 동력에 의해 삶의 의미의 준거틀이 파편화되고 다원화되고 사이버공간으로 휩쓸려 들어가게 된다. 기가바이트 속도로 움직이는 사이버공간에서 사람들은 마치 바닷가에서 파도타기를 하듯 이동 속도와 자유로움에 아찔함을 느끼기도 하지만 현실에서는 의미의 중력을 잡기 어려운 현기증을 느끼게 된다.

아찔함과 현기증, 자유로움과 불안을 동시에 느끼며 스마트폰 같은 전자매체에 집중하면 할수록, 사람들은 점점 더 자신의 주관적 세계에 빠져드는 '자기 몰입'을 하게 된다. 오늘날 지하철에서 거의 모든 사람이 스마트폰에 집중해 있다. 이제 사람들은 옆이나 앞에 앉아 있는 다른 사람의 모습이나 문제에 더 이상 관심을 보이지 않는다. 스마트폰으로 게임을 하거나, 네이버 같은 포털 서비스에 접속해 단편적인 소식을 실시간으로 보거나, 카카오톡으로 현재 여기에 없는 사람들과 끊임없이 접속을 한다. 가상공간에서 사람들은 접속과 이탈의 곡예를 하며 부유하듯 방랑하고 있다. 이 사건에서 저 사건으로, 이 정보에서 저 정보로, 이 이미지에서 저 이미지로 쉴 새 없이 메뚜기처럼 이동하는 사람들의 모습에는 유유함도 경쾌함도 찾아볼 수 없다. 느림, 여유, 신중함, 진지함이 아니라 가벼움, 부산함, 초조, 신경과민, 불안 등이 오늘의 삶을 규정한다.

폴란드 출신의 사회학자 바우만이 후기근대의 특징적 발걸음을 산책과 유랑으로 표현하며 이를 리모컨 버튼을 눌러 여러 채널을 돌아다니는 '재핑zapping'과 동일시하듯, 여기에는 정주하지 못하는 유동성만 있다. 아무런 생각 없이 이리저리 옮겨 다니는 유랑의 자유는 마음의 부산함과 무사유의 조급함, 익명성이라는 존재의 무책임성을 수반하게 된다. 오늘 우리의 일상을 지배하는 것은 산만, 무연관성, 부박한 유동성, 조급성, 방향 상실(삶에 일정한 방향을 주는 기반과 중력 상실), 머무름(정주)이 없는 부산함과 경솔함Übereilung 등이다. 사이버 세계를 아무런 생각 없이 이리저리 유동하며 옮겨 다니는 현대의 사이버 유목민은 부산한 재핑의 자유를 누리지만, 현실 세계의 무게와 고난을 헤쳐나가기는 어려워한다. 탈주의 자유로움, 상상의 유영, 이미지의 놀이 등 사이버 세계에도 삶을 창의적으로 이끌어나갈 수 있는 긍정적 어휘가 없지 않다. 하지만 사이버 세계와 주관적 자아 세계에만 몰두하는 현대인은 현실에서 건강한 인간관계를 유지하거나 문제를 해결하는 데는 어려움을 느낀다. 이러한 현상을 바우만은 "정신적 우울증, 무력감, 행동에 옮길 능력이 없다는 느낌, 특히 합리적으로 행동할 능력이 없다는 느낌, 삶의 고난을 헤쳐나가기에 부적절하다는 느낌"으로 표현하며 "무력감, 부적절함"이 "후기근대, 포스트모던 시대가 앓는 질병의 병명이다"라고 말한다.[6] 우리가 사는 시대의 고질병이 무력감 혹은 고난을 헤쳐나갈 수 있는 의지의 박약(부적절함의 느낌)이라는 것이다. 무력감을 느낄수록, 불안을 느낄수록 사람들은 더욱 자신의 주관적 세계로 빠져든다.

정보화 사회의 가장 큰 문제는 인간의 자기도취적 몰입이 강화된다는 점에 있다. 현대사회에서 개인들이 삶의 의미를 상실하고 타인과 사회에 무관심해지면서 점차 자기에 몰두하는 현상을 테일러는 '자기 몰입'으로 표현한다.[7] 오늘날 사람들은 사이버 세계에 들어가서 게임, 정보 검색, 카카오톡 등으로 세계에 접속할 뿐 자신의 외부에 실제 존재

---

6 지그문트 바우만, 《방황하는 개인들의 사회》, 75쪽.
7 찰스 테일러, 《불안한 현대사회》, 13쪽.(나는 '자기 몰두'를 여기에서 '자기 몰입'으로 다르게 번역하고자 한다.)

하는 사람들에게는 무관심하기만 하다. 현실적 외부 세계에 무관심하고 자신에게만 관심을 갖는 이러한 현상을 우리는 새로운 형태의 나르시시즘이라고 부를 수 있을 것이다. 테일러에 따르면 '나르시시즘의 문화'에서는 타인에게 무관심하며 각자 자기 삶에만 초점을 맞추기 때문에 사람들은 삶에 대한 폭넓은 시야를 상실하게 된다.[8]

신화에서 나르키소스Narcissus는 강의 신의 아들이다. 이 신화는 자신의 이미지와 사랑에 빠지는 이야기를 통해 자신이 사랑하는 이가 곧 자신이라는 것을 모르는, 즉 자신과 자기 행동의 의미를 자각하지 못하는 맹목성을 일깨워준다. 우리가 나르시시즘적인 것이라고 할 때, 이는 꿈같은 것, 유동적인 것, 명료하게 형태를 갖추지 않은 것, 단단한 정체성 속에서 안정된 것이 아니라 상상의 흐름 속에 침잠해 있는 것을 말한다.[9] 흐르는 강이나 호수에 비친 현실의 이미지(가상)를 보는 주체가 자신임을 자각하지 못한 채 이미지에만 몰입하는 경우를 '나르시시즘적인 것'이라고 말한다. 우리가 살고 있는 현실 세계보다 사이버 세계 속에서 익명으로 유목하며 끊임없이 세계와 접속하고 이탈하는 사람들에게는 자기중심적 몰입이라는 나르시시즘적인 특징이 나타난다. 현대의 심리치료사인 토머스 무어Thomas Moore는 오늘날 "대상 세계나 타자의 세계보다 자기 자신에게 관심을 집중하는 습관인 나르시시즘은 장애"[10]로 여겨질 수 있다고 말한다. 그에 따르면 강박적 자기애는 다른 타자와 친밀해질 수 있는 공간이 없음을 의미하며, 나르시시스트의 자기애의

---

8 찰스 테일러, 《불안한 현대사회》, 75쪽.
9 Thomas Moore, *Care of the Soul*(New York: HarperCollins, 1992), 57쪽.
10 같은 책, 55쪽.

표시 자체가 자기 자신을 적절히 사랑하는 방법을 찾지 못한다는 표시이기도 하다.[11] 현대를 특징짓는 나르시시즘은 타인은 물론이고 자기에 대한 관계마저 자각하지 못하는 존재의 불통, 즉 타자와 자기, 이 양자에 대한 근원적 관계의 상실을 수반한다. 사이버 세계에 대한 과도한 자기 몰입은 자기 상실 및 타자와의 관계 상실이라는 이중의 상실을 낳게 되는 것이다.

프로이트는 인간의 본원적 상태란 외부 세계와 아무런 관계를 맺지 않은 초기 유년기의 나르시시즘 상태('일차적 나르시시즘primärer Narzißmus')이지만, 정상적인 발달 과정에서 어린아이는 외부 세계에 대한 리비도적 관계의 폭과 강도가 강해진다고 본다. 그러나 어떤 특별한 조건에서는 대상 리비도가 없어지고 자아로 다시 방향을 돌리게 되는데, 이를 '이차적 나르시시즘sekundärer Narzißmus'이라고 부른다. "외부 세계의 지반을 잃은 리비도는 자아로 이동함으로써 우리가 나르시시즘이라고 부를 수 있는 행동이 생겨난다."[12] 대상 리비도가 없어지고 자아 속에 유폐될 때 나르시시즘은 병적 상태를 띨 수밖에 없다. 나르시시즘적인 인간은 다른 사람과 관계하며 삶의 균형과 중심을 잡는 것이 아니라 주관적 생각에 사로잡혀 자신의 안정성이나 가치감, 정체성을 찾고자 하는데, 이때 자기애에 손상을 입히는 일이 일어나면 격분하고 공격적이 된다.[13] 나르시시즘에 대한 대표적인 정신분석학 이론가인 하인츠 코헛

---

11 Thomas Moore, *Care of soul*, 55쪽.

12 Sigmund Freud, "Zur Einführung des Narzißmus", *Gesammelte Werke*, Band 10(Frankfurt: S.Fisher, 1960), 140쪽.

13 프롬은 나르시시즘적인 인간이 자기 정체성을 찾는 과정과, 분노로 세계에 반응하는 양태를 다음과 같이 표현한다. "종종 나르시시즘적인 인간은 그가 다른 사람과 연관되어 있다거나 실제로

Heinz Kohut에 따르면 "특히 파괴적 분노는 언제나 자기 손상에 의해 동기화된다."[14] 현대인이 일상에서 사소한 일에 화를 내거나 격분하고 공격적으로 변하는 이유는 나르시시즘적 장애를 겪고 있기 때문이다. 사람들은 조급하고, 참지 못하고, 쉽게 화를 내며 주관적 생각에 빠져 외부 세계를 성급하게 판단하며 이기주의적 성향을 띠게 된다.

유목적 불안과 자폐적 자기애로 인해 사람들은 더욱 강박적으로 속도를 추구하고 사이버 세계에 몰입하고 인간과 생명의 세계에 무관

하는 자신의 노동이나 능력을 통해서가 아니라, 자신이 완벽하다는, 다른 사람에 대해 우월하다는, 자신이 탁월한 능력을 가졌다는 전적인 주관적인 확신으로 인해 안정감에 이르게 된다. 그는 자기 자신에 대한 나르시시즘적인 생각에 사로잡혀 있을 수밖에 없게 된다. 왜냐하면 자신의 가치감과 정체감이 그 위에 서 있기 때문이다. 그의 나르시시즘이 위협을 받게 되면, 그는 삶의 중요한 영역에서 위협을 받는다. 그가 잘못된 것을 말했다고 해서 그에게 비하하는 행동을 하거나 그를 비판하거나 웃음거리로 만드는 식으로 다른 사람이 그의 나르시시즘을 손상시킨다면, 만일 다른 사람이 놀이를 하면서 치거나 무수히 많은 다른 계기에서 그에게 모욕을 준다면, 그러한 나르시시즘적인 인간은 그가 표현하건 그렇지 않건 간에 일상적으로 심하게 화를 내거나 분노로 반응하게 된다." (Erich Fromm, *Gesamtausgabe in zwölf Bänden, Bd. VII: Aggressionstheorie*, von Rainer Funk(hrsg.)) (Stuttgart: Deutscher Taschenbuch Verlag, 1999, 180~181쪽.) 프롬은 오늘날 서구 사회에서 유명인에 대한 나르시시즘과 대중의 욕구 사이에도 특별한 내적 연관성이 있다고 보고 있다. 대중들의 일상적 삶은 공허하고 지루하기 때문에 유명인과 밀접하게 접촉하고 싶어 하는데, 이때 대중매체는 나르시시즘적인 예술가, 배우, 학자, 지휘자 등 유명인과의 접촉을 사고파는 명성의 판매자 역할을 하고 있다는 것이다.(같은 책, 181쪽.)

14 Heinz Kohut, *Heilung des Selbst*, von Elke vom Scheidt(übers.)(Frankfurt a.M.: Suhrkamp, 1996, 108쪽.); 코헛은 나르시시즘적인 인성의 분석에서 치료적 변화의 계기는 대상애Objektliebe의 증대와 확장, 공감Einfühlung, Empathie, 창조성, 유머와 지혜 등에서 일어날 수 있다고 주장한다.(Heinz Kohut, *Narzißmus*, von Lutz Rosenkötter(übers.)(Frankfurt a.M.: Suhrkamp, 1997, 334쪽 이하.) 그는 자기애적 분노는 건강한 자기, 즉 '응집적 자기cohesive self'의 구축에 실패함으로써, 즉 유아기 발달 과정에서 심리적 산소psychological Oxygen가 되는 자기 대상self object으로서의 부모의 사랑과 공감을 제대로 받지 못한 데서 오는 실패한 인격 구조의 산물이라고 본다. 그에 따르면 부모의 어린아이에 대한 사랑과 공감의 결여는 한 인간이 성숙하는 데 필요한 심리적 자원을 박탈하며, 이로써 한 인간이 성인이 되어서도 끊임없이 자기 대상을 찾아 방황하는 자기애적 성격 장애가 나타난다고 본다. 그에게 건강한 자기란 충분한 심리적 산소를 공급받고 자라면서 자신과 타인, 세계를 긍정하고 그 안에서 공감적·창의적 표현을 할 수 있는 건강한 관계성을 가진 인간이다.

심하며 타자나 자기와 맺는 관계에 미숙하게 대응한다. 속도, 유동성, 산만, 조급성, 방향 상실, 불안, 자기애적 몰입, 현실적 외부 세계에 대한 관계 상실, 무력감, 분노, 공격성 등은 우리 시대를 표현하는 어휘들이다. 지금까지 우리는 성과 관리를 통해 물질적 풍요를 얻었으나 더불어 삶의 피로와 불안에 시달리고, 정보화 사회 속에서 자유로운 정보 놀이의 주체가 되면서 나르시시즘의 문화를 낳고 있는 현실을 살펴보았다. 20세기 후반 정보화 사회라는 새로운 문명의 패러다임이 등장하면서 사회적·정치경제적 시스템이나 삶의 준거틀, 인간관계의 방식 등 많은 것이 변했다. 이러한 시대 변화 속에서 우리는 자신의 문제를 어떻게 해결할 것인가? 이는 우리 영혼을 보살피는 일, 즉 마음의 치유와도 밀접하게 연관되어 있다.

3. 영혼의 보살핌과 사색적 삶

앞에서 우리는 근대 이후 인간이 성과와 성공을 지향하며 일(노동)하는 존재로 전락하여 계속해서 소진되고 있고, 정보화 시대에 속도 경쟁과 유목적 이동의 자유로움을 누리는 대신 나르시시즘의 문화 속에서 삶의 중심을 잃어버리고 공격성과 분노의 상태에 빠지게 된다는 것을 살펴보았다.

오늘날 현대사회의 문제 가운데 하나는 사람들이 자신의 영혼에 대해 관심을 갖지 않는다는 것이다. 무어는 현대인의 가장 큰 병폐가 '영혼의 상실'이라고 말하며, 우리가 영혼에 대한 관심뿐만 아니라 영혼에 대한 지혜도 잃어버렸다고 말한다. "우리의 모든 문제를 포함하고 있으며 개인적으로나 사회적으로 우리에게 영향을 주는 20세기의 큰 병폐는 '영혼의 상실'이다. (……) 이는 증후적으로 강박, 중독, 폭력, 의미의 상실로 나타난다. 우리의 유혹은 이러한 증상들을 제거하거나 이러한 것들을 하나씩 근절하려고 노력하는 것이다. 그러나 근원적 문제는 우리가 영혼에 관한 지혜를 상실했다는 점이며, 이에 대한 관심마저 잃어버렸다는 점이다."[15] 오늘날 우리에게 필요한 것은 우리 자신의 영혼을 보살피는 일이며, 이는 곧 "영혼의 치유cura animarum"를 지향하는 일이다. 라틴어 '쿠라cura'에는 본래 '집중', '헌신', '살림살이', '몸을 흠모하는 것', '치유', '관리', '염려', '신을 경배하는 것' 등 다양한 의미가 있다. 영혼을 치유하고 회복하는 것은 영혼의 살림살이를 통해 일상의 삶을 건강하고 성숙하게 유지하는 것이다. 이는 영혼을 '보살피는 일care' 임과 동시에 삶의 의미를 '충전하는 것charge'을 의미한다.[16]

우리는 어떻게 자기 자신의 영혼을 보살피고 삶의 의미를 충전시킬 것인가? 불안, 조급함, 부산함, 피로, 소진, 무력감, 우울, 분노, 공격성 등을 어떻게 해소해야 하는가? 오늘날 우리의 영혼을 회복하거나 마음을 치유하기 위해 필요한 것은 무엇일까? 니체는 '사색적 삶vita contemplativa'에서 대안을 찾는데, 나 역시 이것이 현대사회의 문제를 해결하는 하나의 실마리가 될 수 있다고 생각한다. 책을 읽지 않는 시대, 건강과 장수長壽, 맛집 탐방이 삶의 목표가 된 시대, 더 이상 깊은 생각을

---

15 Thomas Moore, *Care of the Soul*, xi.
16 같은 책, xiv.

하지 않으며 인내와 기다림의 미덕이 없어진 시대, 분노와 공격성의 분출이 일상이 된 시대, 사람들은 이제 아무런 향기도 없는 무의미한 삶을 살고 있지는 않은지 자문할 필요가 있다. 니체는 이런 관점에서 문제를 제기한다.

> 활동적인 사람들의 주요 결점──활동적인 사람들에게는 흔히 고차적인 활동이 부족하다. 개인적 활동이 없다는 말이다. 그들은 관리로서, 상인으로서, 학자로서, 즉 일정한 부류의 존재로서 활동하지만, 아주 특별한 개별적이고 유일한 인간으로서 활동하지 않는다. 이러한 관점에서 볼 때 그들은 게으르다. (……) 활동적인 사람들은 돌이 구르듯 기계의 원리 같은 우둔함에 따라 구른다.──모든 인간은 모든 시대가 그랬듯이 지금도 노예와 자유인으로 나뉜다. 왜냐하면 하루 시간의 3분의 2를 자기를 위해 쓰지 않는 사람은 노예이기 때문이다.[17]

노동 중심의 활동에는 창의성도 열정도 휴머니즘 사고도 끼어들 여지가 없다. 사회적 성과와 양적 평가 기준에 따라 노동하며 사는 사람은 시대의 노예가 된 것이다. 가족도 자기 자신도 인간적인 삶의 목표도 없이 조직사회의 한 구성원으로서만 살아가는 사람은 노동의 노예가 된 것이다. 직장에서 일하며 어느 사이 자기 일자리가 없어지고 또 다른 사람에 의해 대체되는 존재로 살아가는 것은 현대인의 운명과 같다. 사회나 조직 집단의 정해진 명령에 따라 일을 수행하며 영혼 없이 살아가

---

17 Friedrich Nietzsche, MA I, 283, KSA 2, 231쪽.

는 인간이 창의적·고차적 활동을 하기는 어렵다. 창의적으로 사고하고 살아가기 위해서는 명상과 사색이 필요하다.

> 사색적 삶이 뒤로 물러서고 때로 멸시받는데 이는 아마 우리 시대의 장점이 될 수도 있다. 그러나 우리 시대에는 위대한 도덕주의자가 부족하고, 파스칼, 에픽테토스, 세네카, 플루타르코스의 저작이 거의 읽히지 않으며, 노동과 근면이—게다가 건강이라는 위대한 여신에 뒤따라오는—종종 질병처럼 날뛰는 것처럼 보이는데, 이를 인정해야 한다. 사색하는 시간과 사색의 평온함이 없기 때문에, 사람들은 궤도를 벗어난 의견을 더 이상 숙고하지 않는다. 그들은 그런 견해를 싫어하는 것으로 만족한다. 삶이 엄청난 속도로 진행되고 있기에 정신과 눈은 어중간하게 또는 그릇되게 보거나 판단하는 데 익숙해지고, 모든 사람은 기차 여행을 하며 그 나라와 국민을 알게 되는 여행자와 비슷해진다.[18]

니체는 고요하게 자신의 내면을 성찰하는 명상적이고 사색적인 삶('비타 콘템플라티바vita contemplativa')을 복원해야 한다고 말한다. 여기서 사색적 삶이란 파스칼이나 세네카의 저작 같은 고전을 읽는 데서 시작되기도 한다. 이는 사색의 시간 속에서 삶에 대해 성찰하고 다양한 의견을 숙고하는 삶의 의미 공간(관점과 의미의 넓이, 높이, 깊이)을 확장하는 사유 능력을 고양시키는 삶을 의미한다. 이는 불안한 시선으로 판단하고 빠른 속도로 이동하는 조급한 여행자의 임시방편의 삶이 아니라 행

---

18 Friedrich Nietzsche, MA I, 282, KSA 2, 230~231쪽.

동을 멈추고 머뭇거리며 기다리고 자제하며 다른 세계를 바라보며 숙고하는 사유의 공간을 배려하는 삶이기도 하다.[19]

사색의 공간은 '한가로움Musse'을 복원함으로써 열릴 수 있다. 니체는 "(……) 한가함과 무위는 고상한 것이다"라고 강변한다.[20] 독일어 '무세Musse'는 틈, 여가, 마음 편함, 안락 등을 뜻하며 한가함과 연관돼 있다. '밋 무세mit Muße'란 '한가함을 지닌', '한가로움으로'라는 뜻인데, 이는 일상어에서는 '시간을 충분히 잡고', '천천히'라는 뜻으로 사용된다. '한가로움'은 마음 편하게 천천히 가는 삶의 발걸음을 말한다. 이는 타자나 세계의 관계에서 다른 시선을 용인하고 멈추어 설 수 있는 자제自制의 폭넓은 사유 공간이기도 하다. 한가로움은 할 일 없이 무위도식하는 부랑자의 가벼운 발걸음이나 태도가 결코 아니다. '한가롭게 걷는다는 것Müssiggehen'은 천천히 두루 살피는 성찰의 능력을 갖춘 심사숙고의 절도와 여유로움에서 오는 진중한 산행의 발걸음이다. '한가로운 사람der müssige Mensch'은 무위도식하며 게으르고 나태하게 사는 사람이 아니라 조급함에 저항하고 영혼의 살림살이를 통해 성숙한 삶의 태도와 존재의 중력을 획득한 사람이다. 사색의 삶은 한가롭게 걸을 때 생겨날 수 있다. 한가롭게 걷는 사람은 천천히 곱씹으면서 책의 공간을 걷고, 성찰하는 시선으로 세계를 두루 살피며 타자와의 관계 공간을 산보하고, 머

---

19 한병철 역시 활동적 삶의 과잉에 빠진 현대인들이 왜 사색적 삶의 방식으로 건너가야 하는지를 설명하며 이를 강조한다. 그에 따르면 사색적 삶의 방식은 '머뭇거림', '느긋함', '수줍음', '기다림', '자제'이며(한병철, 《시간의 향기》, 139쪽.), 여기에서 행동하는 주체는 동작을 멈추면서 그 머뭇거림의 순간에 행동의 결단 앞에 펼쳐져 있는 측량할 수 없이 넓은 공간을 지각한다.(같은 책, 168쪽.)

20 Friedrich Nietzsche, MA I, 284, KSA 2, 232쪽.

뭇거리고 멈추어 서고 다시 잰 발걸음을 옮기는 가운데 절제된 언어로 자신을 표현하는 존재의 무게와 리듬을 지닌다. 인문학적 사유는 한가로움을 복원할 때 이루어지며, 성찰적·사색적 삶은 천천히 걸을 수 있는 삶의 공간이 마련될 때 건강한 자신을 찾는 일로 연결된다.

4. 영혼의 훈련

성찰적·사색적 삶은 왜 필요한 것일까? 속도 경쟁의 시대에 한가로움의 걸음걸이가 과연 허용될 수 있는 것일까? 우리의 삶에서 빼놓을 수 없는 중요한 가치는 무엇일까? 경쟁과 가속도의 문명 속에서 사람들은 그에 적응하기 위해 모두 스프린터sprinter가 되어야만 하는 것일까? 성과와 속도 속에 살면서 우리가 잃어버린 것은 무엇일까? 인간답게 살기 위해 우리가 해야만 하는 일은 무엇일까? 니체는 부산한 활동의 가치가 과대평가되는 시대에 우리가 찾아야 할 삶의 태도를 '사색적 삶'이라고 보았다. 이것은 영혼의 훈련, 즉 정신 근육을 기르는 일에서 시작된다. 스토아학파와 니체, 푸코 등에 기초해 '삶의 기예Lebenskunst'의 철학을 주창하고 있는 독일의 철학자 빌헬름 슈미트Wilhelm Schmid 역시 21세기에는 '의식적으로 이끌어가는 삶das bewußt geführte Leben'의 태도와 '자기를 강화하는 일Selbstmächtigkeit'이 더욱 중요해진다고 역설한다.[21] 영

---

21 삶의 기예에 대한 논의로는, Wilhelm Schmid, *Philosophie der Lebenskunst*(Frankfurt a.M.: Suhrkamp, 1998). ; Wilhelm Schmid, "Die Wiederentdeckung der Lebenskunst", Wilhelm Schmid(Hrsg.), *Leben und Lebenskunst am Beginn des 21. Jahrhundert*(München: Wilhelm Fink Ver-

혼의 치료술을 제공한 고대 스토아철학자 세네카 역시 몸이 지치면 내면의 고요하고 온화한 기운이 모두 소진되고 날카로움만 남게 된다고 보았다. 피로, 소진, 불안 등은 신경쇠약을 낳고 인간을 날카롭고 예민하게 하며 과민반응을 일으킨다는 것이다. 그에 따르면 상처가 있으면 누가 스치기만 해도, 혹은 스친다는 생각만 해도 아프듯이 마음이 약해지면 사소한 일에도 상처받는다.[22]

정신의 근육이 없으면 삶의 무게를 짊어지거나 견딜 수 없고 허약해지고 불안해진다. 따라서 세네카는 마음을 다스리기 위해서는 자신의 능력을 벗어나는 과중한 업무로 마음이 이리저리 흔들리거나 지치면 안 된다고 보았다.[23] 과잉 활동은 우리가 삶에서 놓쳐서는 안 되는 것, 중요한 가치를 방기하게 하고, 우리를 지치고 불안하고 과민하게 만들며, 정신적 염증을 일으켜 삶을 무기력하게 만들 뿐만 아니라 분노와 공격성을 드러내게 한다. 과잉 활동이 빚어낸 지친 마음과 세계에 대한 과민반응인 분노와 공격에 대해 그는 이렇게 표현한다. "자신의 허약함과 과민함을 알고 있는 사람이 화를 통해 자신의 무기력함과 지친 마음을 드러내는 것이다. 마치 병들어 염증으로 뒤덮인 몸이 누가 살짝 스치기만 해도 신음 소리를 내는 것과 마찬가지다."[24] 오늘날 많은 사람들이 지치고 피로에 젖은 상태에서 분노와 공격성이라는 과민반응을 드러내는 것은 아닌지 생각해볼 일이다.

---

lag, 2005), 13~24쪽 참조할 것.
22 루키우스 안나이우스 세네카, 《화에 대하여》, 김경숙 옮김(사이, 2013), 217~178쪽.
23 같은 책, 171쪽.
24 같은 책, 74쪽.

자기 존재의 허약함이나 정신적 염증, 무기력, 분노, 공격성을 어떻게 치유할 것인가? 내면 세계를 보살피고 충일한 삶을 경험하기 위해 우리가 해야 할 일은 무엇인가? 첫째, 영혼을 보살피는 일은 '정신의 근육 훈련'에서 시작된다. 이는 사태를 정확히 읽는 감수성과 예민한 판단력을 가지고 비판적으로 생각하는 사고 훈련이자 자신의 생각에 대한 성찰, 즉 사고의 사고 훈련이다. 우리의 영혼이 깨어 있지 않으면 자신의 생각에 거리를 둘 수 있는, 즉 잠시 멈추어 서서 이를 바라볼 수 있는 거리를 두는 능력Pathos der Distanz이 없어지게 된다. 정신(사고) 훈련은 사태를 다양한 의미의 색조로 바라볼 수 있는 통찰 능력이자 해석 능력에서 비롯된다. 이는 외부 세계에서 일어나는 사건이나 사태뿐만 아니라 자기 자신에게서 일어나는 감정이나 생각을 멈추어 바라볼 수 있는 정신적 여유나 공간이 있어야 가능하다. 자신의 생각에 대해 다시 한 번 생각할 수 있는 사고 능력이 있어야, 즉 정신적 근육이 있어야 우리는 깨어 있는 삶을 살 수 있다. 허약하고 피로에 지친 정신으로는 건강하게 깨어 있을 수가 없다. 이는 삶의 시련, 고난, 고통을 바라보면서, 자신의 내면에서 일어나는 긴장과 부정적 마음을 있는 그대로 읽어내고 이를 성숙한 의식으로 재해석하려는 노력이기도 하다.[25] 우리가 깨어 있다는

---

25 니체는 삶의 고통과 영혼의 훈련이 연관되어 있다고 보았다. 이 훈련에는 삶에 대한 이해와 해석 능력이 들어 있다. "고통의, **엄청난** 고통의 훈련――오직 이러한 훈련만이 지금까지 인간의 모든 향상을 이루어왔다는 사실을 그대들은 알지 못하는가? 영혼의 힘을 길러주는 불행에 있는 저 영혼의 긴장, 위대한 몰락을 바라볼 때의 영혼의 전율, 불행을 짊어지고 감내하고 해석하고 이용하는 영혼의 독창성과 용기, 그리고 언젠가 깊이, 비밀, 가면, 정신, 간계, 위대함에서 영혼에 보내진 것:――이것은 고통을 통해, 엄청난 고통의 훈련을 통해 영혼에 보내진 것이 아닌가?"(프리드리히 니체, 《선악의 저편·도덕의 계보》, 210쪽.) 세계를 우리가 읽어야 할 '텍스트'로 보며 니체의 글에서 텍스트의 의미 해석과 삶의 치료를 연관시켜 논의한 글로, 김정현, 《철학과 마음의 치유》,

것은 세계와 자신의 관계를 건강하게 유지하며 세계와 자신 사이에서 빚어지는 불균형에 저항하는 정신적 힘이나 통찰의 공간을 가지고 있다는 것을 말한다. "인간을 둘러싼 거리와 말하자면 공간은 인간의 정신적 시선과 통찰의 힘과 함께 넓어진다. 인간의 세계는 더욱 깊어지고 언제나 새로운 별이, 새로운 수수께끼와 형상들이 시야에 들어오게 된다."[26] 인문학이나 철학의 훈련은 영혼이 깨어 있도록 새로운 사고 습관을 들이는 노력이다. 소진의 시대, 피로와 분노 사회에서 인문학이 필요한 이유가 바로 여기에 있다.

둘째, 사고의 성찰뿐만 아니라 '일상의 성찰'이 필요하다. 일상의 성찰법은 로마의 철학자 퀸투스 섹스티우스Quintus Sextius가 사용한 방법으로 매일 마음을 점검하고 다스리는 훈련이다. 사회생활을 하면서 말이나 행동을 통해 오해가 생기기도 하고 분쟁이나 미움이 생기기도 하는데, 그는 자신의 영혼을 관리하는 방법으로 일상을 꼼꼼히 들여다보는 습관, 즉 자기 성찰의 습관이 필요하다고 말한다.[27] 현대 독일의 철학적 심리치료사 루츠 폰 베르더Lutz von Werder의 '창조적 자서전 글쓰기'도 일상과 삶의 이야기를 글로 정리함으로써 자기 만남이나 자기 대화를 생산적 방식으로 이끌어낸다는 점에서 철학적 마음 훈련이라고 할 수 있을 것이다.[28] 원불교에서 말하는 마음일기, 즉 어떤 일을 당해 마음을 운용하고 몸을 처신한 일〔운심처신運心處身〕과 일상에서 얻은 느낌이나

190~224쪽 참조할 것.
26 프리드리히 니체, 《선악의 저편 · 도덕의 계보》, 93~94쪽.
27 루키우스 안나이우스 세네카, 《화에 대하여》, 235쪽.
28 루츠 폰 베르더 · 바바라 슐테-슈타이니케, 《교양인이 되기 위한 즐거운 글쓰기》, 김동희 옮김 (들녘, 2004) 참조할 것.

깨침〔감각감상感覺感想〕을 적으면서 성찰하는 일도 상대에 대한 열등감이나 피해 의식에 침잠하는 것이 아니라 자존감을 되찾고 감사하는 생활을 이끌어내는 마음 공부의 하나이다.

셋째, 영혼의 훈련은 '내려놓음Gelassenheit'의 훈련이기도 하다. 누구든 세상 모든 것을 갖고 내 마음대로 통제할 수는 없다. 모든 것을 내 뜻대로 통제하려는 생각은 강박을 낳고 분노를 생산한다. 세상사가 마음대로 되지 않을 때 사람들은 불안해하며 분노가 치밀고 공격적이 된다. 내려놓음은 내가 할 수 있는 것과 할 수 없는 것, 내게 중요한 것과 가치가 덜한 것을 구별하는 마음에서 비롯된다. 내 삶에 덜 중요한 것을 내려놓으면 가치 있고 의미 있는 것을 선택할 수 있는 새로운 계기와 만난다. 우리에게 사리 분별이 필요한 이유, 인생관과 가치관을 정립해야 하는 이유가 바로 여기에 있다. 영혼의 훈련이 없으면 이를 볼 수 있는 통찰력도, 중요치 않은 것을 내려놓는 마음의 능력도, 내 삶을 의미 있게 만드는 실천 능력도 생겨나지 않는다. 더욱이 마음에서 '내려놓기'가 제대로 되지 않을 때 우리는 자신의 욕망과 전쟁을 하며 살아간다. 현대인에게 많이 나타나는 심리적 반응인 화가 바로 그것이다. 세네카의 영혼 치료 가운데 화에 대한 처방은 현대인이 귀담아들어야 할 점이 무척이나 많다.[29] 성공, 성과, 타인의 인정 등이 아니라 우리 삶에서 중요하고

---

29 세네카는 화에 대해 다음 세 가지 관점에서 이야기한다. 첫째, 가장 중요한 것이 화를 내지 않는 것이다. 손해 본다는 느낌이 들어도 매사 시시콜콜 파고들지 말고 흘려보내고, 더러는 무시하거나 웃어넘기고 용서하라는 것이다. 둘째, 화가 났어도 더 이상 나가지 않고 멈추는 것이다. 근거 없는 의심으로 불만거리를 생산하지 말고 사태를 들여다보며 판단을 유예하고, 자신과 싸우며, 자신의 생각과 마음자리를 전체적으로 돌아보라는 것이다. 셋째, 다른 사람의 화를 치유하는 것인데, 이는 다른 사람이 상대방의 관점에서 사태를 볼 수 있도록 시간을 주는 것이다.(루키우스 안나이우스 세네카,《화에 대하여》, 180~243쪽.) ; 세네카의 분노 문제를 영혼 치료의 관점에서 분석한

가치 있는 것에 의미를 더 부여하는 것은 욕심을 내려놓고 세계에 의미를 부여할 수 있는 인문학적 성찰 능력이나 해석 능력에서 비롯되며 마음의 평정을 찾는 길이기도 하다.

넷째, 영혼의 훈련 가운데 중요한 것은 '생각 바꾸기Umdenken'라는 사고 훈련이다. 생각 바꾸기는 익숙한 사고와 행위에서 벗어나 새로운 시각으로 우리의 삶이나 삶의 사태를 바라보는 데서 생겨난다. 생각을 바꾼다는 것은 '달리 생각하기Andersdenken'의 훈련이기도 하다. 이는 어떤 사태뿐만 아니라 그 사태의 이면도 섬세하게 살피면서 사태를 달리 해석하고Umdeutung, 문제를 해결하는 긍정적이고 창의적인 해결의 실마리를 찾는 것이다. 미국의 철학자 루 매리노프Lou Marinoff는 일상에서 일어나는 문제 상황을 다른 방식으로 해석하고 마음의 평정을 찾는 철학 상담의 실천적 방법(PEACE 방법)을 제시하고 있다.[30] 앨버트 엘리스 Albert Ellis의 합리적 정서행동 치료Rational Emotive-Behavior Therapy(REBT) 역시 자신의 생각을 비판적으로 검토함으로써, 즉 비합리적 신념을 논박함으로써 사고방식이나 비합리적 신념에 의해 좌우되는 분노, 불안, 우울 등의 감정을 소멸시키는 방법이다. 분노를 극복하는 방법으로 자기 도취나 과대망상증에 대한 반격, 인간에 대한 자유로운 태도 유지, 인간에 대한 가치 자각, 열등감 극복, 타인과의 관계를 고려하기, 의연함 훈련하기 같은 방법이 있다.[31] 철학 상담이나 철학적 심리치료 영역에서

글로는, 손병석, 《고대 희랍·로마의 분노론》(바다출판사, 2013), 428~482쪽 참조할 것.

30 Lou Marinoff, *Plato, not prozac!: applying eternal wisdom to everyday problems*(New York: HarperCollins Publishers Inc., 1999〔루 매리노프, 《철학으로 마음의 병을 치료한다》, 이종인 옮김(해냄, 2000)〕.)

31 REBT의 불안이나 분노의 조절 방법으로, 앨버트 엘리스, 《불안과의 싸움》, 정경주 옮김(북섬,

활용되는 비판적 사고 훈련이나 다른 시선으로 바라보고 좋은 해석을 이끌어내는 해석학적인 방법은 전통적인 철학적 사고 훈련의 현대적 변용이자 응용이라 할 수 있다.

다섯째, 사회관계로부터 분리되어 점차 원자화되고 개인주의화되는 현대의 삶에서 마음을 관리하는 방법 중 하나는 심리적 조력자 집단 혹은 인문학적 소양을 키우는 집단을 형성하고 사람들을 만나는 것이다. 현대사회에서는 개인의 사적인 문제나 고통을 풀어줄 수 있는 사람이나 전문가를 만나기가 쉽지 않다. 철학카페나 인문학적 소양 공부를 하는 모임에 참석해 자기 문제를 내놓고 집단적 대화를 하거나 삶의 문제에 대한 인문학적 소양 공부를 하는 것도 마음을 관리하고 삶을 건강하게 경영하는 데 큰 역할을 할 수 있다. 영혼을 훈련하는 데는 정신의 근육을 기르는 정신 체력 운동과 일상의 성찰, 내려놓기, 생각 바꾸기 등 다양한 방법이 있다. 또 철학 고전을 읽어 도움을 받기도 하고 '철학하기Philosophieren' 훈련 혹은 철학카페나 인문학적 소양 공부를 하는 소규모 집단의 모임을 통해서도 소기의 목적을 달성할 수 있을 것이다. 이 모든 것은 자신의 영혼에 대한 근본적 관심, 즉 건강하고 깨어 있는 삶을 살고자 하는 의지에서 비롯된다. 의지가 허약하고 정신이 나약하면 삶의 고통에서 벗어나기 어렵다. 충일한 삶, 건강한 삶을 살기 위해 우리는 정신의 근육을 강화하고 마음을 잘 관리하는 능동적 노력을 할 필요가 있다.

2009) ; 알버트 엘리스, 《화가 날 때 읽는 책》, 홍경자 · 김선남 옮김(학지사, 2002) 등이 있다.

5. 깨어 있는 정신으로 살아가기

오늘날 사회에는 물질적 풍요와 더불어 불안과 피로, 무력감과 소진의 느낌이 공존한다. 새로 등장한 정보화 사회에도 속도 경쟁이 벌어지고 언제 어디서나 동시에 편재하며 접속할 수 있는 유비쿼터스ubiquitous적 정보 접속의 가능성이 있지만, 우리 이웃이기도 한 타자에 대한 무관심과 사이버 세계로의 자기 몰입 현상이 존재한다. 오늘날 우리는 이러한 두 사회가 중첩된 이중 우주 속에서 유영하며 살고 있다. 문명의 빛과 그림자가 중첩된 우리 사회는 더 많은 일을 하거나 더 빠르게 움직일 것을 요구하고 우리는 불안과 피로를 느끼며 전자매체에 자기중심적으로 몰두함으로써 사색의 정신 공간을 점차 잃어가고 있다.

이러한 시대에 우리가 포기할 수 없는 것은 "인간적 가치란 무엇인가?", "인간 삶의 의미는 어디에 있는가?", "나는 어떻게 살 것인가?", "나는 누구인가?" 등과 같은 인문학적 물음일 것이다. 이러한 물음과 답변은 영혼의 보살핌이나 마음 공부에서 시작되며, 성과나 정량적 지표를 앞세워 닦달하는 부박浮薄한 시대에 자기 진실성의 의미를 찾으려는, 즉 휴머니즘적 가치를 지키려는 노력을 통해 얻을 수 있다. 테일러는 불안한 현대사회에서 "우리가 해야 하는 것은 자기 진실성의 의미를 얻으려는 투쟁이다"[32]라고 말하는데, 이를 통해 우리는 자기 삶을 책임지려는 태도로 좀더 충만하고 차별화된 삶을 살 수 있다. 자기 진실성의 의미를 얻기 위해, 성과 사회가 가져다준 불안과 소진 상태에 빠지지

---

32 찰스 테일러, 《불안한 현대사회》, 96쪽.

않기 위해, 전자매체의 속도가 가져다준 유동적 사이버공간에서 부유浮遊하지 않기 위해 우리는 내면에 사색의 공간을 만들 필요가 있다. 이는 자신과 타자의 세계를 연결해주는 성찰의 공간이며 인간과 정보 사회를 건강하게 연결해주는 의미의 공간이다. 또 머뭇거리며 인간적 가치를 숙고하는 여유 있는 마음의 공간이며 천천히 숙고하며 걷는 영혼의 산행이다. 자신의 영혼에 관심이 없고 인류가 쌓아온 영혼의 지혜를 공부하려 들지 않는 오늘날 영혼에 대한 관심과 보살핌은 자신의 삶을 건강하게 유지하는 삶의 관리술이며 인간의 가치를 회복하는 치유술이기도 하다.

영혼의 보살핌은 코헛의 용어로 표현하자면 우리가 건강하게 살기 위한 '심리적 산소' 같은 것이다. 건강한 신체를 유지하기 위해서는 눈에 보이지 않는 산소가 바탕이 되어야 하듯이, 인간이 삶을 건강하게 유지하기 위해서는 정신적 산소가 풍부해야만 한다. 이 정신적 산소는 자연의 공기와 달리 무한히 제공되는 것이 아니라 자가 생산autopoiesis해야 하는 인문학적 자원이며 영혼의 보살핌과 마음의 관리를 통해 더욱 풍부해지는 인간적 가치의 자원이다. 밀란 쿤데라Milan Kundera가 표현하고 있듯이 단순히 '참을 수 없는 존재의 가벼움'에 허청대는 게 아니라 '기우뚱거리는 존재의 중심'을 잡으며 좋은 삶을 살아가기 위해서는 내면에서 정신적 산소에 해당하는 영혼의 자원을 마련해야 할 것이다. 정신적 산소를 호흡하며 영혼의 훈련을 통해 정신적 근육을 만든 사람만이 삶을 폭넓게 바라보고 긍정적으로 해석하며 의미 있게 살아갈 수 있을 것이다. 우리가 살아가는 '여기 현재'를 직시하며 의식적으로 깨어 있는 사람만이 시대의 격랑에 휩쓸리지 않고 삶의 균형과 존재의 중심을 지키며 살아갈 수 있다. '활동하는 삶'에서 '사색하는 삶'으로 방향을 전환해야 하는 시대에 우리는 현재 불안하게 서성거리고 있다. 이 시대의 경계에서 이제 우리는 자기 자신에게 말을 걸어보아야 한다. 시대와 문명의 흐름을 직시하되 존재의 불안과 소진의 진공에 빠지지 않고 건강한 인간적 가치를 유지하려고 노력해야 하지 않을까? 이 정신적 산소를 호흡하며 깨어 있을 때 우리는 소진의 시대에 불안하게 서성거리지 않고 건강하게 살아갈 수 있을 것이다.

제5장

현대사회, 죽음을 어떻게 이해해야 하는가
— 현대인과 죽음의 문제

1. 시대적 이슈가 된 죽음의 문제

우리는 어떤 시대에 살고 있는 것일까? 현대사회에서 죽음은 우리에게 어떤 의미가 있는 것일까? 일상에서 매일 체험하며 누구도 피해갈 수 없는 인간의 운명인 죽음을 오늘날 심각하게 논의해야 할 이유는 무엇인가? 왜 현대에서 삶이 아니라 죽음이 문제가 되는 것일까? 죽음이란 단지 침울한 인간 삶의 부정적 사건인가? 우리는 죽음을 어떻게 받아들여야 하는가? 죽음에 대한 성찰은 삶에 어떤 역할을 하는 것일까? 건강한 사회를 위한 성숙한 '죽음의 문화'란 왜 필요한 것일까?

이러한 많은 물음은 우리 시대나 삶의 방식이 변했다는 사실과 밀접하게 연관되어 있다. 21세기 들어 인터넷이나 이동통신, 운송수단의 발달로 세계가 하나로 묶이고 세계화가 진행되었으며, 지구촌의 문제를 공유하는 지구 문명의 틀이 나타나기 시작했다. 대중매체의 발달로

석판화 〈생명의 식물〉 (2016)
'우치úzi'는 수메르의 설형문자로 '생명의 식물'이라는 의미이다. 왼쪽부터 읽는데, 우ú는 식물을,
치zi는 생명을 뜻하며, 우치는 늙은이가 젊은이가 되는 식물, 즉 불로초를 의미한다. 이는 《길가메
쉬 서사시》에 나오는 것으로 길가메쉬가 항해하던 중 지친 상태에서 찾은 생명의 식물이다. 그러나
그가 샘에서 휴식하던 중 뱀이 이것을 몰래 가지고 달아나는데, 뱀은 창조주 엔키enki의 상징으로
도 읽힌다. 엔키는 인간에게 삶의 지혜를 주었으나 영생을 줄 의도가 없었던 것이다. (김산해, 《최초
의 신화 길가메쉬 서사시》, 310쪽 이하 참조.)
삶과 죽음의 문제는 인간의 가장 본질적인 문제로 괴테의 《파우스트》에서 파우스트가 메피스토펠
레스에게 자신의 영혼을 대가로 젊은이로 되돌아가는 것도 바로 영원한 생명을 얻기 위한 것이다.
오직 삶과 욕망만을 추구하며 점차 죽음으로부터 소외되고 있는 현대인은 내가 어떻게 살아가고 죽
을지에 대해, 즉 죽음과 깨어 있는 삶이 무엇인지에 대해 깊게 성찰할 필요가 있다.

인한 커뮤니케이션 방식의 변화뿐만 아니라 경제적 무한 경쟁 체제로서의 신자유주의나 벡이 지적하고 있듯이 환경 위기의 세계화도 지구촌의 변화를 나타내는 현상들 가운데 하나이다. 그러나 세계화가 진행되며 양산되는 부작용도 적지 않다. 세계 여러 나라에서 나타난 외환위기와 금융위기, 9·11테러와 이슬람권 국가와의 전쟁 등 여러 사태들은 현대 지구촌 문명을 혼란에 빠뜨리고 있다. 특히 한국은 외환위기 이후 글로벌화를 추진하며 효율성, 무한 경쟁, 속도, 시장경제 원리 등을 더욱 맹렬히 추구하게 되었다.

이러한 시대 혹은 사회적 분위기 속에서 개인의 삶 역시 사회적 연대의 네트워크가 축소되거나 사라지면서 이기주의로 기울고 고립적이 되고 있으며, 가족 해체, 이혼율 혹은 자살률의 증가 등 사회문제는 더욱 많이 나타나고 있다. 경제위기, 성과 추구, 이기주의, 불안, 가족 해체, 자살 등의 사회현상은 세계 어디서나 관찰되는 현상들이지만 경제성장과 성과 위주의 삶을 살아온 우리에게는 특히 더 큰 사회문제가 되고 있다. '분주함(바쁨)'과 '부산함(안정 상실)', '닦달(몰아세움)'의 성격을 지니고 있는 성과 사회와 피로 사회 속에서 현대인들은 불안과 자신이 누구인지 모르는 '자아신경증'이라는 시대적 질병을 앓고 있다.[1] 가난에서는 어느 정도 벗어났지만 우리는 삶의 의미나 자기 존중감, 자아 정체성에 문제를 보이며, 행복한 삶을 누리지 못하고 있다.

이러한 문제들은 최근 세계 각국을 대상으로 한 '웰빙 지수'와 '죽

---

1 21세기 현대사회의 성격과 불안이라는 현대인의 질병에 대한 논의로는, 김정현, 〈불안의 치유와 소통의 사유 ──'자아신경증'을 중심으로〉, 《범한철학》 제71집, 321~348쪽 참조할 것.

음의 질 지수' 설문 평가에서도 잘 나타난다. 최근 미국에서 세계 135개 국을 대상으로 '삶의 목표', '사회관계', '경제 상황', '건강과 의욕', '공동체 안전·자부심' 등 다섯 개 항목을 중심으로 한 웰빙 지수를 평가했는데 한국은 75위(만족도 14퍼센트)에 머물렀다. 한국인이 체감하는 웰빙 지수는 필리핀(40위), 태국(44위), 일본(64위), 인도(71위), 이라크(73위) 보다도 낮아서 86퍼센트가 삶의 목표 실현이 힘들다고 대답했다.[2] 한국 사회는 특히 행복을 느끼며 삶의 질을 유지하기 어려운 조건에 있을 뿐만 아니라, 죽음의 질도 제대로 유지하지 못하는 상황, 즉 아름다운 죽음을 맞이할 수 있는 사회적·문화적 풍토가 자리 잡지 못한 것으로 보인다. 어느 정도 먹고는 살지만 우리 사회가 인간답게 살거나 품위 있게 죽는 사회문화적 환경 속에 있다고 보기는 어렵다.

　　서울대학교 의과대학이 여론조사기관 월드리서치와 함께 40세 이상 한국인 500명을 대상으로 '죽음의 질' 조사를 한 결과 49.4점(100점 만점)이 나왔다. 수술도, 항암 치료도 할 수 없는 말기 암 환자들이 적극적 치료를 중단하고 통증 관리를 하며 편안히 마지막 순간을 맞는 호스피스 병상이 전국적으로 2,000개 이상 필요함에도 현재 864개뿐이라고 한다.[3] 이러한 조사는 죽음을 관리하는 사회제도뿐만 아니라 죽음을 맞이하는 개인의 삶에도 많은 문제가 있다는 것을 보여준다. 2010년 영국 이코노미스트연구소EIU가 전 세계 40개국을 대상으로 실시한 '죽음의 질 지수Quality of Death Index' 조사에서 한국은 32위에 그쳤다. 한국의

---

2 《조선일보》 2014년 9월 18일자.
3 《조선일보》 2014년 9월 27일자.

경우 웰빙 지수나 죽음의 질 지수 모두 삶의 질이나 죽음의 질 관리가 상당히 미흡하다는 사실을 보여준다. 현재 인류는 저출산, 고령화, 독신 풍조의 영향으로 고령화사회에서 초고령화사회로 이동하고 있는데, 초고령화사회로 진입하기까지는 프랑스가 115년, 미국이 94년, 일본이 36년 걸리는 반면, 한국은 불과 26년이 걸린다고 한다.[4] 이는 전 세계가 초고령화사회로 나아감과 함께 노인 복지나 죽음의 문제가 심각한 사회문제가 될 것임을 의미한다. 노인 복지뿐만 아니라 죽음의 문제는 이제 우리 시대의 중요한 사회문제가 되었다. 인생을 아름답고 품위 있게 마무리하는 죽음의 질 문제와 성숙한 삶을 유지하기 위한 조건으로서 죽음을 이해하는 문제는 우리 사회에서도 앞으로 중요시될 것이다.

이 글은 안락사나 죽음의 준비, 장례 문화 같은 죽음의 질이나 관리 문제에 초점을 맞추고 있는 것이 아니다. 여기에서는 현대인에게 죽음이란 어떤 의미가 있는지, 삶에 대한 성찰 없는 생존에 대한 집착이나 질주가 우리를 어떻게 죽음에서 소외시키는지 등의 물음을 제기하며 죽음의 이해와 자신의 삶을 성숙하게 이끌어가는 문제가 어떻게 연관되어 있는지를 다루고자 한다. 이 글에서는 먼저 현대사회에서 죽음은 어떻게 이해되고 있는지, 즉 현대인에게 죽음이란 무엇이며, 삶의 방식과 어떻게 연관되는지를 살펴볼 것이다. 둘째로는 톨스토이Lev Nikolayevich Tolstoy의 소설《이반 일리치의 죽음》을 사례로 현대인이 보이는 생존에 대한 집착과 죽음에 대한 무관심 및 죽음에서 소외되는 과정을 다룰 것이다. 셋째로는 죽음에 대한 성찰이 왜 필요하며 이를 통해

---

4 《조선일보》 2013년 11월 4일자.

어떻게 깨어 있는 삶을 영위할 수 있는지를 논의할 것이다. 결론에서는 건강하고 성숙한 사회를 만들기 위해서 죽음을 성찰하는 문화가 필요하다고 주장하려 한다.

2. 현대인의 죽음 그리고 죽음에서 소외되는 현실

현대인에게 죽음은 어떤 의미가 있는가? 현대사회의 개인은 삶과 죽음에 어떤 지위를 부여하는가? 인간의 유한성을 극복하기 위해 실행되는 현대의 다양한 제도는 인간의 삶과 죽음을 어떻게 다루고 있는 것일까? 삶과 죽음, 유한성과 무한성, 무상함과 불멸(영생)은 인간의 생존전략과 어떤 연관이 있는 것일까? 우리는 이러한 물음에 대답하기 위해 먼저 근대 이후 죽음에 대한 철학적 논의에서 시작하여 죽음이 현대인에게 의미하는 바를 논의할 것이다.

서양 고대 철학에서 헤겔에 이르는 고전 형이상학에서 다루었던 주요한 철학적 주제 가운데 하나는 죽음의 문제였는데, 이는 '불멸(영원성)'의 관점에서 고찰된 것으로[5] 영혼, 구원, 영생, 초월, 절대성 등 형이상학적 개념들을 변주해냈다. 그러나 19세기로 들어서면서 자연과 인간을 규정하던 영원이나 불멸, 무한성의 관점이 힘을 잃고 '무상성 Vergänglichkeit'의 관념이 주어지게 되었다.[6] 다윈Charles Darwin의 생물학적

---

5 발터 슐츠, 〈죽음의 문제에 대하여〉, 정동호 외 편, 《죽음의 철학》(청람, 1997), 33쪽.
6 같은 책, 33, 55쪽.

진화론이 나오면서 인간은 유한성을 새로이 자각하게 되었고, 새로 등장한 유물론의 입장은 포이어바흐처럼 인간의 유한성 개념을 토대로 종교의 본질을 규명하고자 했다. 19세기 말에 이르러서 니체는 '극복인Übermensch'사상을 통해 유한성과 무한성, 영원성과 무상성의 갈등을 융합할 수 있는 가능성을 찾았다.[7] 이성을 통해 자아를 발견하고 개인의 해방을 추구하며 행복의 가치를 강조하던 근대적 사유 전략은 인간의 '삶'에서 강한 자아의 활동과 생존의 가치를 추구했지만, 역설적이게도 '죽음'의 자리, 즉 인간이 자신의 유한성을 자각하는 자리를 점차 소멸시켰다. 삶에서 자아와 욕망의 자리가 확장된 대신에 삶을 자신의 죽음 및 유한성과 연관해 바라보는 자기 성찰의 공간은 축소된 것이다. 죽음에 대한 근대의 특징은 자아가 강하고 그 활동이 크면 클수록, 죽음은 더욱 무의미해지는 양상에서 찾을 수 있다.[8] 근대 이후 생존 전략이 강화될수록 죽음의 자리는 소멸되고 인간의 자기 성찰 공간은 협소해지며 개인들은 고립되는 역설이 일어난 것이다. 인간의 욕망과 생존, 안일과 물질적 만족에 대한 욕구는 증대되는 반면, 개인은 더욱 개별화되고 고립되고 고독해지는 생존 방식을 보이는 것이다.

폴란드계 사회사상가인 바우만은 유한과 무한을 연결해줄 근대의 다리가 무너지고 현대에 들어서면서 개인이 방황하며 홀로 소멸해가는 사회현상이 나타난다고 보았다. 그는 인간의 유한성과 무한성을 연결

---

7 들뢰즈는 니체의 극복인을 이중분자구조Doppelhelix처럼 유한성과 무한성이 융합된 새로운 인간상으로 해석한다.(이에 대해서는, Gilles Deleuze, *Foucault*, von H. Kocyba(übers.)(Frankfurt a.M.: Suhrkamp, 1992), 1175~89쪽 참조할 것.)
8 A. Hügl, Artilel "Tod", *Historisches Wörterbuch der Philosophie*, Bd.10, von J. Ritter und K. Gründer(hrsg.)(Basel: Schwabe & Co. AG Verlag, 1998), 1234쪽.

하는 다리에는 업적을 세워 역사에 자신의 이름을 기록하는 '개인이 건너는 다리'와 기억 속에 흔적을 남기지 못해도 무명용사처럼 가족이나 국가와 같은 집합체 속에 덧없는 삶의 지속성을 남기는 '집합적 다리' 이렇게 두 종류의 다리가 있다고 보았다. 그에 따르면 근대에 개인의 유한함과 영원한 가치 간의 쌍방 통행을 위해 건설된 두 개의 대용량 다리들이 현재 무너지고 있다. 전자의 경우 과거의 영웅이나 국가 통치자, 입법가, 영적 통치자, 그리고 시인, 작가, 화가 같은 예술가 대신에 이제 대중가요 스타나 영화배우, 통속소설 작가, 운동선수들이 빠른 속도로 등장했다 사라지고 있고, 후자의 경우 가족이 해체되고 가계 혈통의 정체성이 희미해지고 희석되어가고 있다.[9] 개인의 유한함을 넘어 불멸 혹은 영원한 생명을 얻을 수 있도록 가교 역할을 했던 개별적 존재가 건너는 다리에서 오늘날 대중 스타들은 빠른 속도로 탄생, 소멸, 교체를 반복하며 명멸하고, 가족이나 국가와 같은 집합적 다리에서도 가족 공동체가 무너지고 다원적 사회로 대체되고 있다는 것이다.

현대에는 직장, 자본, 세계, 정체성, 인간관계 등이 모두 유동적이고 따라서 세계는 불안이 가득한 유동적 유영지로 변하게 된다. 그에 따르면 개인이 자유를 느끼며 삶의 확실성을 찾는 대신 머뭇거리는 가운데 불확실한 미래와 유동적 불안정 속에서 이제 "우리는 각자 존재하고 나는 홀로 소멸한다".[10] 그는 현대사회에서 무한과 유한의 쌍방 통행의 교량이 무너지고 개인은 유동적 미래 속에서 불확실성과 불안을 느끼

---

9 지그문트 바우만, 《방황하는 개인들의 사회》, 389~408쪽.
10 같은 책, 77쪽.

며 방황하는 삶을 사는 특징을 보인다고 보았다. 불멸과 영원성이 사라지고 일시적이고 유동적인 관계만을 원하는 시대에 사회 공동체와 가족에게서 안정을 구하며 자기 정체성을 찾던 전통적인 삶의 방식은 더 이상 유효하지 않게 된 것이다. 삶은 더욱 개별화되고 고립되어 우리는 홀로 외롭게 죽어가고 있다.

기능적으로 분화되고 복잡성이 증대된 현대사회에서 죽음은 더 이상 전통 사회에서처럼 가족 구성원 전체가 함께 참여하는 일상적 사건이 아니라 병원이나 양로원으로 들어가 홀로 감내해야 하는 부정적인 사건으로 변하고 있다. 전통 사회에서는 노인, 병자, 죽어가는 이들도 고유한 '사회적 자리'를 가지고 있었던 반면, 기능적으로 분화된 성취 지향적 근대 이후의 사회는 기능적으로 불필요하고 비생산적으로 여겨지는 질병, 노화, 고통, 죽음 같은 현상을 배제하려는 경향을 보인다. 죽음은 이제 개인사이기에 사회적 의미망과 더 이상 유기적으로 연결되지 않는 것으로 간주된다.[11]

노르베르트 엘리아스Norbert Elias는 현대사회에서 개인주의화와 죽음의 체험이 어떻게 밀접한 관계를 맺는지를 분석하며 '죽어가는 자의 고독'을 현대인의 운명으로 묘사한다. 그는 고도로 개인화된 현대사회에서 개인은 그의 삶이 타자의 삶과 연관되며 의미를 가지는 존재가 아니라 개별 존재, 창 없는 단자, 즉 '갇혀 있는 인간Homo Clausus'이라고 말한다.[12] 사회적 의미망이 아닌 개인적·사적 삶의 공간에 갇혀 살아가

---

11 천선영, 《죽음을 살다》(나남, 2012), 172~173쪽.
12 노르베르트 엘리아스, 《죽어가는 자의 고독》, 김수정 옮김(문학동네, 2012), 59쪽.

는 현대인은 죽어가는 과정에서도 주변 세계에서 떼어지고 사회적 소통 가능성을 상실하며 고독 속에 놓이는 것이다. 그에 따르면 현대인의 인성 구조와 현대사회에 만연한 고도의 개인주의에서 나타나는 특징이 외로움과 고독인데, 이러한 외로움과 고립감의 경향은 죽어가는 사람의 인성 구조에서도 그대로 발견된다.[13]

현대사회에서 노인이나 죽어가는 사람은 일상생활의 밖, 즉 양로원이나 (요양)병원으로 옮겨져 홀로 남아, 혹은 낯선 의료인이나 요양사들의 관리를 받으며, 또는 누군가가 주변에 있어도 익명으로 외롭게 죽어가는 것이다.[14] 엘리아스에 따르면 "오늘날처럼 조용하게, 위생적으로, 고독감을 조장하는 사회적 조건 속에서 죽게 되는 것은 역사상 유례없는 일이다".[15] 현대사회에서는 가족과 떨어져 외롭게 홀로 살다가 죽어가거나 결혼하지 않고 혼자 살다가 홀로 죽어가는 '고독사孤獨死'가 늘어가고 있는 것이다. 자아의 활동을 강화하고 욕망과 물질적 가치를 추구하는 현대인은 삶뿐만 아니라 죽음으로부터도 소외되고 있다. 고독 속에서 홀로 소멸해가는 현대인의 고립감은 깊어가고, 죽음은 점차 의미를 잃어간다. 현대인은 죽어가는 과정에서 마치 기능이 다해 폐품 처리되는 물건처럼 사회적 자리를 박탈당한 채로 소멸되어가는 것이다.

---

13 노르베르트 엘리아스, 《죽어가는 자의 고독》, 64쪽.
14 구인회, 〈현대인에게 있어 죽음의 의미와 그 도덕적 문제〉, 《철학탐구》 제16집(중앙철학연구소, 2004), 78쪽.
15 노르베르트 엘리아스, 앞의 책, 92쪽.

3. 타자의 죽음과 죽음의 범속화

닫혀 있는 인간으로서 점점 더 개별화되고 욕망의 사적 영역에 몰입하는 현대인은 고독한 삶을 살아가며 죽음의 과정에서도 외롭게 고립된다. 이는 각 개인의 삶뿐만 아니라 사회관계나 타자의 관계에서도 그대로 일어난다. 현대사회에서 우리가 체험하는 타인의 죽음이란 사회적 환경에서 일어나는 의미 없는 사건일 뿐이다. 죽음이란 '나의 죽음'이 아니라 '타인의 죽음'이며 부정적이거나 의미 없는 물리적 사건이자 사회관계를 유지하고 확인하는 절차나 의례에 불과하다. 우리가 사회생활에서 만나는 죽음이란 많은 경우 평생 한 번 본 적도 이야기를 나눈 적도 없는 고인의 유족을 위로하기 위한 의례에 불과하다. 고인을 추모하는 일보다 문상을 통해 유족과 맺은 사회관계를 확인하고 유지하려는 세속적인 관심에서 비롯된 것이다. 공동체 차원의 죽음을 체험하지 못한 현대인은 타인의 죽음에 관심을 보이지 않게 된다. 현대인은 자신의 삶과 전혀 연관이 없는 익명적 타자의 죽음에 특별한 감정을 느끼지 못하는데, 이를 '죽음의 범속화Banalisierung'라 할 수 있다.[16] 우리에게 반복되는 일상성이나 우리가 체험하는 진부함, 무의미함, 무관심성, 세속성 등은 죽음의 범속화를 이루는 특징들이다.

죽음의 범속화는 죽음에 이르는 현대인이 자신과 타자로부터 이중으로 소외되는 것을 뜻한다. 톨스토이의 소설《이반 일리치의 죽음》은 현대인의 죽음의 과정과 비인간적 태도 및 소외 과정을 잘 보여준다. 소

---

16 천선영,《죽음을 살다》, 71쪽 참조.

설의 주인공 이반 일리치는 평범한 삶을 살다가 마흔다섯에 세상을 하직한 법원 판사로 모범적이고 성실하며 예의 바르고 공사를 구분할 줄 알고 권력을 오용한 적이 없어 존경받는 인물이었다. 소시민적 성공과 행복에 만족하고 사는 평범한 사람이었는데, 어느 날 불치병에 걸려 자신이 소중하게 생각했던 모든 것들, 즉 건강, 사회적 지위, 재산뿐만 아니라 목숨마저 내려놓아야 하는 상황에 처한 것이다. 그는 아무도 이해할 수 없는 고독 속에서 심신의 고통과 죽음에 대한 두려움을 느끼며 지난날의 삶이 얼마나 허무하고 경박한가를 깨닫게 된다. 죽음의 심연을 들여다보며 처음으로 삶의 깊이를 보았기에 그는 죽기 직전 자신의 삶의 가치관이 잘못되었음을 알아차리고 본래의 자기를 되찾게 된다. "항상 똑같았던 삶, 계속되면 될수록 생명이라곤 찾아볼 수 없는 삶. 산에 오른다고 상상했었지. 그런데 사실은 일정한 속도로 산을 내려오고 있었어. 그래, 그랬던 거야. 사회적인 관점에서 볼 때 나는 산에 오르고 있었어. 근데 사실은 정확히 그만큼 내 발아래에서 삶은 멀어져가고 있었던 거야……."[17] 죽음이 임박한 순간 일리치의 고백은 사회적 지위나 재산, 권력과 명예와 같은 세속적 가치 획득이 진정한 삶의 본질이 아니라는 것을 말해준다. 죽음 앞에서 자신의 삶과 과거를 되돌아보는 이반 일리치의 마지막 모습을 통해 톨스토이는 죽음을 앞둔 인간의 불안과 고뇌 그리고 참된 삶의 본질에 대해 질문하고 대답하는 과정을 생생히 묘사한다.

톨스토이는 이반 일리치의 죽어가는 과정을 그려냄으로써 현대를

---

17 레프 톨스토이, 《이반 일리치의 죽음》, 고일 옮김(작가정신, 2014), 108쪽.

살아가는 인간이 삶과 죽음에 대해 갖는 태도를 문제시하고 있다. 이반 일리치의 죽음이 주변에 있는 다른 사람에게는 그저 사물화되어 다가온 것이다. 친한 동료의 죽음을 접하면서 주변 동료들은 자리 이동이나 직위 변동을 생각했고 그들 자신이 망자가 아니라는 사실에 안도감을 느낀다. '나의 죽음'이 아닌 '그의 죽음'은 곧 잊힐 대상에 대한 무의미한 애도일 뿐이었다. 이반 일리치의 죽음은 그 누군가에게 자리 이동이나 승진 혹은 연봉이 오르는 것을 의미할 뿐 나 자신의 유한성이나 삶의 의미를 되돌아볼 수 있는 의미 있는 삶의 사건이 아닌 것이다. 소설《이반 일리치의 죽음》은 현대인이 삶의 내적 가치나 실존적 의미를 망각한 채 생존의 욕망 속에서 삶의 외형만을 추구하며 질주하고 있으며, 오늘날 타인의 죽음에 대한 무관심이 일상화되어 있음을 말해준다. 이는 삶의 자리에 더 이상 죽음의 자리가 없어져버리는 '죽음의 범속화'가 나타나고 있다는 것을 보여준다. 현대인이 일상에서 체험하는 죽음은 내용이 비어 있고 무의미하며 진부한 것이다.

현대인은 혈연이나 유대가 없는 사람의 죽음에 대체로 무관심하다. 이는 현대인의 삶의 중심에서 죽음이 은폐되거나 방기되거나 밀려나고 있음을 뜻한다. 즉 죽음이라는 실존적 과제가 삶의 의미 찾기에서 밖으로 밀려나고 사회가 변화함에 따라 죽음의 실존적 체험 가능성이 방해받고 있으며 어떻게 타자의 죽음을 수용하고 대응할지 모르는 상황에 현대인이 처해 있다는 뜻이다.[18] 특히 오늘날 한국에서 문상하는

---

18 근대사회 이후 죽음이 사회화 과정에서 배제되고 죽음의 체험이 삶에서 멀어지는 과정에 대해서는, 천선영,《죽음을 살다》, 112~115쪽을 참조할 것.

모습은 인간의 죽음이 사회적으로 어떻게 처리되는지를 잘 보여준다. 장례식장에서 조문을 한 이후 우리는 바로 고인의 죽음을 망각한다. 고인이 어떤 삶을 살았고, 어떤 인간관계를 유지했으며, 어떻게 가정을 꾸렸는지, 또 어떻게 죽음의 과정에 이르렀으며, 지인의 삶에 어떤 영향을 주었는지 묻지도 말하지도 않고 형식적인 문상을 한다. 이후 장례식장은 곧 평소 만나지 못한 사람들이 우연히 만나 이야기를 나누며 소식을 전하는 사회적 사교나 담소의 장소가 된다. 죽음의 장소에서 죽은 자는 실종되고 살아 있는 자의 일상적 관심사가 허공을 떠돌아다니는 것이다.

현대사회에서 죽어가는 사람 역시 죽음에서 소외된다. 병원은 점차 중환자의 장기 요양소, 임종지가 되어가고, 죽어가는 사람은 첨단 의료기기에 둘러싸여 마지막 시간을 보내게 된다. 육체적 연명만을 도모하는 의료인들에게 둘러싸여 죽어가는 사람은 마음속으로 죽음을 준비할 기회를 가지지 못하며 작별의 말을 제대로 남기지도 못한 채 죽어간다.[19] 임종 과정뿐만 아니라 장례 과정에서도 의료진이나 상조회사의 결정을 통해 영안실 이용, 문상 준비, 화장 진행, 묘지 장만, 매장 등의 절차가 진행된다. 물론 장례를 치러야 하는 입장에서는 상조회사나 장례식장이라는 제도나 조직의 도움이 요긴하지만 유족은 정해진 절차의 단순한 참여자가 되고 마는 것이다.[20] 현대인은 죽어가는 과정에서 일상의 밖으로 밀려난 채 죽음을 맞이할 뿐만 아니라 고인을 보내는 과정

---

19 알폰스 데켄,《죽음을 어떻게 맞이할 것인가》, 오진탁 옮김(궁리, 2003), 19쪽 참조.
20 최준식,《죽음학 개론》(모시는사람들, 2013), 32쪽.

에서도 능동적 참여자 역할을 하지 못하고, 타인의 죽음에도 무관심한 태도를 보이고 있다. 삶 속에 함께 있는 죽음의 자리가 비어버리고 빈 공간에 현대인은 삶의 욕망과 물질적 가치를 채워놓고 있다. 날이 갈수록 고립되면서 소멸해가는 현대인에게 삶과 죽음에 대한 성찰은 무엇보다 절실해 보인다.

4. 삶과 죽음에 대한 성찰

죽음에 대한 성찰

죽음을 이해하지 못하면 삶의 깊이를 알 수 없고, 자신의 유한성과 한계를 성찰하지 못하면 결코 자신을 넘어설 수 없다. 죽음의 성찰은 삶을 제대로 이해하기 위해서도 필요한 일이다. 우리는 죽음을 어떻게 이해할 수 있고, 일상에서 어떻게 체험할 수 있는 것일까? 우리는 죽음에 대한 불안을 어떻게 극복하고 삶을 긍정적이고 창조적으로 만들 수 있는 것일까? 죽음은 어떤 속성을 지니고 있으며 죽음을 의식한다는 것은 무슨 말일까?

죽음의 특성 가운데 하나는 누구나 죽음 앞에서는 평등하다는 사실이다. 사회적 지위나 권력이 있고 돈이 많다고 해도 죽음을 피해갈 수는 없다. 죽음은 각 인간에게 속해 있는 가장 고유하고 확실하고 건너뛸 수 없으며 대치할 수 없는 성격이 있다.[21] 인간은 각자 자신의 삶을 스스

---

21 하이데거에 따르면 "현존재의 종말로서의 죽음은 현존재의 가장 고유하고, 무연관적이고, 확

로 살아낼 수밖에 없듯이 죽음 역시 마찬가지다. 하이데거가 말하고 있듯이 인간이 '죽음을 향한 존재Sein zum Tode'라는 것은 죽음이 삶의 마지막에 일어나는 물리적 혹은 생물학적 '종말'을 의미하는 게 아니라 삶과 더불어 진행되는 사건임을 시사한다. 삶 속에 죽음이 함께 있기에 우리는 유한성을 받아들이고 자신이 '죽음을 향한 존재'라는 사실을 이해함으로써 죽음을 내면화할 수 있다.

하이데거는《존재와 시간》에서 '죽음을 향해 미리 달려감Vorlaufen zum Tode'이라는 개념을 통해 인간이 자신의 본래적이고 고유한 존재 가능성을 찾을 수 있다고 본 반면, 야스퍼스는 고통, 투쟁, 죄책, 죽음과 같은 한계상황에 직면해 인생의 무상함 너머에 존재하는 실존의 지평을 찾을 수 있다고 생각했다. 내가 본래적 삶을 주체적으로 살아가는 것이 아니라 세상 사람들이 이름 붙인 세속적인 욕망이나 가치 목록에 따라 살아갈 때, 나는 자신에게 소외된 비본래적인 삶을 사는 것이다. 재산과 명예, 권력과 사회적 지위 등은 죽음 앞에서는 한 줌의 재나 다름없는 것임에도 불구하고, 세상 사람들은 자신의 온 생명을 바쳐 이를 추구하며 고통받는 가련한 삶을 살아간다. 하이데거의 '죽음을 향해 미리 달려감'이나 야스퍼스의 '한계상황의 체험' 혹은 '죽음과의 교제'는 세속적 욕망 속에 빠져 비본래적 삶을 추구하는 현대인에게 실존적 삶의 의미를 회복하게 하는 역할을 할 수 있을 것이다. 죽음을 "현존재의 가장 고유한 가능성"[22]으로 보는 하이데거의 입장이나 죽음에 직면해 삶의 깊

실하며, 그 자체로 규정할 수 없으며 건너뛸 수 없는 가능성이다".(Martin Heidegger, *Sein und Zeit*(Tübingen: Max Niemeyer Verlag, 1972), 258~259쪽.)
22 Martin Heidegger, *Sein und Zeit*, 263쪽.

이나 실존의 확실성을 찾을 수 있다는 야스퍼스의 말은 죽음이 삶의 정지가 아니라 완성을 이끄는 존재의 심연이 될 수 있음을 일깨운다.

삶은 죽음과 대립하지 않으며 양자가 서로 교류하는 가운데 진정한 의미를 찾을 수 있다는 생각은 니체에게도 잘 드러난다. 니체는 《즐거운 학문》에서 삶과 죽음은 대립하지 않으며 우리가 살아 있다는 것은 죽음의 한 방식일 뿐이라고 말한다. "죽음이란 삶과 대립되는 것이라고 말하지 말자. 살아 있다는 것은 오직 죽음의 한 방식일 뿐이며, 그것도 매우 희귀한 방식이다."[23] 삶을 산다는 것은 끊임없이 죽음을 받아들이는 과정이며 죽음을 향해 가는 길이기도 하다. 우리에게 〈입맞춤〉이라는 작품을 통해 잘 알려진 오스트리아 출신의 화가 구스타프 클림트 Gustav Klimt가 그린 〈생명의 나무〉나 〈위생〉이라는 작품 역시 삶과 죽음이 실상 다르지 않으며, 죽음과의 진정한 대화 속에서 사랑을 통해서만 삶의 의미를 회복할 수 있다는 사실을 웅변하고 있다.

독일의 시인 라이너 마리아 릴케 Rainer Maria Rilke는 우리가 대면하는 죽음은 두 종류가 있다고 말한다. 즉 오직 욕망에 따라 생존하며 아무런 삶의 자각 없이 살다가 소멸되는 자연적 사건에 해당하는 죽음과, 본래적 삶의 의미나 자기 완성을 구현하는 완성된 사건에 해당하는 죽음이 있다는 것이다. 그는 죽음을 통해 어떻게 삶의 의미가 회복되고 존재의 심연을 찾을 수 있는가를 보여준다. 그는 '낯선 죽음'과 '고유한 죽음', '작은 죽음'과 '큰 죽음'을 구분하며, 죽음에 대한 자각 없이 그로부터 도피하는 삶을 경계한다. '낯선 죽음'이란 삶이 성숙하기 전에 밖에

---

23 Friedrich Nietzsche, *Die fröhliche Wissenschaft*, 109, KSA 3, 468쪽.

서 엄습하는 죽음이라면, '고유한 죽음'이란 삶의 내재적 필연성으로 인한 죽음을 말한다. 뜻밖에 인간을 엄습하는 '작은 죽음'은 인격적인 자각이 없는 '사람들'의 세계에서 살아가는 대중적 현존재의 사망을 의미하는 반면, '큰 죽음'이란 죽음을 삶의 과제로 인식하고 이를 성취하면서 자기 실존의 본래성으로 고양시키는 이의 죽음을 뜻한다.[24] 죽음에 대한 실존적 과제는, 죽음이 현재의 삶 자체를 구성하는 요소로 인식되는 순간에, 그렇게 함으로써 죽음의 의식이 삶을 형성하게 하는 과제로 드러나는 순간에 비로소 수행된다.[25] 죽음은 인간으로 하여금 본질적인 것을 묻게 하며, 참다운 실존의 활동 속에 있게 한다.[26] 죽음에 대한 이해는 어떻게 살아갈 것인가의 문제, 즉 삶의 의미와 방향을 찾는 일과 밀접한 관계가 있다.

죽음을 피할 수 없다는 사실에 대한 자각은 현재의 삶에 영향을 주게 된다. 우리는 일상에서 죽음을 삶의 종점이나 폐기된 기계처럼 더 이상 작동할 수 없는 육체의 죽음으로 생각하고 죽음에 대한 생각을 회피하며 살아간다. 존재의 소멸로 받아들이기 때문에 사람들은 두려움을 느끼며 죽음을 삶에 수용하려고 하지 않는다.[27] 죽음이 삶의 일부임

---

24 오토 프리드리히 볼로우, 〈실존 철학에서의 죽음의 문제〉, 정동호 편, 《죽음의 철학》, 222~228쪽 참조.
25 같은 글, 221쪽.
26 같은 글, 243쪽.
27 죽음에 대한 두려움은 죽음으로 모든 것이 소멸된다는 막연한 상실감과 사후세계에 대한 막막한 공포, 더 살고 싶다는 절망감 등이 혼재한 상태이다. 알폰스 데켄Alfons Deeken은 죽음에 대한 공포와 불안의 아홉 가지 유형을 '고통에 대한 공포', '고독에 대한 공포', '불쾌한 체험, 즉 존엄을 잃는다는 것에 대한 두려움', '가족이나 사회에 부담을 준다는 것에 대한 공포', '미지의 세계를 눈 앞에 둔 심경으로서의 불안', '인생의 불안과 연결된 죽음에 대한 불안', '인생을 미완성인 채로 끝낸다는 것에 대한 불안', '자기 소멸에 대한 불안', '사후 심판이나 벌에 대한 불안'으로 구분하고 있

에도 불구하고 삶 속에서 죽음을 배제하고 생각조차 하지 않으려 한다. 자신의 삶을 아직 완성하지 못했다는 자책감과 삶의 모순에 대한 의식, 존재의 소멸에 대한 불안이나 두려움 때문에 죽음에 대한 의식을 추방하는 것이다. 톨스토이는 "죽음의 공포는 해결되지 않은 인생의 모순에 대한 의식일 뿐이다"[28]라고 말한다. 그는 삶에서 죽음을 공허와 암흑으로만 생각하는 것은 생명을 제대로 이해하지 못하는 것이라고 보았다. "인생을 이해하지 못하는 사람들은 죽음에 대하여 생각하기를 매우 싫어한다. (……) 죽음을 두려워하는 사람들이 죽음을 두려워하는 이유는 그들에게 죽음이 공허와 암흑처럼 생각되기 때문이다. 그러나 죽음이 공허와 암흑으로 보이는 것은 그들이 생명을 이해하지 못하기 때문이다."[29]

죽음이 도피하고 싶은 어두운 사건이 아니라 삶의 긍정적 측면, 즉 창의성과 연관되어 있다는 것을 랑크는 심층심리학적으로 잘 보여주고 있다. 랑크는 죽음과 불안, 창조성과 신경증, 예술가와 신경증 환자의 관계에 대한 연구로 유명한데, 예술가의 창조욕과 신경증 환자의 노이로제가 기실 유사하다는 것을 밝혔다. 그에 따르면 인간의 불안에는 죽음을 회피하거나 밀어내고자 하는 '삶에 대한 불안'과 영원하길 바라는 소망을 제약하는 '죽음의 불안' 두 가지 형태가 있다. 그런데 삶의 불안이 압도적으로 강하면 삶을 표현하는 데 방해가 되어 신경증 장애로 향하게 되고(신경증 환자 유형), 죽음의 불안이 압도하면 창작을 통해 자신을

다.(알폰스 데켄,《인문학으로서의 죽음교육》, 전성곤 옮김 (인간사랑, 2008), 48~53쪽.)
28 레프 톨스토이,《톨스토이 인생론·참회론》, 박병덕 옮김 (육문사, 2012), 172쪽.
29 같은 책, 178쪽.

영원히 살아 있게 하는 활동으로 이끌게 된다는 것이다(예술가 유형).[30]

　우리에게 잘 알려져 있는 음악가 베토벤과 모차르트의 사례도 죽음이 삶에 얼마나 큰 영향을 미칠 수 있는가를 잘 보여준다. 베토벤은 청각 이상이라는 불치의 병으로 자살을 생각하고 고뇌에 가득한 삶을 살며 서른두 살 때 하일리겐슈타트에서 유서를 쓸 정도로 극한의 고통을 겪었지만 불멸의 음악을 창작해냈다. 35년이라는 짧은 생을 살다 간 모차르트도 죽음을 응시하며 살아가는 가운데 삶을 찬미하는 음악을 만들 수가 있었다.[31] 그들은 죽음과 삶의 제한, 유한성을 직시하고 이를 극복하는 과정에서 정신적 생명을 꽃피울 수 있다. 헤겔에 따르면 "정신의 생명은 죽음을 두려워하고 자신이 파멸되지 않도록 고이 보존하는 삶이 아니라 오히려 죽음을 참아 견디고 그 속에서 자신을 유지하는 데서 비롯된다".[32] 오늘날 우리에게 요구되는 것은 외롭게 소멸해가는 작은 죽음들이 아니라 자신이 죽는다는 사실을 의식할 뿐만 아니라 죽음이 제시하는 과제를 자각하는 큰 죽음일 것이다.

30　김정현, 〈니체 사상과 오토 랑크의 심리학〉,《니체연구》제16집(한국니체학회, 2009년 가을), 152~153쪽 참조.
31　모차르트가 서른한 살 때 아버지에게 보낸 편지를 보면 그가 죽음을 대면하며 이를 긍정적으로 승화시키고 있음을 알 수 있다. "확실하게 말해 죽음은 분명 인생의 최종 목적이므로, 몇 년 동안 저는 인간의 가장 좋은 친구인 죽음과 친숙하게 지내는 것을 제가 할 일이라고 생각해왔습니다. 그 때문인지 제가 이 친구를 생각해도 특별히 무섭지 않고 오히려 위안과 평온함을 느끼게 됩니다. 참된 행복의 관건이 되는 죽음과 친할 수 있는 기회가 주어진 것에 저는 감사하고 있습니다. 어렸을 때도, 내일 더 이상 살 수 없을지도 모른다는 생각을 하면서 늘 잠들었습니다."(알폰스 데켄,《죽음을 어떻게 맞이할 것인가》, 156~157쪽에서 재인용.)
32　Friedrich Hegel, *Phänomenologie des Geistes*(Hamburg: Meiner Verlag, 1952), 29쪽.

죽음과 깨어 있는 삶

이성적 사유와 자아의 활동을 강조하며 생존 문제나 경제적인 부를 행복의 척도로 생각하는 근대적 사유 전략 속에서 삶에 항체를 제공하고 삶을 건강하게 만드는 죽음이나 유한성을 자각하는 문제는 점차 무의미해졌다. 죽음을 배제한 채 삶의 욕망에만 몰두하는 현대인들은 자신이 언젠가 죽어야 할 유한한 존재라는 사실을 망각한 채 오로지 삶에만 집착함으로써 참된 삶의 의미를 찾지 못하고 있다. 욕망의 열차를 타고 오로지 생존으로 질주하는 이러한 삶의 태도는 인간의 유한성과 한계를 겸허히 받아들이게 하는 죽음의 공부를 방기하는 것이다. 죽음 공부 없는 생존 공부는 브레이크 없는 자동차를 타는 것과 같이 위험하다. 우리는 자신이 언젠가 죽어야 할 존재라는 것을 의식하며 살아갈 때 자신의 한계를 인식하며 삶의 과제를 더욱 분명하게 의식할 수 있다.

죽음에 대한 성찰과 공부는 따라서 삶의 의미 및 가치 회복의 문제와 밀접하게 연관되어 있다. 죽음의 이해가 없는 삶의 이해란 공허하며, 진정한 삶의 가치를 생각하지 않는 죽음에 관한 생각은 맹목적인 것이다. 삶과 죽음은 별개의 사건이 아니라 동전의 양면에 해당한다. 동전의 한 면에 각인된 기호만으로는 화폐가치가 보장될 수 없듯이, 삶은 죽음이라는 또 다른 이면의 기호 없이는 완성에 이를 수 없다. 삶으로 올라가는 오르막길이란 역설적으로 죽음을 향해 내려가는 비탈길이라는 쇼펜하우어의 말처럼, 오르막길과 내리막길, 삶과 죽음이 다르지 않다는 사실을 깨달으면 더욱 건강하고 생명력 넘치는 삶을 영위할 수 있다. 죽음이란 단지 어떤 순간에 다가오는 신체의 종말이라는 생물학적인 사건이 아니라, 처음부터 이미 삶 속에 들어 있는, 삶의 매 순간에 내재해 있는 삶의 과정임을 자각해야만 일상 속에서 삶의 의미를 건져 올려 무엇이 진정 가치 있는지를 성찰할 수 있는 힘을 갖게 된다. 단지 죽음에 관한 객관적 지식이 아니라, 내 몸과 삶을 관통하고 있는 유한성(죽음)을 자각할 때 삶의 실존적 의미가 열리게 된다.

인간은 이 세상에 내던져진 상태로 누구나 유한한 삶을 살아간다. 그래서 삶이란 삶과 죽음 사이에서 일어나는 율동적 사건인지도 모른다. 이런 의미에서, 성찰하는 삶이란 소크라테스Socrates가 말했듯이 바로 '죽음의 연습μελέτη θανάτου'[33]이기도 하다. 철학을 '죽음에 대한 대비'(키케로Marcus Tullius Cicero), '죽는 것을 배우는 것mori discere'(몽테뉴Michel Eyquem de Montaigne)으로 이해하는 이유는 죽음의 문제가 바로 삶의 문제로 직결되기 때문이다.

그러나 현대인은 죽음의 문제를 삶의 영역 밖에 놓기를 원한다. 근대 시민사회를 욕망의 체계로 이해하는 헤겔의 말처럼, 우리는 자본주의 안에서 욕망과 경제적 가치만을 주로 추구한다. 현대인은 삶에서 경쟁과 쟁취, 재화의 획득과 소유, 권력과 자기만족 등 욕망하는 삶만을 원할 뿐, 그것을 균형 있게 추구하며 삶의 중심을 잡는 원리에 무관심하고 삶과 죽음을 분리함으로써 이 둘로부터 소외되고 있다.

우리는 스스로 많은 질문을 던지는데 이 가운데 가장 중요한 것은 바로 나 자신의 삶을 어떻게 이끌어갈 수 있는가라는 물음이다. 어떻게 늙어가야 하는지, 어떻게 죽어야 하는지를 묻는 것은 내가 어떻게 살아

---

33 Platon, *Phaedon*, 81a, *Platon Werke in acht Bänden*, Bd.3, von Gunther Eigler(hrsg.)(Darmstadt: Wissenschaftliche Buchgesellschaft, 2005), 81쪽.

가야만 하는지에 대한 성찰적 물음이기도 하다. 다시 말해 나 자신의 삶을 어떻게 의식적으로 이끌어갈 수 있는지에 대한 물음이다. 깨어 있는 삶이란 영혼의 운영 및 삶의 운영과 연관되어 있고, 삶을 아름답게 가꾸어가는 문제와도 연결된다. 아름다운 삶, 깨어 있는 삶, 추하지 않은 삶이나 충일한 삶을 이끌어간다는 것은 자신의 삶뿐만 아니라 인간 일반에 대한 성찰을 요구한다.

우리는 인간들 사이에서 몸을 부딪치며 살고 늙고 죽어간다. 매일 부딪히는 사람과 경쟁하고 다투기도 하지만 바로 그들과 더불어 내 삶은 실현된다. 주위의 사람이 죽었을 때 애도하며 허무를 느끼는 이유는 죽음이 단순히 나와 상관없는 타인의 제3인칭 사건이 아니라 이미 나의 삶과 교제하는, 즉 나의 삶 속에 침투해 들어와 있는 제2인칭 사건이기 때문이다. 일상에서 부딪히는 이러한 체험에도 불구하고 우리는 죽음을 내 삶과 무관한 사건으로 여기며 살아간다. 죽음 자체가 아니라 죽는다는 사실에 대한 두려움이, 내 존재 자체가 무화된다는 사실에 대한 불안이, 내 존재의 의미가 허공에 사라져버린다는 허무감이 우리를 압도하는 것이다. 현대인은 죽음을 삶의 공간에서 추방함으로써 죽음으로부터 소외되고 있는데, 이러한 죽음으로부터의 소외는 곧 삶의 소외로 이어진다. 삶이란 죽음에 대한 자각적 체험, 즉 자신의 유한성에 대한 깨달음과 그것을 받아들이는 영적 역량에서 성숙된다. 깨어 있는 삶을 영위하기 위해서 우리는 죽음과 자신의 유한성을 근본적으로 성찰해야 한다.

5. 죽음의 공부와 문화가 필요하다

밤이 깊을수록 별들이 선명하게 반짝이듯 삶의 의미와 가치 역시 죽음이 있는 곳에서, 죽음의 테두리 안에서 더욱 극명하게 부각될 수 있다.[34] 죽음에 대한 논의는 결코 퇴폐적이거나 무기력하게 자신을 방기해버리는 비생산적 언설이 아니라, 건강한 삶의 의미를 생산적으로 창출하는 삶의 철학을 지향하는 것이다. 죽음의 철학은 인간의 유한성과 불안, 고통과 욕망의 한계를 다루지만 그 안에는 자기 성찰과 욕망의 해방, 존재의 긍정과 생명의 실현 등 삶의 철학이 담겨 있다. 죽음에 대한 성찰을 통해 우리는 건강한 삶의 논거를 찾을 수 있으며, 삶의 깊이를 얻게 된다. 이제 우리는 삶의 공부만이 아니라 죽음을 성찰하는 공부를 할 필요가 있다. 죽음의 공부 없는 생존의 공부는 인간의 삶을 맹목적으로 만들고, 마치 세포가 무한히 자가 증식을 하며 결국 암이 되듯이 삶을 욕망의 암덩어리로 만들 수 있다. 브레이크 없는 욕망의 무한 질주를 부추기는 현대사회에서 죽음에 대한 성찰은 진정한 삶이 무엇인지, 내가 누구인지, 어떤 삶이 행복한 삶인지, 어떤 삶을 이끌어갈 것인지를 성찰할 수 있는 실마리를 제시할 것이다.

우리의 일상에서 죽음에 대한 성찰뿐만 아니라 삶의 가치를 되돌아볼 수 있는 '죽음 준비 교육'도 필요할 것이다. 중세 유럽에는 '메멘토 모리memento mori(죽음을 기억하라)' 사상이 폭넓게 퍼져 있었으며, 죽음을 일생 동안 배우는 하나의 예술, 즉 '아르스 모리엔디ars moriendi(죽음의

---

34 정동호 편, 《죽음의 철학》(청람, 1997), 12쪽.

예술)'로 간주했다. 이별이나 죽음과 관련된 감정은 사랑이나 기쁨, 슬픔과 같이 인간의 가장 근원적인 체험이기에, 죽음을 자연스러운 현상으로 받아들이고 새로운 삶의 방식을 모색하는 교육이 필요하다.[35] 죽음 준비 교육은 곧 좋은 삶을 살기 위한 교육이기도 하다. 어떻게 살아야 하는가라는 문제는 죽음을 심각하게 생각할 때 그 방향이 명확하게 결정된다. 한 인간의 삶의 태도와 가치는 죽음 앞에서 분명히 나타나는데, 우리는 죽음에 대해 취해야 할 태도를 배울 필요가 있다.[36]

우리가 죽음과 연관해 또 하나 언급할 것은 '죽음의 문화'이다. 천선영은 너무 무겁지 않게, 그러나 너무 가볍지 않게 다양한 방식으로 죽음을 말하고 생각할 수 있는 사회냐 아니냐가 사회의 건강성을 재는 중요한 척도 중 하나라고 말한다.[37] 우리 사회에 만연해 있는 고인에 대한 무관심 속에서 행해지는 문상도 타자의 죽음에 대한 무관심이나 죽음에 대한 불감증의 한 사례일 것이다. 예를 들어 장례식장에 고인이 쓰던 유품을 전시하거나 고인에 대한 자료 혹은 영상을 편집해 접대실에서 틀며 문상객들이 고인을 생각할 수 있도록 해야 한다는 최준식의 제안도 한국의 장례 문화를 개선하는 한 가지 방법이 될 수 있을 것이다.[38] 죽음에 대해 너무 가볍지도 무겁지도 않게 말하고 고인의 삶을 함께 이야기하는 진지한 죽음의 문화는 삶을 건강하게 만들어가는 기억술이기도 하다.

---

35 알폰스 데켄, 《죽음을 어떻게 맞이할 것인가》, 26~27쪽.
36 '웰다잉'에 대해서는, 오진탁, 《마지막 선물》(세종서적, 2007) 참조.
37 천선영, 《죽음을 살다》, 12쪽.
38 최준식, 《죽음학 개론》, 143쪽.

내가 누구인지 모르는 자아신경증을 앓고 있는 소진 시대이자 욕망의 무한 질주와 물질적 가치를 숭배하는 성과 시대에 현대인은 점차 개별화되고 고립되며 외롭게 죽어가고 있다. 이러한 시대에 우리가 자기 자신을 찾기 위해서는 삶과 죽음의 의미를 성찰할 수 있는 내적 성찰의 공간을 보다 확대할 필요가 있다. 일상에서 대면하는 죽음을 무관심하게 삶에서 밀어내는 것이 아니라 삶의 한 과정으로 진지하게 수용하는 '메멘토 모리'의 기술도 삶과 죽음으로부터 동시에 소외된 현대인의 삶을 건강하게 회복하는 작업이 될 수 있다. 죽음에 대한 공부는 곧 삶을 의미 있게 이끌어가기 위한 생명에 대한 공부이기도 하다. 자신의 유한성과 한계, 죽음의 문제를 진지하게 성찰할 수 있을 때 우리는 탐욕과 집착, 소유욕에서 벗어나 일상을 의미 있고 성숙하게 이끌어갈 수 있게 된다. 우리는 의미 없이 소멸돼버리는 작은 죽음에 이르는 삶이 아니라 삶을 의미 있게 꾸려나가며 성숙하게 완성하는 큰 죽음을 기쁘게 맞아들이는 법을 배워야 하는 것이다. 죽음에 대한 성찰이나 공부, 죽음의 문화는 건강한 삶과 사회를 유지하기 위한 노력, 그리고 유한성과 무한성을 연결하려 했지만 무너져버린 근대의 두 다리를 현대적으로 재건하는 노력이 될 수 있을 것이다.

제3부

우리는 어떻게 살아야 하는가
살림과 치유 사상

제6장

21세기, 우리는 대지에서 어떻게 살아야 하는가
— 에쿠멘 윤리, 대지와 몸의 생태 사상

1. 현대 문명의 과제

오늘날 지구촌은 자연에 대한 과학기술의 지배와 소유적 · 경제적 사고에 기반을 둔 문명의 부작용으로 인해 많은 고통을 겪고 있다. 이에 관한 생생한 사례가 다름 아닌 지구 생태계의 위기 문제이다. 인구 과잉, 오존층 파괴, 지구온난화, 생물의 멸종, 유전적 다양성의 상실, 산성비, 핵물질에 의한 오염, 열대우림의 벌채, 습지 파괴, 토양 침식, 사막화, 홍수, 기아, 호수와 하천 및 강의 범람, 지하수의 오염과 고갈, 연안과 강 하구의 오염, 산호초 파괴, 기름 유출, 어류 남획, 쓰레기 매립지의 확대, 유독성 폐기물, 살충제와 제초제의 남용에 의한 중독, 작업장 유해물질 노출, 도시 과밀화, 재생 불가능한 자원의 고갈 등 수많은 문제들은 우리가 더 이상 현재의 문명 패러다임 속에서 살 수 없음을 보여준다.[1]

현대 문명은 이성중심주의, 과학기술에 대한 믿음, 자연 지배, 인간

석판화 〈고귀한 주님의 땅〉 (2016)
'키엔기(르)ki-en-gir'는 인류 역사상 최초의 국가인 수메르를 가리킨다. '수메르'의 본래 이름은
수메르어 '키엔기(르)'였다. 왼쪽에서부터 읽어보면, 첫 문자인 '키ki'는 '땅'을, 두 번째 문자인 '엔'
은 '통치자', '주님', '대사제'를, 세 번째 문자인 '기(르)'는 '고귀한', '문명화된'을 의미하며, 키엔
기(르)는 '고귀한 주님의 땅'이라는 뜻이다.(김산해,《최초의 신화 길가메쉬 서사시》, 379쪽 이하
참조.)
고귀한 주님의 땅은 오늘날 우리가 살고 있는 몸과 대지이다. 니체가 대지의 철학을 외치며 그것이
다름 아닌 몸의 철학이라고 말한 것은 우리의 삶의 터전을 경영하고 살려나가는 살림살이가 곧 몸
(심신)을 영위하고 살려나가는 살림살이이기 때문이다. 대지(환경, 땅, 현실)를 살리는 일은 우리
의 몸(생명)을 살리는 일이기도 하다.

중심주의, 물질의 풍요와 행복 추구, 발전 사관 등 근대 서양이 만들어 놓은 사유 패러다임과 문명의 틀을 계승한 것이다. "아는 것이 힘이다"[2]라고 주장한 베이컨의 사고는 과학과 기술을 통해 자연을 정복하고 복속할 수 있는 힘을 추구하는 근대정신을 반영하는 것이다. 근대 철학의 아버지인 데카르트 역시 물질세계의 본성 및 자연법칙을 이해하면 인간이 자연의 주인이요 소유주가 될 수 있다고 보았다. 그는 자연의 인식이 "조금도 힘들이지 않고 땅에서 나온 결실들과 모든 편리함을 누리게 해줄 무한한 기술의 발명을 위해서도 바람직할 뿐만 아니라 의심의 여지 없이 이 세상의 모든 선의 근본이자 첫 번째 선인 건강의 보존을 위해서도 바람직하다"[3]라고 본 것이다. 그에 따르면 의학 지식의 진보는 무수한 육체적·정신적 질병이나 심지어 노쇠 현상까지 극복할 수 있는 새로운 삶의 지평을 열어주는 것이었다.

　근대 문명의 틀은 베이컨이나 데카르트적 세계관의 결실이었다. 서양의 근대는 이성에 대한 신뢰와 자연과학이나 기술공학의 발전에 대한 기대, 역사의 발전에 대한 낙관, 물질적 풍요에 대한 유토피아적 희망을 품고 있었고, 경제적 부의 창출을 지상과제로 삼은 것이다. 이는 효율성의 지표로 삶의 세계를 재단하고 자연을 정복하며 대량생산과 대중 소비라는 문명의 틀을 만들어냈다.

　피에르 쿠베르탱Pierre de Coubertin에 의해 인용되며 1920년 올림픽

---

1 존 포스터, 《환경혁명》, 조길영 옮김(동쪽나라, 1996), 29~30쪽.
2 프랜시스 베이컨, 《신기관》, 진석용 옮김(한길사, 2001), 39쪽.
3 René Descartes, *Discours de la méthede*, von Lüder Gäbe(übers.)(Hamburg: Meiner Verlkag, 1990), 100~101쪽.

표어로 채택된 '더 빠르게Citius', '더 높게Altius', '더 힘차게Fortius'는 이러한 현대 문명의 낙관적 추동력과 조급함을 동시에 잘 보여준다.[4] 더 빠르고 힘차게 변화해야 한다는 문명의 조급증과 강박은 한편으로는 물질문명의 풍요로움과 소비사회를 만들어냈지만, 다른 한편 폭발적 인구증가와 물질적 소비의 급증, 생활 폐기물의 증가뿐만 아니라 인간 소외, 스트레스, 인성의 황폐화, 문명병의 증식, 가족의 붕괴 등 사회문제를 양산해냈던 것이다. 현대사회는 풍요의 사회로 규정될 수 있지만, 무한 경쟁, 무한 욕망, 무한 소유, 무한 소비를 부추기는 소비사회이기도 하다. 물질만능주의, 황금만능주의, 이기주의, 소유욕에 의해 작동되는 현대 문명에 가장 시급한 과제는 생명을 살려내는 새로운 세계관의 정립이다.

21세기 인류가 부딪힌 최대의 난제는 바로 '생명'의 문제이다. 이는 자연의 생명(생태 문제)과 인간의 생명(몸과 마음의 생명) 문제로 귀결된다. 우리는 인간 삶의 터전으로서 자연 생태계를 회복하고, 화학 물질에 중독된 몸의 생태계를 복원하며, 동시에 황폐화된 우리의 마음과 인간관계를 건강하게 치유할 필요가 있다. 여기에서는 특히 자연 생태계의 하나인 대지와 몸이 어떻게 밀접한 연결고리 속에 놓여 있는지를 중심으로 논의할 것이다. 마음의 생태계 문제는 별도의 사회생태학적 혹은 생태심리학적인 논의가 필요하기에 여기서는 다루지 않을 것이다.

우리가 처한 문명의 난제 가운데 하나인 '생태 문제'는 단순히 과학과 기술만으로는 해결할 수 없고 세계관의 전환, 의식의 전환, 생활 방

---

4 상표 'Le CAF'는 올림픽 표어 Citius, Altius, Fortius를 조합한 것이다.

식의 전환을 필요로 한다.[5] 에른스트 폰 바이츠체커Ernst von Weizsäcker에 따르면 "21세기에는 새로운 패러다임 전환의 전망"이 열려야 하는데, 이는 "경제 다음에 환경 또는 자연자원의 희소성이 우리 삶의 중심적 동기"가 되게 하느냐에 달려 있다.[6] 즉 자연 지배가 아니라 자연과의 조화를 추구하는 공동체 이념, 즉 '에코토피아ecotopia' 이념이 새로운 문명의 패러다임이 되어야 한다는 것이다.

심층생태학의 창시자인 아르네 네스Arne Naess는 에코토피아를 실현하기 위해 현대 세계에 '녹색 운동', '사회정의 운동', '평화 운동'이 필요하다고 말한다.[7] 생명의 이념이 자연환경뿐만 아니라 사회적 차원, 지구적 차원에서 구현되어야 한다는 것이다. 이와는 다른 차원에서 프랑스의 지성 가타리는 과학기술과 생태학적 영역의 상호작용을 문제시한다. 그는 지구라는 행성이 강력한 과학기술적 변혁의 시기를 겪고 있는데, 여기에서는 인류의 생존을 위협할 생태학적 불균형이 나타나고 있으며, 개인적이고 집단적인 인간 생활양식이 내부 파열과 소아적 퇴행의 움직임을 보여주고 있다고 보았다. 이제 기술관료적 방안이 아니라 생태철학, 즉 환경, 사회관계, 인간 주체성이라는 세 가지 생태학적 작용 영역(환경생태학, 사회생태학, 정신생태학)의 윤리적-정치적 접합을 통해서만 이 문제를 해결할 수 있다는 것이다.[8] 환경, 사회, 마음의 서로 다른 영역이 생태학적으로 상호작용하는 가운데 이 세 영역의 접합적

---

5 이기상,《글로벌 생명학》(자음과모음, 2010), 14~15쪽 참조.
6 에른스트 울리히 폰 바이츠체커,《환경의 세기》, 권정임·박진희 옮김(생각의나무, 1999), 6쪽.
7 데이비드 로텐버그,《생각하는 것이 왜 고통스러운가요?》, 박준식 옮김(낮은산, 2011), 297쪽.
8 펠릭스 가타리,《세 가지 생태학》, 윤수종 옮김(동문선, 2003), 7~8쪽.

혁신을 통해서만 이 생태학적 불균형의 문제를 해결할 수 있다는 주장이다.

네스나 가타리의 시각은 현대 문명이 낳은 생태학적 문제를 해결하기 위해서는 새로운 '생명 정치biopolitics'가 필요하다는 것을 잘 보여준다. 이 글은 이러한 생명 정치의 시각을 염두에 두면서 주로 생명학의 관점에서 대지와 몸의 생태학적 회복의 문제를 다루고자 한다. 대지와 인간의 몸의 생태학적 연결고리를 찾고 균형을 이루는 것은 21세기 인간 삶의 조건을 묻는 미래 지향적 녹색 운동의 과제가 될 수 있을 것이다. 지금까지 많은 환경철학적 논의가 인간과 자연환경의 관계에 초점을 맞추었다면, 이 글은 대지와 인간의 관계, 대지와 인간 몸의 관계를 생명의 '살림'이라는 개념을 중심으로 다룰 것이다. 이를 위해 나는 '생태학적 살림'이라는 개념 아래 인간과 대지의 관계(에쿠멘 윤리), '대지 살림', '몸 살림'을 차례로 논의하며 생태학적 생명 회복의 문제를 다룰 것이다. 여기에서 내가 사용하는 '살림'은 어떤 것을 유지하고 보존하며 균형 있게 운영하는 '살림살이'이자 생명을 부여하고 살려내는 행위를 의미한다. 즉 살림이란 무언가를 균형 있게 운영하고 유지하고 살려내는 것이라는 이중의 의미를 담고 있다.

생태학적 관점에서 대지와 인간의 몸은 '식량이라는 고리food chain'로 연결되어 있기에 인간 삶의 유지와 몸의 살림은 생태학적 생명 관계로 규정할 수 있다. 이 글에서 내가 주목하는 것은 대지에 발 디디고 살아가는 인간의 삶의 태도에는 거주 혹은 살림살이의 윤리가 필요하며, 이는 대지의 살림(살이)과 몸의 살림(살이)을 염두에 둔 생명 운동으로 귀결될 수밖에 없다는 것이다. 특히 현대에 우리가 주목하고 해결해야 할 긴급한 과제 가운데 하나는 인간의 몸에 쌓이기 시작한 독성 및 오염 물질을 깨끗이 씻어내는 것이다. 이 글은 생태학적 의식의 자각과 살림의 녹색 운동 혹은 생명 운동은 대지의 살림살이와 몸을 살리는 생명 실천 활동에서 시작해야 한다는 문제의식에서 출발하고 있다.

2. 에쿠멘 윤리

인간과 대지[9], 다른 생명체와 환경은 어떤 관계에 있는 것일까? 인간은 환경 혹은 지구, 대지와 어떤 관계를 맺고 살아가는 것일까? 우리가 살고 있는 생태학적 지구환경은 단순히 우리가 몸 담고 살아가는 물리적 실체에 불과한가? 대지란 단순히 우리의 신체가 생존하기 위해 발디디고 있는 물질이자 흙더미에 불과한 것일까? 우리는 대지 혹은 환경 속에서 어떻게 삶을 영위해야만 하는 것일까? 현대의 생태학적 불균형은 도대체 어디에서 유래한 걸까?

우리가 살고 있는 현대만큼 지구 생태계를 인간 삶의 조건으로 인식하는 시대도 없다. 지구나 대지가 삶의 조건으로 인식된다는 것은 이미 대지에서 영위하는 삶이 우리에게 문제로 인식되고 있다는 뜻이다. 갑자기 심장이 뛰고 호흡이 가쁘고 위장의 움직임을 느낀다면 몸에 이

---

9 우리는 일상적으로 대지, 토지, 토양, 흙, 땅 등 다양한 용어를 사용하고 있다. 이 모든 용어는 우주적 생명 에너지의 대사작용이 일어나고 있는 생명의 터전을 뜻한다. 그러나 토지가 주로 인간과 땅의 관계, 즉 흙의 사회관계에 초점을 맞춘 용어라면, 토양土壤이란 생명을 기르는 경작지로서 흙과 자양분의 관계, 즉 흙의 내재적 관계를 중시하는 용어라고 생각된다. 여기에서는 이 모든 것을 포괄하는 용어로 '대지'를 사용하며 문맥에 따라 다양한 용어를 혼용할 것이다.

상이 있다는, 즉 이미 몸에 병이 생겼음을 의미하는 것처럼, 지구나 대지에서의 삶을 우리가 문제로 인식한다는 것은 대지가 병들었고 대지 위에서의 인간 삶의 조건을 심각하게 다루어야 할 필요가 있다는 것을 뜻한다. 이것은 21세기에 지구나 대지에서 우리가 어떻게 살아야만 하는가에 대한 물음과 대안적 해결책을 모색하는 일이 매우 절박하다는 뜻이기도 하다. 이는 동시에 인간다운 삶을 지구 혹은 대지에서 삶의 조건으로 인식한다는 의미이다.

이러한 현대의 삶의 조건을 오귀스탱 베르크Augustin Berque는 '에쿠멘의 윤리'라 부른다. '에쿠멘écoumén'은 '주거지, 집'을 뜻하는 그리스어 '오이코스oikos'에서 유래한 말로 생태학ecology, 경제학economy과 어원이 같다. 에쿠멘은 본래 인간이 살고 있는 지구, 우리의 존재 장소인 지구, 인간적 거처를 의미하지만, 지구에서 인간을 인간답게 살게 해주는 조건을 뜻하기도 한다.[10] 에쿠멘은 인간과 대지의 관계에서 인간이 대지에서 인간적 거처를 마련하는 행위, 즉 인간을 인간답게 살게 해주는 살림살이를 뜻한다. 우리가 매일을 살아가는 데도 물질과 심신의 살림살이로서 경제가 필요하듯이, 대지에서 삶을 영위하는 데도 생태학적 살림살이가 필요하다. 살아간다는 것은 살림살이를 한다는 뜻인데, 건강한 삶을 영위하기 위해서는 마음과 정신, 가정과 사회적 관계, 물질의 운영과 생태학적 질서에서 모두 균형 있는 살림살이가 필요하다. '살림'이란 우리 존재의 물리적 조건을 경제학적으로 운영하는 행위이자 인간의 삶에 생명력을 불어넣는 생태학적 생명 운영 행위인 것이다. 즉 살

---

10 오귀스탱 베르크, 《대지에서 인간으로 산다는 것》, 김주경 옮김(미다스북스, 2001), 12~13쪽.

림이란 '삶을 운영하는 살림살이'이며 생명을 이어주고 살려내는 '생명의 실천 활동'이다. 고대에는 통합되어 있던 에쿠멘의 살림살이가 현대에는 물질적인 살림살이로서의 경제학과 생태적 살림살이로서의 생태학으로 분리되었다. 오늘날 에쿠멘의 건강한 관계와 윤리를 회복하는 일은 대지에서 인간답게 살아가는 살림살이를 재구성하는 것을 의미한다.

미국의 문명비평가이자 대지의 청지기라 불리는 웬델 베리Wendell Berry에 따르면 살림이란 "우리와 우리가 사는 장소와 세계를 보존관계로 이어줌으로써 생명을 지속시키는 모든 활동"이며, "우리를 지속시켜주는 생명의 그물망에 있는 모든 가닥이 서로 계속 이어져 있도록 해주는 일"을 의미한다.[11] 에쿠멘의 윤리는 유기농 운동을 처음 제창한 앨버트 하워드Albert G. Howard가 말하듯이 "흙과 동식물과 인간의 건강 문제를 모두 하나의 큰 주제"로 이해할 것을 요청한다.[12] 이는 대지와 인간의 몸이 근본적으로 하나의 생명 고리로 연결되어 있으며, 자연과 인간의 건강이 유기적으로 연관되어 있다는 생태학적 각성을 불러일으킨다. 자연과 인간의 관계에서 건강함이란 단순히 생태학적 관계뿐만 아니라 인간과 인간의 관계, 더 나아가 인간의 자기 관계에서의 생명성을 회복하는 것을 뜻한다. 대지의 건강과 인간의 삶은 밀접하게 연결되어 있기에, 흙과 공기, 동식물과 인간 등 만물은 실상 하나의 인드라망으로 연결된다. 토양이 훼손되면 식물이 살 수 없고, 식물이 성장하지 못하면 동물이 병들고, 동식물이 병들면 인간 역시 건강을 유지할 수 없다. 우

---

11 웬델 베리, 《온 삶을 먹다》, 이한중 옮김(낮은산, 2011), 28쪽.
12 같은 책, 219, 304쪽.

리 몸이 병들면 마음의 생태계 역시 건강을 유지하기 어렵다. 자연이 생명을 잃으면 인간은 병들어버린다.

생태 운동의 창시자인 레이첼 카슨Rachel Carson에 따르면 DDT 같은 살충제의 살포는 대지에서 새들의 소리를 들을 수 없는 '침묵의 봄'을 불러들이고, 환경 파괴라는 대재앙을 일으켰다. 카슨은 '자연 정복'이란 인간의 편익을 위해 자연이 존재한다는 네안데르탈인 시대의 생물학과 철학에서 나온 오만불손한 말이라고 비판한다.[13] 오늘날에도 인간의 안락과 삶의 풍요를 위해 화학 물질은 더 많이 사용되고 있고, 오염 물질의 독성은 대기, 토양, 강, 바다 등 삶의 터전인 지구 생태계와 인간의 몸에 그대로 노출되고 축적되고 있다. 생명체의 존재 기반이 되는 생활환경이 오염되고 있을 뿐만 아니라 생명체의 세포조직마저 독성으로 변질되고 있는 것이다. 어떻게 해야 이러한 환경 파괴를 막고 생태학적 건강을 회복할 수 있을까?

'심층생태론deep ecology'이라는 용어를 창시한 네스는 전 세계에 걸쳐 사회와 문화 구조 안에서 환경문제의 뿌리를 찾으며,[14] 기본적인 경제적·이데올로기적 구조를 바꾸자고 제안한다. 그는 인간의 행복을 위해 오염과 자원 고갈 예방에만 관심을 기울이지 말고 생태 의식을 계발하고 인간과 식물, 동물, 지구의 통일성을 인정하는 '생태적, 철학적, 영성적 접근'을 해야 한다고 말한다. 또 '생태 철학ecophilosophy', '생태 지혜ecosophy'로 부를 수 있는 대안적 세계관을 모색해야 한다고 주장한다.[15]

---

13 레이첼 카슨,《침묵의 봄》, 이태희 옮김(참나무, 1996), 278쪽.
14 데이비드 로텐버그,《생각하는 것이 왜 고통스러운가요?》, 263쪽.
15 J. R. 데자르뎅,《환경윤리》, 김명식 옮김(자작나무, 1999), 334~336쪽. ; 네스와 조지 세션즈

이는 생명체의 본질적 가치를 자각하고, 인간이 대지의 구성원으로서 다른 생명체를 지구 공동체의 일원으로 바라보는 '생명권 의식'을 함양해야 한다는 말이다. 인간 삶의 터전에 관한 윤리인 에쿠멘 윤리는 바로 생명권 의식을 갖는 의식 전환에서 비롯될 수 있을 것이다. 생태학적 의식의 전환, 즉 생명에 대한 의식은 대지에서 우리가 살아가는 태도, 즉 살림살이에 대한 의식에서 시작된다. 대지에서 우리 인간의 살림살이는 생태학적 대지 살림과 몸 살림으로 나누어 살펴볼 수 있다.

3. 생태학적 대지 살림

대지는 우리가 살아가는 하나의 우주이다. 이 우주를 살리고 삶의 터전인 에쿠멘을 살리는 길에는 몇 가지 원칙이 있다. 이는 우리의 생태

George Sessions가 1984년 주창한 '심층생태론의 8대 강령'을 살펴보면 다음과 같다.(일부 번역은 필자가 수정했다.) 1. 인간과 지구상에 존재하는 모든 생명체의 번성은 본질적 가치를 지닌다. 생명체의 가치는 좁은 의미의 인간의 목적에서 도출되는 유용성과 무관하다. 2. 생명의 풍요로움과 다양성은 그 자체로 가치가 있고, 인간과 지구상에 존재하는 모든 생명체의 삶이 번성하는 데 이바지한다. 3. 인간은 없어서는 안 될 본질적 필요를 충족시키는 경우를 제외하고는 생명의 풍요로움과 다양성을 훼손할 권리가 없다. 4. 현재 자연계에 대한 인간의 간섭은 과도하며 상황은 급속히 악화되고 있다. 5. 인간의 삶과 문화의 번성은 인구의 근본적인 감소가 있어야 가능하다. 자연계의 번영도 인구 감소가 따라야 가능하다. 6. 삶의 조건을 더욱더 향상시키려면 정치적 변혁을 수행해야 한다. 정치적 변혁을 통해 기본적인 경제적, 기술적, 이데올로기의 구조를 변화시킬 수 있다. 7. 이데올로기의 변화는 생활 수준의 향상이 아니라, 삶의 질의 의미를 인식하는 것에 집중되어야 한다. 큰 것과 위대한 것의 차이를 통절하게 자각해야 한다. 8. 이 점을 인식하는 사람들은 필요한 변화를 위해 각자에게 요구되는 행동을 할 의무가 있다. 이 가운데 1~3번은 열대우림의 파괴와 같은 실제 환경문제에, 5번과 7번은 자원 보전, 인구 문제, 소비 문제, 원자력 문제와 관련된 에너지 문제 등에 얽혀 있다.(같은 책, 337~338쪽.)

학적 세계관, 즉 생명권 의식과 밀접한 연관이 있다. 이기상은 이 대지를 기반으로 한 우주적 살림살이에는 '비움', '섬김', '나눔', '살림'의 원칙이 있다고 주장한다.[16] 신령한 자연 존재의 이치를 깨닫고(비움), 우주적 생명 과정에 참여하며(섬김), 생명의 흐름을 나누는(나눔) 우주적 생명의 생활(살림살이)이 새로운 삶의 문법으로 요청된다는 것이다. 이기상이 다소 형이상학적으로 우리의 전통 사유에 뿌리를 둔 우주적 생명의 살림살이를 논하고 있다면, 레오폴드는 에쿠멘인 대지의 살림을 중시한다.

레오폴드는 환경운동의 가장 고전적인 저작으로 알려진 자신의 저서 《모래군의 열두 달A Sand Country Almanac》에서 대지의 살림살이를 생태학적 원리로 조명한다. 이 책의 한 장을 차지하며 생태 중심 윤리를 처음으로 체계적으로 보여준 논문 〈대지 윤리Land Ethic〉에서 레오폴드는 대지를 죽은 것(무생명)으로 파악하는 기계론적 접근을 비판하며, 자연을 도구적 가치가 아닌 내재적 가치에 입각해 접근하는 생태 의식ecological conscience이 필요하다고 강조한다. 이는 땅을 단순히 재산으로, 노동가치가 들어간 소유물로 바라보는 로크 철학에 입각한 근대의 소유적 자연관에 대한 비판이기도 하다.[17] 땅은 살아 있는 유기체로 건강할 수도 아플 수도 죽을 수도 있는 존재이기에 단순히 인간의 소유물이 아니라 우주의 생명 회로 안에 있는 무엇이다. 대지는 인간이 노동을 하고 그래서 소유물이나 재산으로 여기는 대상이 아니라 생명을 낳고 순환시키

16 이기상, 《글로벌 생명학》, 28, 36~39쪽.
17 서양 근대 이후 토지 소유 및 관리의 문제에 대해서는, 유진 하그로브, 《환경윤리학》, 김형철 옮김(철학과현실사, 1994), 95~142쪽 참조.

는 생명의 터전인 것이다. 레오폴드는 대지를 경제적 가치로만 바라보는 근대의 소유적 자연관을 다음과 같이 비판한다.

> 대지는 단순한 흙이 아니다. 대지는 토양, 식물, 동물이라는 회로를 통해 흐르는 에너지의 원천이다. 먹이사슬은 에너지를 위를 향해 처리하는 살아 있는 통로이다. 죽음과 부패는 이 에너지를 토양으로 돌려보낸다. 회로는 폐쇄되어 있지 않다. 일부 에너지는 부패 과정에서 흩어져 사라지고, 일부는 공기를 흡수하며 더해진다. 일부는 토양, 토탄, 오랫동안 존속하는 숲에 축적된다. 이것은 서서히 증식되는 생명의 순환기금처럼 지속적인 회로이다.[18]

대지는 인간을 포함한 모든 생명체의 삶의 터전이다. 우리가 대지를 모든 생명의 공동 텃밭으로 생각하며 에쿠멘의 윤리를 실천해야 하는 이유가 여기에 있다. 에쿠멘의 윤리는 인간 삶의 풍요와 안락을 위해 자연을 희생하거나 착취하는 정복자의 태도를 취하지 않는다. 레오폴드는 대지 윤리가 생명 공동체에 대한 존중 의식을 수반한다고 말한다. "대지 윤리는 호모사피엔스의 역할을 대지 공동체의 정복자에서 그것의 평범한 구성원이자 시민으로 변화시킨다. 이는 동료 구성원에 대한 존중을, 그리고 공동체 자체에 대한 존중을 내포한다."[19]

생명권 의식 혹은 생태 의식은 인간이 자연의 정복자가 아니라 생

---

18 Aldo Leopold, *A Sand Country Almanac*(New York: Ballantine Books, 1970), 253쪽.
19 같은 책, 240쪽.

명 공동체의 구성원이라는 사실을 자각하고 이를 실천하는 탈脫인간중심주의를 함축한다. 이는 경제적 이해관계에만 입각해 자연을 바라보지 않는 것을 말하며, 생명 자체에 대한 깊은 존중과 경외가 깃든 실천을 뜻한다. 생명권 의식은 대지와, 대지의 구성원인 동식물, 그리고 인간에 대한 새로운 관계 설정을 요청한다. 레오폴드는 대지가 단지 흙이 아니라는 사실, 토착 동식물들은 에너지 회로를 개방 체계로 유지했다는 사실, 그리고 인간이 야기한 변화는 진화적 변화와는 차원이 다르며, 의도했거나 예측했던 것보다 훨씬 더 광범위한 영향을 미친다는 사실을 자각할 필요가 있다고 본다.[20]

'생명 피라미드', '대지 피라미드'는 태양 에너지가 흐르는 생명 요소와 무생명 요소로 이루어진 고도의 유기적 구조인데, 이 구조는 제일 밑바닥에 흙, 이어 식물, 곤충, 새, 설치류, 그다음에 원숭이와 육식동물에 이르는 다양한 집단을 포함하는 피라미드를 구성한다.[21] 인간 역시 이 생명의 피라미드에 위치해 있으며 이와 유기적 관계에 있다. 생명의 피라미드 혹은 대지의 피라미드가 훼손되거나 오염되면 인간의 삶의 터전 역시 생명력을 잃을 수밖에 없다. 동식물을 통한 에너지 흐름과 토양으로 환원되는 과정이 교란된다는 것은 대지가 산출하는 모든 우주적 생산물, 즉 먹을거리가 오염된다는 뜻이다. "토양의 산출력은 에너지를 받아들이고 저장하며 방출하는 토양의 능력"[22]인데, 이것이 교란되고 오염되면 에너지 회로인 대지가 교란되고 생명 자본 역시 고갈된

---

20 Aldo Leopold, *A Sand Country Almanac*, 255쪽.
21 같은 책, 252쪽. ; J. R. 데자르뎅, 《환경윤리》, 294쪽.
22 같은 책, 254쪽.

다. 레오폴드는 도시에 거주하는 현대인이 대지와 맺는 관계를 다음과 같이 말한다. "그[현대인]는 생명 유지에 필요한 관계를 대지와 맺지 않고 있다. 그들에게 대지는 도시들 사이에서 작물이 자라는 공간일 뿐이다."[23] 현대인들에게 대지란 건물이 올라가고 재화를 증진시키는 경제적 가치가 있는 부동산이거나 작물이 자라나고 도시에 농산물을 제공해주는 단순한 농경지일 뿐 생명이 순환되는 우주적 생명의 거처가 아닌 것이다.

우선 대지를 돈벌이 수단으로 보는 시각을 바꾸어야 한다. 대지란 모든 생명체가 거처하며 우주적 생명을 주고받는 순환의 장소이자 인간의 육체와 마음을 건강하게 만드는 살림의 터전이다. 대지가 오염되면 인간의 몸도 오염되고 마음도 척박해진다. 자연을 살아 있는 생명으로 보지 못하는 사람은 다른 인간도 유용한 물건으로, 즉 죽은 대상으로 바라보게 된다. 호르크하이머와 아도르노는 《계몽의 변증법》에서 서양의 근대 문명을 비판하며 자연 지배는 인간 본성의 억압을 초래한다고 말한다. 자연을 바라보는 시선이 곧 인간 자신에게도 고스란히 적용된다는 것이다. 우리는 자연의 생태학적 순환과 균형을 존중하고 대지를 살리는 관점을 가질 필요가 있다.

에쿠멘의 윤리는 인간의 (생물학적) 삶뿐만 아니라 인간다운 삶의 가치를 추구한다. 레오폴드는 바람직한 대지 이용을 오직 경제 문제로만 생각하는 것을 넘어서 윤리적·심미적 관점에서도 검토하며, 생명 공동체의 통합, 안정, 아름다움의 보전에 이바지할 수 있어야 한다고 강

---

23 Aldo Leopold, *A Sand Country Almanac*, 261쪽.

조한다.[24] 레오폴드가 주장하는 대지 윤리에는 생태학적 도덕 의식이 반영되어 있으며, 대지의 건강은 인간 개인에게 책임이 있다는 확신이 담겨 있다. 대지는 자기 회복력이 있어야 건강해지고 우리가 이 점을 이해하고 유지하기 위해 노력해야만 보전할 수 있다.[25] 대지의 살림살이는 자연 생태계를 건강하게 보전하려는 우리의 노력을 대변한다. 생태학적 살림살이는 인간의 거처로서 대지를 살려내는 살림살이에서 시작되며, 이는 온갖 독성과 오염 물질로 중독된 우리 몸을 자연 질서에 맞는 건강한 몸으로 살려내는 생명의 실천으로 이어지게 된다. 인간의 살림살이는 경제적인 생존뿐만 아니라 대지의 살림과 몸 살림, 마음 살림의 활동을 모두 포괄한다.

4. 생태학적 몸 살림

생태학적 살림살이에서 우리가 주목해야 하는 것은 몸 살림의 문제이다. 현재 지구상에는 남북문제, 식량문제가 국경을 넘어 번져가고 있다. 후진국에서는 먹을거리가 없어 굶어 죽는 인구가 증가하고 있는 반면, 선진국에서는 먹지 않고 버리는 음식물 처리에 골머리를 앓고 있을 뿐만 아니라 비만 전쟁이 일어나고 있다. 1970년대 역사상 처음으로 인간의 생산 능력이 모든 인류를 먹여 살릴 수 있게 되었고, 1990년대

---

24 Aldo Leopold, *A Sand Country Almanac*, 262쪽.
25 같은 책, 258쪽.

에 이 능력은 다섯 배 증가했다. 그러나 지구상에서 1,800만 명(대부분 어린이들)이 굶어 죽어가고 있고, 다른 한편에서는 너무 많이 먹어 생기는 질병과 싸우고, 살을 빼는 '다이어트' 산업이 번창하고 있다.[26] 이는 단순한 빈부 격차의 문제가 아니라 인류의 생존과 먹을거리의 갈등이 지구촌 차원에서 일어나고 있음을 의미한다. 여기에는 먹을거리의 분배라는 지구촌 차원의 경제적 갈등의 문제와 먹을거리 및 몸 살림의 훼손이라는 생태학적 갈등의 문제가 함께 담겨 있다.

근대 문명은 물질의 풍요를 일구어냈는데, 그중 하나가 먹을거리의 풍요로움이다. 농경에서도 인간의 노동이나 동물의 힘이 아니라 기계의 힘을 동원하고 화학비료나 농약을 대량으로 사용하면서 농산물 생산도 대량생산 체제로 바뀌게 되었다. 대형 마트나 백화점 식품 코너에서 볼 수 있듯이 이제 농산물은 넘치는 자본주의적 상품의 하나가 되어가고 있다. 먹을거리가 어떻게 생산되는지, 보기 좋은 먹을거리에 무엇이 담겨 있는지 생각할 여지도 없이 농산물은 단순한 먹을거리로 소비되고 폐기되는 것이다. 현대인들은 먹을거리의 우주적 생명 순환의 과정에 참여하지 못한 채, 자연계와 접촉하지 못한 채 단순히 생존을 위해 풍부한 먹을거리를 소유하고 소비하는 것이다. 그러나 공장에서 생산되는 공산품처럼 대량생산되고 소비되는 농산물은 대량생산을 위한 촉진제, 즉 농약이나 화학 물질의 과도한 사용에 노출되어 있다. 이는 토양의 유기적 순환 질서를 파괴하고, 식품의 오염은 인간의 건강에 치명적인 위협이 되고 있다. 카슨은 이러한 생산 과정과 자연에서 멀어지

---

26 이기상,《글로벌 생명학》, 363쪽.

는 인류의 경험을 다음과 같이 고발한다. "인류의 역사가 시작된 이래, 인간은 어머니의 배 속에서부터 죽는 순간까지 위험한 화학 물질에 현재와 같이 극심하게 노출된 적이 없다."[27] 자연의 생명 질서를 파괴하고 화학물질을 통해 대량생산된 재료로 만들어지는 먹을거리가 인간의 몸에 독을 축적하고 있는 것이다.

인류는 현재 새로운 문명의 질병을 앓고 있다. 한편으로는 풍요가, 다른 한편으로는 반자연적 질서가 초래하는 길항적 갈등에서 생겨나는 질병이 그것이다. 비만, 아토피, 암, 2형 당뇨병(고열량, 고지방, 고단백의 식단과 운동 부족 등으로 인해 인슐린 저항성이 나타나 발병하는 당뇨병), 유전자조작 식품GMO, 인간의 생체리듬 파괴, 산업 재해, 불임 증가, 도시 공해 물질의 증가, 화학비료로 키운 농산물, 동물농장, 신경장애, 환한 조명과 생체리듬을 파괴하는 요인들이 넘치는 도시의 삶, 원자력발전소 사고와 오염 등은 모두 자연 질서에 반하는 현대 문명이 만들어내는 문제들이다. 현대 문명의 구조적 문제를 그대로 드러내는 숙주가 바로 인간의 몸이다. 우리 몸의 질병과 고통은 현대 문명 및 생태학적 지구 살림의 구조와 밀접하게 연결되어 있다. 우리 몸의 질병은 현대 문명의 질병이기도 하며 이는 생태학적 지구 살림살이가 오염되고 훼손되었다는 뜻이다. 우리는 문명의 질병을 온몸으로 받아들이며 살아간다. 생태계의 오염은 곧 인간 몸의 오염을 초래하며, 인간 생명을 훼손하게 된다. 환경과 대지를 존중하고 보호하는 것은 다름 아닌 인간 몸 살림의 문화를 만드는 일이기도 하다.

---

27 레이첼 카슨, 《침묵의 봄》, 17쪽.

오늘날 우리의 먹을거리가 얼마나 심각하게 오염되고 있는지를 간략하게 살펴보자. 우리는 풍요로운 삶과 건강한 체격을 유지하기 위해서 서양처럼 육식을 해야 한다고 생각한 적이 있다. 외식이나 모임에서 으레 고기를 먹거나 패스트푸드 체인점에서 식사를 하려고 한 것이다. 그러나 육식이 가져오는 질병이나 폐해 또한 만만치 않다. 닭이나 돼지, 소 등의 가축은 비위생적 환경에서 밀집된 채 사육되고 대량 도축된다. 동물들은 비위생적인 축사에 갇혀 지내고, 밀집된 공간에서 질병이 증가하면서 항생제 사용 역시 증가하고 있다. 뿐만 아니라 분뇨 배출로 인해 토지 오염, 공기 오염, 수질 오염 등 심각한 환경오염이 유발된다. 성장한 돼지 한 마리는 사람보다 네 배쯤 많은 배설물을 배출하는데, 5만 마리 돼지를 축사에서 키우면 매일 22톤에 달하는 똥오줌이 쏟아져 나오며, 이는 한 개의 도시에서 배출되는 오물과 비슷한 규모인 것이다.[28] 소의 사육 역시 여러 문제를 야기한다. 현재 전 세계에는 13억 마리의 소가 사육되고 있는데, 마블링된 좋은 등급의 고기를 생산하기 위해 주로 옥수수를 사료로 사용하고 있다. 이는 가난한 사람들이 먹어야 할 곡물을 빼앗는 일이다. 또 이로 인해 부자들은 비만과 환경 질병을 앓게 된다. 육식을 주로 하는 현대인의 식단을 마련하려면 동물들의 밀집 사육과 환경오염을 감수해야 하며, 항생제의 오남용은 그대로 인간에게 축적된다. 또한 이는 지구촌 식량 자원의 분배 같은 남북문제를 야기하기도 한다.

젖소의 우유 분비량을 늘리기 위해 미국에서는 BST(bovine somato-

---

28 피터 싱어·짐 메이슨,《죽음의 밥상》, 함규진 옮김(산책자, 2008), 69쪽.

trophin, 유전공학적 성장호르몬의 하나)를 사용하며 10퍼센트 정도의 우유 생산량을 늘리고 있지만, 미국 젖소 여섯 마리 가운데 한 마리는 유선염으로 고통스러워한다고 한다.[29] 현대식 농장의 젖소들은 50년 전보다 세 배 이상의 우유를 생산하도록 종자가 개량되었는데 성장호르몬을 투여받으며 이 질병으로 고통받는 것이다. 영미권에서 보고되고 있는 소의 사육 과정 역시 현대 문명의 반자연성과 잔인성을 그대로 보여준다. 양의 골분이나 동물의 사체를 이용해 초식동물인 소를 사육하는 과정은 이미 광우병 공포를 통해 잘 알려져 있다. 미국에서는 소에게 젤라틴, '접시 쓰레기(레스토랑의 고기 요리 찌꺼기)', 닭고기와 돼지고기, 닭장 쓰레기(닭똥, 닭의 사체, 닭털, 먹다 남은 모이 등), 그리고 소의 피와 지방이 포함된 사료를 주고 있으며, 매년 100만 톤의 닭장 쓰레기가 소의 사료로 처리되고 있다고 한다.[30]

소, 돼지, 오리, 닭을 항생제로 사육하고 있을 뿐만 아니라, 과일이나 채소도 성장촉진제인 지베렐린Gibberellin으로 기르고 있다. 농약이나 성장촉진제를 투여하거나 방부제, 착색제를 입힌 식재료를 사용하고 조미료를 넣어 만드는 현대의 식단은 대개 화학 물질로 뒤범벅되어 있다. 인간이 벌레도 안 먹는 것을 먹고 살아가는 셈이다. 보기에 좋은 채소를 재배하기 위해 농장에서는 농약과 착색제를 쓰고, 음식점에서는 입맛을 자극하는 음식을 조리하기 위해 매일 화학조미료를 사용한다. 수입 식품은 먼 거리를 이동하기 위해 재배와 수확 과정에서 약품 처리

---

29 피터 싱어·짐 메이슨, 《죽음의 밥상》, 90쪽.
30 같은 책, 97~98쪽.; 제러미 리프킨, 《육식의 종말》, 신현승 옮김(시공사, 2008).

를 하고, 왁스와 살균제, 방부제를 뿌린 이후 판매한다. 유통기한을 늘리고 상품성을 높이기 위해 약 640가지의 식품첨가물이 사용되는 것이다. 대부분의 식품첨가물은 화학 합성 물질로 대개 강하거나 약한 독성이 있고 인간의 몸에 축적된다.

현대 문명은 구조적으로 인간의 몸에서 질병을 일으킨다. 일상 속 음식물에 화학 물질이 묻어 있고, 화학조미료의 세례를 받고 있어 자신도 모르게 몸의 질병이 찾아오는 것이다. 이는 인체의 면역 체계와 자기 치유 기능을 약화시키며, 우리에게는 비만, 아토피, 생체리듬의 혼조, 신경장애 등 많은 문명병이 찾아오는 것이다. 대지가 죽으면 인간의 삶도 죽는다. 생명체가 질병이나 인간의 인위적 조작 행위로 훼손되면 인간의 몸도 손상된다. 인간의 몸이 손상되고 생명을 품을 수 없는 불모의 터로 변하면 건강한 다음 세대로 이어지는 고리가 끊어지고 인류의 미래 존속은 어두워지고 만다. 생태계의 균형 회복은 인간의 타고난 몸의 생명성을 회복하는 일이자 인류가 미래에도 존속해야 한다는 당위와도 연결되는 일이다. 생명 운동은 인간의 마음(영혼)에서 생태적 삶에 대한 각성과 우주적 생명의 보존, 즉 영성적 삶의 각성을 요구한다. 생명 회복 운동은 환경을 보존하고 공해를 추방하며 자원을 재생하여 재활용하고 대체 에너지를 개발하는 등의 환경 운동을 넘어 몸과 마음의 생태계를 회복하는 생태적 삶의 각성 운동으로 자리매김해야 할 것이다.

몸과 마음의 생태계를 회복하기 위해서는 무엇보다 먹을거리에 대한 생태학적 의식과 절제의 태도가 절실하다. 고대 그리스와 로마에서는 음식에 대한 윤리 문제가 성 윤리 문제만큼 중요시되었고, 절제와 극기가 식생활의 미덕으로 여겨졌다. 플라톤Platon의 《국가Politeia》에서 소크라테스는 빵과 치즈, 채소, 올리브유로 된 단출한 식사에 무화과 디저트와 약간의 포도주를 곁들인 식단을 지지했다.[31] 가톨릭에서도 과식(탐식)은 7대 죄악의 하나로 여겨진다.[32] 오늘날 우리에게 필요한 것은 특히 절도 있는 섭생과 생명을 살리는 자각적 식사 습관이다. 베리는 먹는 것은 씨를 뿌리고 싹이 트는 일로 시작되는 먹거리 경제의 한 해 드라마를 마무리하는 일이라며 책임 있게 먹는 일이 중요하다고 역설한다.[33] 그에 따르면 오늘날 대부분의 사람들은 식품산업 생산자들에 의해 생산되고 조리된 음식을 선호하는데, 이는 먹을거리가 살아 있는 생명체였고, 흙에서 나왔으며, 수고롭게 길러진 것이고, 먹는 일과 땅이 연결되어 있다는 사실을 망각하는 대지 생명에 대한 기억상실 행위이다. 즉 현대인은 먹을거리가 농사나 땅과 상관이 있다는 생각을 더 이상 하지 못하는 일종의 문화적 기억상실증을 앓고 있다는 것이다.[34]

오늘날 사람들은 가공되고, 착색되고, 살균 처리된 생산품으로 변모된 패스트푸드를 즐겨 섭취하고 있다. 먹을거리를 단순히 식욕과 생존을 위한 거래로만 생각하는 것이다. 거대한 규모의 단일경작 방식으로 재배되는 채소는 독한 농약에 의존하고, 협소한 밀집 공간에 갇혀 사는 동물들은 항생제나 각종 약품에 기대고 있고, 빠름(속도)과 경쟁을 추구하는 사람들은 문화적 기억상실 속에서 죽음의 식단에 중독되어

---

31 피터 싱어 · 짐 메이슨,《죽음의 밥상》, 15쪽. ; Platon, *Werke, Bd.4: Politeia(Der Staat)*, von Gunter Eigler(hrsg.)(Darmstadt: Wissenschaftliche Buchgesellschaft, 1971), 372c-d.
32 교황 그레고리우스 1세 치세인 6세기경 제정되고 13세기경에 확정된 인간의 일곱 가지 중죄는 '자만Superbia', '탐욕Avaritia', '음탕Luxuria', '분노Ira', '식탐Gula', '시기심Invidia', '게으름Acedia' 으로, 각각의 두문자를 사용해 'SALIGIA'로 적기도 한다.
33 웬델 베리,《온 삶을 먹다》, 298쪽.
34 같은 책, 300쪽.

있는 것이다. 현대 문명의 기억상실증은 대지 생명에 대한 망각증이며, 몸의 생태계에 대한 공격이다.

우리는 먹는 일에 대한 의식을 회복할 필요가 있다. 가능하면 지역에서 생산된 먹을거리(로컬푸드local food)를 이용하고, 번거롭지만 음식을 직접 요리하며(슬로푸드slow food), 몸의 생태계를 보호하는 실천(몸 살림)을 해야 할 것이다.[35] 몸 살림은 자연 생태계와 인간의 몸 등 생명의 세계에 대한 생태적 자각과 생명 존중의 실천 활동에서 시작된다. 한살림 운동을 이끈 무위당 장일순은 우리가 먹고 있는 모든 먹을거리란 자연에서 얻는 것이며, 우리 몸속에는 자연에서 온갖 것이 다 들어와 살이 되고 피가 되어 움직이고 있다고 보았다. 즉 낟알 하나에 있는 우주가, 자연이 내 몸속에서 살고 있다는 것이다.[36] 햇빛과 바람, 비와 땅의 은혜를 알고 이를 몸으로 자각하는 일은 자연의 생명력을 온몸으로 받아들이는 행위이며, 이를 살림의 문명으로 실천하는 일을 '한살림'으로 본 것이다. 한살림 운동도 영성적 삶과 생태적 삶, 공동체적 삶이 어우러지는 살림의 문명을 만들고자 하는 문화 운동으로 보인다.[37] 현대 문명에서 필요한 것은 대지에서 생명이 시작된다는 생태적 자각을 깨우치는 운동이며, 인간의 몸을 살리는 생명 문화 운동이다.

---

35 웬델 베리, 《온 삶을 먹다》, 304~305쪽.

36 장일순, 《나락 한 알 속의 우주》(녹색평론사, 2009), 50쪽.

37 한살림 운동의 이념에 대해서는, 모심과살림연구소, 《죽임의 문명에서 살림의 문명으로》(한살림, 2011)를 참조할 것. 장일순의 사상이 한살림 운동이나 환경 운동, 생명 문화 운동에 지대한 영향을 미쳤다는 것은 의심의 여지가 없다. 그러나 그의 논의는 체계적이고 철학적이라기보다는 단편적인 표현이 많고 예시적 이야기 모음의 성격을 지니고 있다. 자각적 언어와 비유를 사용하며 일상의 이야기 형식으로 설명하는 장일순은 예지적 문필가에 가깝다.

5. 살림의 실천 운동을 해야 할 때다

우리는 21세기에 대지에서 삶을 지속해야 한다. 이러한 삶의 지상
명령은 세대와 세대를 이어 인류의 삶이 지속되도록 행위해야 한다는
것일 것이다. "네 행위의 결과가 지상에서 진정한 인간의 삶을 영속하
는 것과 조화될 수 있도록 행위하라"[38]는 요나스의 미래적 생태 윤리나
"네 행위의 결과가 자연의 보전과 번영에 어긋나지 않도록 행위하라"[39]
는 안드레아스 그리제바흐Andreas-Grisebach의 생태학적 정언명법은 대지
에서 생태학적 건강을 유지하며 살아가는 윤리적 태도가 필요하다는
말이다. 프리덴스라이히 훈더트바서Friedensreich Hundertwasser의 〈자연과
의 평화협정Friedensvertrag mit der Natur〉도 "우리는 자연을 이해 소통verstän-
digen하기 위해 자연의 언어를 배워야만 하며", "자연법칙과 조화를 이루
도록 삶을 살아야 한다"[40]는 것을 강조하며 무엇보다 현대에 생명의 살
림 문화가 절실하다는 사실을 보여준다. 오늘날 생태계 위기를 극복하
기 위해서는 먼저 의식을 바꾸어야 한다. 생태계 위기 문제는 우리 의식
의 변화뿐만 아니라 생활 태도, 즉 대지에 발을 디딘 삶의 운영 방식의
변화를 촉구하고 있다. 우리가 우주적 생명 공동체의 일원이라는 것을
자각하며, 대지가 우리 삶의 터전이며 몸도 우주 생명의 하나라는 것을
깨닫는 생명 자각의식이 필요한 것이다. 대지의 살림과 몸의 살림은 상
호 밀접하게 연관되어 있으며, 이는 곧 생명 살림 문화로 귀결된다.

---

38 Hans Jonas, *Das Prinzip Verantwortung*(Frankfurt a.M.: Suhrkamp, 1979), 36쪽.
39 Manon Andreas-Grisebach, *Eine Ethik für die Natur*(Frankfurt a.M.: Fisher, 1994), 49쪽.
40 같은 책, 173쪽.

미국의 미래학자 리프킨에 따르면 오늘날 인류의 미완의 과제는 지구를 구성하는 더 큰 생명 공동체에 대한 '개인적인 책임 의식'의 확립이다. 진정한 변화가 일어나려면 인류와 동식물, 그리고 생물권에 대한 책임 의식을 개인뿐만 아니라 집단 차원에서도 느껴야 하는 것이다.[41] 오늘날 무엇보다 중요한 것은 생명권 의식, 즉 다른 사람과 모든 생명체를 진화론적 의미의 대가족으로 여기고 공감하려는 '생명애 biophilia 의식'에 대한 교육이다. 현대인은 고도로 도시화된 첨단 기술 사회에서 살아가는 동안 자연이나 동료 생물들과 접촉하는 일이 계속 감소하며, 자연과 동떨어진 채 인공적 환경에서 살아간다.[42] 리프킨은 현대인이 자연과 거의 접촉하지 않고 자라나는 '자연결핍장애'를 겪고 있으며, 따라서 생태학적 자아로 사고하도록, 즉 생명권 의식을 갖도록 하는 교육이 절실하다고 보고 있다. 그는 주의력결핍 과잉행동장애ADHD 증상의 일부는 자연결핍장애와 관련되어 있다고 지적하며, 특히 새로운 정보통신 기술이 널리 보급된 지역이나 나라일수록 ADHD가 더 만연해 있다고 보았다. 이는 어린아이들이 컴퓨터나 컴퓨터게임 같은 전자매체의 넘쳐나는 자극이나 정보 홍수 속에서 시간을 보내며 집중력이 분산되는 현상으로,[43] 이를 치유하는 방법 가운데 하나가 녹색 공간과 녹색 교육이 될 수 있다는 것이다.

21세기 인류가 해결해야 할 과제는 인류가 미래에도 건강하게 살

---

41 이기상, 《글로벌 생명학》, 359쪽. ; 제러미 리프킨, 《유러피안 드림》, 이원기 옮김(민음사, 2012), 490쪽.
42 제러미 리프킨, 《3차 산업혁명》, 안진환 옮김(민음사, 2012), 342쪽.
43 같은 책, 358쪽.

아남아야 한다는 미래적 생존이다. 이를 위해서는 인간이 우주적 생명 공동체에 속해 있다는 생태적 자각과, 리프킨이 지적하고 있듯이 생명권에 대한 책임 의식이 다름 아닌 우리 자신에게 있다는 생명애에 대한 교육이 필요할 것이다. 생태학적 녹색 교육과 생명 자각의 운동을 통해 살림의 문명을 만들어갈 때, 인류는 대지와 몸이 생태학적 건강과 균형을 유지할 수 있는 에코토피아의 미래로 들어서게 될 것이다. 이 미래는 대지 살림과 몸 살림에서 시작된다. 대지는 생명의 터전이자 우리의 에쿠멘적 거처이며, 몸은 대지적 생명이 순환하는 우주적 회로의 중심이기 때문이다. 대지의 생태학적 건강은 인간 몸의 건강을 보존해주며, 몸의 건강은 우리를 미래 세대로 연결해주는 교량에 해당한다. 대지와 몸의 생태계는 하나로 연결된 우주적 생명의 쌍방향 뫼비우스적 접속체이다. 대지와 몸은 뫼비우스의 띠처럼 안과 밖이 서로 연결된 생명의 회로이기에 대지를 살리는 일은 인간의 몸을 살리는 일이며, 인간의 몸을 살리는 일은 인간의 삶을 영속적으로 미래에 연결하는 일이다. 21세기에는 이 양자의 생태계를 함께 살릴 수 있는 생태학적 생명 문화 운동을 펼쳐야만 한다. 이제 살림의 실천 운동, 생명 문화 운동을 우리 삶의 현장에서 시작할 때이다. 생명에 대한 교육과 자각, 의식적 실천은 살림의 운동을 일으킬 수 있고, 살림의 운동은 대지와 몸의 생태계를 살려내는 생명 문화를 만들며 인류를 미래 세대에 건강하게 연결해줄 것이다.

제7장
행복, 어떻게 찾아야 하는가
― 마음과 행복, 삶의 기예: 마음 테라피(1)

1. 행복을 추구하는 시대

우리의 삶은 쇼펜하우어가 말하고 있듯이 행복과 불행, 권태와 결여 사이에서 진자 운동을 하듯 움직인다. 우리는 살아가면서 기쁨과 만족, 보람과 의미를 느끼기도 하지만, 고민, 불안, 긴장, 경쟁, 초조, 분노, 공포, 질투, 죄의식, 자기 연민 등 자신을 가두는 감옥 속에서 괴로워하기도 한다. 우리는 바쁜 하루 일과를 마치고 집에 돌아와 잠자리에 누울 때 문득 내면에서 밀려오는 물음을 듣기도 한다. "나는 과연 잘 살고 있는 것일까?", "이렇게 사는 삶이 의미 있는 것일까?", "나는 어떻게 살아야만 하는 것일까?", "나는 현재 행복한 것일까?" 삶에 대한 물음은 의미 있는 삶과 행복한 삶, 이 두 가지 문제로 귀결될 것이다. 서로 다른 이두 가지 문제는 삶을 아름답게 만들어간다는 맥락에서 보면 동일한 궤도 위에 놓인 문제이기도 하다.

석각 〈용비어천가〉 (2016)
석판화의 글은《용비어천가龍飛御天歌》우右 제1장에 나오는 글이다. "뿌리 깊은 나무는 바람에 아니 움직이매, 꽃 좋고 열매 많나니. 샘이 깊은 물은 가물에 아니 그치매, 내가 이루어져 바다에 가나니."
영혼의 뿌리가 깊은 사람은 세파에 흔들리지 않으며, 긍정적이고 좋은 삶을 살고자 노력하는 사람은 충만한 삶을 살아가게 될 것이다. 행복한 삶을 살기 위해서는 마음(영혼)의 훈련이 필요하다.

현대만큼 삶의 행복에 매달리는 시대도 많지 않을 것이다. 부의 축적이나 경제적 여력이 삶의 질에 대한 관심을 높여주고 있으며, 삶의 질에 대한 관심은 행복하고 재미있고 유복한 삶에 대한 갈망을 불러일으키고 있다. 그러나 삶의 의미를 수반하지 않는 일방적이고 편향적인 행복의 추구는 행복이 재산, 권력, 명예, 건강 같은 물질적·신체적·외형적 가치의 획득에 달려 있다고 보는 '행복 노이로제'를 낳기도 한다.

서양에서 행복과 재산(소유물)의 관계를 근대적 맥락에서 논의한 철학자는 소유권(재산권)과 자유주의의 이념을 정초한 영국의 철학자 존 로크John Locke였다. 1690년에 그는 자연이 인간에게 '행복 추구pursuit of happiness' 욕구와 '고통에 저항하는 의지'를 심었으며, 행복을 '가장 큰 쾌락'이라고 보았다.[1] 근대 이후 서양에서는 행복과 쾌락의 증진에 많은 관심을 기울이게 된다. 오늘날에도 많은 사람이 부(돈), 명예, 권력, 건강, 장수, 성공, 쾌적함, 재미, 쾌락 등에서 행복을 찾고 있다. 우리 시대의 대표적인 사회사상가이자 미래학자로 평가받는 리프킨은《공감의 시대The Empathic Civilization》에서 오늘날 보통 사람들은 인간의 행복을 재산의 소유와 연결하며, 돈으로 행복을 살 수 있을 뿐만 아니라 부富로 통하는 길과 행복으로 통하는 길은 하나이며 같은 길이라고 생각한다고 지적한다.[2] 이는 서양뿐만 아니라 우리 사회에도 그대로 적용된다. 근대화라는 압축적인 경제성장을 체험한 우리는 현재 재산 축적과 물질적 가치에 유난히 집착하며 살고 있는 듯하다.

---

1 Wilhelm Schmid, *Glück*(Frankfurt a.M. und Leipzig: Insel Verlag, 2007), 17쪽에서 재인용.
2 제러미 리프킨,《공감의 시대》, 619쪽.

그러나 현대의 많은 연구자들에 따르면 부와 소유의 추구에 매달리는 사람은 그렇지 않은 사람보다 심리적으로 행복을 잘 느끼지 못한다.[3] 부에 집착하는 이들은 부의 추구 자체를 목적으로 삼고 사람의 마음까지 소유할 수 있다고 생각하며 모든 것을 도구화하려 든다. 또 친밀한 인간관계를 맺을 줄 모르고 관용이 부족하고 주변 사람들의 복지에 별다른 관심을 보이지 않으며 공감할 줄도 모른다는 것이다. 이러한 사람들은 인간관계에서뿐만 아니라 동물이나 자연에 대해서도 도구적, 편의적, 이기주의적 경향을 드러낸다.[4] 물질이 중심이 되는 사회에서는 필요 이상의 소비가 증대되고 상업적·속물적 가치가 중심이 되는 소비 문화가 조성되지만, 소비와 소유를 추구하는 가운데 행복은 오히려 줄어드는 역설이 나타나는 것이다. 상대적 부에 대한 관심이 커지면서 오늘날 사람들은 소유 중독에 빠지게 되어, 인간관계나 공동체 의식, 공감 의식을 확장하는 삶에서 멀어지게 되었다.[5] 물질만능 사회에서 점점 더 바빠지고 경쟁에 시달리며 인간관계는 불통되고 가족관계마저 소원해지는 황량감이나 공허감에 시달리는 것이다.

우리는 여기에서 행복이란 무엇이며 어떻게 행복해질 수 있는가를 언급하기 이전에 우리를 불행하게 만드는 것이 무엇인지를 먼저 살피고 이후 행복은 어디에 있으며 어떻게 얻을 수 있는지를 탐구하려 한다. 그다음으로 행복을 일구는 '삶의 기술'이 어떻게 아름다운 삶을 만드는 실천적 삶의 예술 활동과 연관될 수밖에 없는지를 살펴보고자 한다.

---

3 제러미 리프킨, 《공감의 시대》, 620쪽.
4 같은 책, 627쪽.
5 같은 책, 631쪽.

2. 인간을 불행하게 만드는 것들

불행은 만족이나 쾌의 결여, 즉 고통의 느낌과 연관되어 있을 것이다. 영국의 현대 철학자 버트런드 러셀Bertrand Russell은 인간학적 저서 《행복의 정복The Conquest of Happiness》에서 인간을 불행하게 하는 것과 관련된 원인들을 분석한 이후 행복의 조건 및 원인에 대해 논의했다. 그는 불행의 원인으로 경쟁, 권태와 자극, 피로, 질투, 죄의식, 피해망상, 여론에 대한 공포 등을 지적했고, 행복의 원인으로 열의, 사랑, 가족, 일, 일반적 관심사, 노력과 내려놓기 등을 열거했다. 우리는 여기에서 러셀이 지적하고 분석한 불행을 일으키는 몇 가지 문제를 살펴보고자 한다.

현대만큼 경쟁과 생존경쟁을 강조하는 시대도 드물 것이다. 현대 사회에서는 경쟁에서 이기는 것을 행복의 조건으로 여기는데, 실은 이로부터 고통이 시작된다. 성공은 행복의 한 요소이기는 하지만, 그것을 위해 삶의 다른 모든 요소를 희생해서는 안 될 것이다.[6] 오늘날 인생의 주요 목표로 간주되는 경쟁은 잔인하고 집요하며 몸과 마음을 피곤하게 만들며 공존의 기반을 무너뜨리고 삶의 여유와 기쁨을 제공하는 여가마저 오염시킨다. 지나친 경쟁은 공존의 가치를 붕괴시키며, 타인을 오로지 이기거나 배제하려는 생존경쟁의 희생자로 만드는데 실은 이를 통해 자신의 삶도 피폐해진다. 러셀에 따르면 권태를 이기는 어느 정도의 힘은 행복한 생활의 필수 요소지만, 지나치게 자극으로 가득 찬 일상은 소모적인 삶에 이르게 된다.[7] 일상의 단조로움이나 권태를 이기

---

6 버트런드 러셀,《행복의 정복》, 황문수 옮김(문예출판사, 2009), 50쪽.

지 못해 많은 사람들이 삶 자체를 소모적이고 파괴적으로 만드는 술이나 도박, 여흥을 찾는데, 오히려 행복은 일상의 단조로움을 이겨내는 가운데 다가온다는 것이다. 러셀은 현대에서 가장 심각한 문제 가운데 하나가 '신경의 피로'라고 말한다.[8] 격렬한 노동, 근심 걱정, 대인 관계에서 오는 스트레스, 자극에 대한 집착, 불만족 등이 신경쇠약을 유발하며, 삶에 대한 불안과 두려움은 심신의 피로를 가중시킨다는 것이다.

러셀이 근심 다음으로 불행의 원인으로 꼽는 것은 인간의 내면에 있는 질투이다. 질투가 심한 사람들은 자신이 가지고 있는 것으로 즐거움을 느끼는 대신에 다른 사람이 가지고 있는 것으로 인해 고통을 느낀다.[9] 우리의 삶에서 다른 사람의 소유물과 자기의 소유물을 비교하는 습관은 삶에 치명적인 영향을 주게 된다. 이런 어리석은 비교는 내 삶의 가치를 상대화시키고 약화시키며 다른 사람을 질투하게 만든다. 이를 극복하기 위해서 그는 무익한 일을 생각하지 않는 정신적 훈련이나[10] 자아를 초월하는 법을 배워야 한다고 말한다.[11] 우리는 끊임없이 스스로를 다른 사람과 비교함으로써 상대적 빈곤감에 빠지게 된다. 정신적 훈련은 삶의 가치를 자신의 내면에서 찾는 훈련이며 살아가는 데 도움이 안 되는 쓸데없는 생각이나 공상을 버리는 생각의 훈련이기도 하다. 자아의 초월은 상대적 빈곤감에 시달리는 세속적 자아를 넘어서는 것을 뜻한다. 죄의식 역시 인간을 불행하게 만들고 열등감을 주게 된다.

---

7 버트런드 러셀, 《행복의 정복》, 62~63쪽.
8 같은 책, 69~70쪽.
9 같은 책, 85쪽.
10 같은 책, 88쪽.
11 같은 책, 94쪽.

사람들은 자신이 불행하다고 느낄 때 부정적인 감정을 품고 다른 사람에게 과도한 요구를 하게 된다. 그러한 사람은 열등감을 느끼기 때문에 자신보다 우월해 보이는 사람에게 원한을 품고 남을 칭찬하지 않고 시기하게 된다.[12] 러셀에 따르면 진실로 만족스러운 행복은 우리의 능력을 충분히 발휘하고, 우리가 살고 있는 세계를 가장 충실히 이해하는 데 있다.[13]

다른 한편 독일의 현대 철학자이자 심리학자인 요제프 라트너Josef Rattner는 행복과 불행의 문제를 사랑과 미움으로 분석한다. 그는 사랑하는 사람과 사랑하지 않는 사람의 차이를 연구하며 이러한 가치들이 삶의 행복이나 가치와 어떻게 연관되는지를 살펴보았다. 그에 따르면 사랑하는 사람의 내면은 헌신, 선행, 화해, 평온, 진실, 희망, 신뢰, 인내, 겸손, 정당함, 지혜, 이해심, 신중, 명료, 침착, 명랑, 따뜻함, 기쁨, 창조력, 자신과 타인에 대한 책임감, 자유, 신앙심, 일에 대한 만족, 자존감, 사교성, 공동체 정신 등 삶에 긍정적 영향을 주는 특징으로 가득 차 있다. 이에 반해 사랑하지 않는 사람의 내면은 공포, 의심, 지배욕, 열등감, 불안, 좌절, 폐쇄성, 자기중심성, 인색, 질투, 증오, 슬픔, 관용과 이해력 부족, 신체에 대한 불만, 사회성 부족, 감정 통제력 부족, 변덕, 냉정함, 무관심 등 부정적 감정이 복잡하게 얽혀 있다.[14] 내면이 긍정적 가치로 차 있는 사람은 삶을 사랑할 뿐만 아니라 행복의 영역에 속해 있다면, 미움과 같은 부정적 가치나 감정으로 차 있는 사람은 불행에 가까이 있게 된다는

---

12 버트런드 러셀, 《행복의 정복》, 105쪽.
13 같은 책, 108쪽.
14 우베 뵈쉐마이어, 《행복이 낯선 당신에게》, 박미화 옮김(서돌, 2011), 80~81쪽.

것이다.

독일의 저명한 로고테라피스트Logotherapist인 우베 뵈쉐마이어Uwe Böschemeyer는 사랑은 따뜻한 감정과 책임감 이상으로 육체와 정신을 포괄하는 행복하고 강한 감정으로, 이는 삶을 행복하게 받아들이는 행위이자 삶에 대한 강한 긍정이라고 말한다. 또 특별한 인간의 가치이자 유일한 규범적 가치이고 성공적이고 행복하고 의미 있는 삶의 가장 중요한 기반이라고 말한다.[15] 이에 반해 미움, 분노, 증오, 공격성이 오랫동안 한 사람의 영혼을 지배하면, 그의 영혼은 삶의 기쁨과 근거와 확신을 잃고, 결국 삶에 대한 균형 감각이 무너져 몸과 정신에도 문제를 일으키게 된다는 것이다.[16]

우리는 이러한 부정적인 감정을 일으키는 세상의 모든 것과 화해해야 한다. 용서는 자신을 아프게 하는 상처를 치유하는 것이다. 다시 말해 자신을 치유하는 행위이며, 타인과 화해하는 동시에 자신과 화해하는 과정이다.[17] 그는 더 나아가 행복한 삶은 자신과 세상의 화해뿐만 아니라 삶의 의미를 찾는 길에 놓여 있다고 보았다. 그에 따르면 행복한 삶은 "과거에 존재했고, 현재 존재하며, 미래에 다가올 모든 것을 내 삶으로 받아들이는 것이며, 내가 마주친 모든 것에서 의미를 찾는 것이다. 그리고 지금 이곳을 피해 다른 곳으로 도망치려 하지 않는 것이며, 지금 이곳에서 누리는 삶에 대해 기뻐하는 것"인데 반해, "불행한 삶은 나의 생각이나 기대와 일치하지 않는 모든 것을 경계하고 부정하고 버리

---

15 우베 뵈쉐마이어,《행복이 낯선 당신에게》, 82쪽.
16 같은 책, 142쪽.
17 같은 책, 159쪽.

고 차단하는 것이다".[18] 행복한 사람은 자기 자신뿐만 아니라 이 세상과 조화를 이루며 삶을 긍정하고 자기 자신과 하나가 되는 데 반해, 불행한 사람은 자신의 현실을 부정하고 자신과 화해하지 못하고 부정적인 태도로 살아가게 된다.

러셀과 라트너, 뵈쉐마이어 등은 근본적인 행복이란 인간에 대한 우호적 태도와 세계에 대한 긍정적 이해, 근원적인 관심에 달려 있다고 보고 있다. 세상을 있는 그대로 받아들이고 자신의 일에 대한 열정과 인간에 대한 사랑으로 분열 없이 통합된 삶을 살아가는 가운데 행복은 다가온다는 것이다.

러셀의 다음의 말은 불행과 행복이 자아와 사회의 통합이나 분열 속에서 나타나며, 우리가 우주의 한 시민으로서 자유로운 삶에 참여할 때 무엇보다 커다란 환희를 안겨주는 행복을 찾을 수 있음을 시사해준다.

모든 불행은 어떤 종류의 분열 또는 통일의 결여에서 생기는 것이다. 의식과 무의식이 조화를 이루지 못할 때 자아 내부에 분열이 생기며, 자아와 사회가 객관적인 관심과 사랑으로 결합되어 있지 않은 경우에 둘 사이의 통일이 사라지는 것이다. 행복한 사람은 이와 같은 통일을 이루는 데 실패해서 고통받는 일이 없는 사람이며, 또한 그의 인격이 인격 자체에 대항하여 분열되어 있지도 않고 세상에 대항하여 다투고 있지도 않는 사람이다. 이러한 사람은 자신이 우주의 시민이라고 느끼며 자유롭게 우주가 주는 장관과, 우주가 주는 환희를 즐기고, 또한 자기를 뒤이어 오는

---

18 우베 뵈쉐마이어, 《행복이 낯선 당신에게》, 45쪽.

사람들과 자신이 실제로 분리되어 있는 것은 아니라고 느끼기 때문에 죽음을 생각할 때에도 크게 괴로워하지 않는다. 이처럼 생명의 흐름과 본능적으로 깊이 결합될 때, 우리는 가장 큰 환희를 느낄 수 있는 것이다.[19]

자기 내부에서 분열이 일어나고 사회적 자아와 통합되지 못할 때 우리는 고통과 불행을 느끼게 되는 데 반해, 통합된 인격과 긍정적 가치관으로 세계와 자연의 생명력에 참여할 때 우주적 시민의 한 사람으로서 자유로운 삶을 향유할 수 있게 된다.

3. 행복은 어디에 있으며, 어떻게 얻어지는가?

우리는 어떻게 해야 행복을 얻을 수 있는 것일까? 행복이란 무엇일까? 행복은 어디에 있는 것일까? 행복은 일반적으로 정의될 수 있는 보편적 '명사名辭'가 아니라 나에게 다가올 때 비로소 의미가 구체화되는 '동사動詞'이다. 나의 삶이나 행위나 감정에서 삶의 의미가 구현될 때 행복은 비로소 실현되는 동사적 의미체이다. '행복happiness'은 우리 삶에서 '일어나는happen' 의미의 성취이다. 여기서는 행복이란 무엇이고 어디에 있으며 어떻게 얻을 수 있는지 이야기해보자.

---

19 버트런드 러셀,《행복의 정복》, 238~239쪽.

행복은 마음(영혼)에서 얻는다

그리스의 철학자 에피쿠로스Epikuros는 커다란 부와 명예를 누리고 존경을 받는다고 해도, 마음의 동요가 사라지지 않으면 진정한 기쁨이 생기지 않는다고 말한다.[20] 이는 행복이 재산이나 돈과 같은 물질적인 가치나 명예나 권력과 같은 사회적 가치가 아니라 바로 마음(영혼)의 평안과 같은 정신적 가치와 연관되어 있다는 뜻이다. 즉 인생에서 중요한 것은 부나 권력, 명예와 같은 외적 가치가 아닌 내면에 있다는 것이다. 같은 상황에서도 어떤 사람은 행복하다고 느끼고, 어떤 사람은 불행하다고 느낀다. 세상에 좋다는 물질과 명예를 다 가진 것처럼 보여도 정작 행복하지 않은 사람도 있고, 곤궁하고 어려운 처지에 있어도 행복해하는 사람도 있다. 이는 재산이나 권력, 명예 등이 아예 필요 없다는 말이 아니라 이런 가치에 집착하고 얽매이면 결코 행복해질 수 없음을 의미한다. 삶의 가치란 외부에 있는 것이 아니라 자신의 내면에 있음을 깨달을 때 우리는 자신을 얽매고 있던 허상에서 벗어나 행복을 발견할 수 있다.[21] 중요한 것은 나 자신의 삶과 마음(영혼) 속에서 다양한 삶의 가치를 어떻게 발견하고 의미를 찾는가에 있다.

고대 그리스에서 행복의 철학을 제일 깊이 있게 설파한 철학자 아리스토텔레스에 따르면 '행복eudaimonia'은 "일종의 좋은(잘 사는) 삶과 좋은(잘 하는) 행위"[22]이다. 그는 행복이 "완전하고 자족적인 무엇"이며,

---

20 에피쿠로스, 《쾌락》, 오유석 옮김(문학과지성사, 1998), LXXXI번, 36쪽.
21 우베 뵈쉐마이어, 《행복이 낯선 당신에게》, 69, 113~114쪽.
22 Aristoteles, *Nikomakische Ethik*, von Günther Bien(hrsg.)(Hamburg: Meiner Verlag, 1985), 1098b.

바로 이것이 "행위의 목적"[23]이라고 보았다. 우리가 행위하는 궁극의 목적을 아리스토텔레스는 '좋은 삶'을 누리기, 즉 '잘 사는 것'으로 보았다. 잘 사는 것은 매 순간 우리의 선택에 달려 있다. 즉 우리가 어떤 삶의 방식을 선택하느냐에 따라 삶의 모습도 달라지며 우리의 인생도 달라진다. 행복은 우리가 선택하고 삶 전체에 방향을 부여하는 삶의 방식에 기반을 둔다. 행복은 우리 자신의 행위를 선택하고 좋은 삶을 이끌어가는 영혼의 탁월한 능력을 통해 얻는 것이다. 행복은 깊이 생각하는 성찰적 숙고 능력과 함께 실천할 수 있는 영혼의 능력('프로네시스Phronesis')으로 얻을 수 있는데, 이는 마음(영혼)의 오랜 훈련을 요구한다. "한 마리 제비가 날아오거나 혹은 하루아침이 온다고 여름이 오는 것도 아니듯, 인간이 복을 받고 행복하게 되는 것도 하루나 짧은 시일에 이루어지지 않는다"[24]는 아리스토텔레스의 말이 시사하듯이 행복은 어느 순간에 갑자기 찾아오는 길손이 아니라 지속적인 마음 훈련을 통해 얻을 수 있는 열매이고 좋은 삶을 위한 활동이다.

행복을 이루는 재화에는 건강이나 장수長壽와 같은 신체적 재화가 있으며, 재산이나 명예와 같은 외형적 재화도 있고, 지혜나 마음의 평안과 같은 영혼의 재화도 있다. 이 가운데 아리스토텔레스가 최고로 꼽은 영혼의 재화는 탁월성, 영리함, 지혜 같은 삶의 근본적 재화이다. 우리는 어떤 재화를 삶의 중심에 놓고 살아가는 것일까? 우리는 자신의 마음을 들여다보고 내면의 목소리에 귀를 기울이며 살고 있는가? 좋은 삶

---

23 Aristoteles, *Nikomakische Ethik*, 1097b
24 같은 책, 1098a.

을 유지하기 위해, 균형 잡힌 정신적 삶을 유지하기 위해 자신의 영혼을 얼마나 잘 관리하고 있는가? 행복을 얻기 위해서는 마음(영혼)을 잘 관리해야 한다. 즉 내면의 삶을 성찰하고 지혜를 얻기 위해 끊임없이 노력해야 한다. 로마제국의 제16대 황제이자 스토아학파 철학자이기도 한 마르쿠스 아우렐리우스Marcus Aurelius는 행복이 근본적으로 영혼의 관리술에서 비롯된다고 말한다. "영혼이여, 너는 학대하고 있구나, 자신을 학대하고 있구나. 그러면 너는 자신을 존중할 기회를 다시는 갖지 못할 것이다. 우리 인생은 짧고, 네 인생도 거의 끝나간다. 그러하거늘 너는 아직도 자신을 존중하지 않고 타인의 영혼에서 행복을 찾는구나!"[25] 그는 자기 영혼의 움직임들을 추적하지 않는 자들은 불행할 수밖에 없다고 말하며,[26] 인간이 올바른 길을 가고 올바로 생각하고 행동할 수 있다면 행복한 삶은 언제나 우리 자신의 힘에 달려 있다고 강조한다.[27] 날마다 행복을 누리기 위해서는 마음을 다스리는 훈련이 무엇보다 중요하다. 삶의 고난이나 시련이 있을 경우 빅토르 프랑클Viktor Frankl이 말하고 있듯이 이 시련이 내 인생에서 어떤 의미를 줄 것인가를 물어볼 필요가 있다.[28] 행복은 우연히 얻어지는 행운이 아니라 마음의 관리나 훈련, 즉 자기 인식에서 비롯되는 것이다.

---

25 마르쿠스 아우렐리우스, 《명상록》, 천병희 옮김(숲, 2011), 34쪽.
26 같은 책, 35쪽.
27 같은 책, 87쪽.
28 삶의 고통과 의미의 관계에 대한 프랑클의 로고테라피에 대해서는, 김정현, 〈프랑클의 실존 분석과 로고테라피, 그 이론적 기초〉, 《철학연구》 제87집(철학연구회, 2009 겨울), 57~83쪽을 참조할 것.

행복은 자기 인식과 긍정적 감정에서 비롯된다

파스칼은 "세상의 모든 불행은 인간이 자신의 거주지에 있지 않는 데서 생긴다"[29]라고 말한다. 자신이 거주해야 할 거처를 모르고 과욕을 부리거나 있어서는 안 될 자리에 있으면서 제 역할을 못하면 혹은 들어가고 나갈 자리와 때를 구분하지 못하면 인간의 삶은 불행해진다. 자신이 거주할 장소나 할 일을 제대로 알기 위해서는 우선 자신을 잘 알 필요가 있다. 내가 누구인지 묻고, 자신의 한계를 인식해야 한다는 말이다. 이를 통해 자신의 현실을 긍정하고, '가질 수 없는 것', '할 수 없는 일'이 있음을 깨닫게 되며, 버릴 것과 내려놓아야 할 것을 알게 된다. 이리하여 자신에 대한 관계뿐만 아니라 타인과의 관계에서도 집착이 없어지고 삶에 대해 열린 태도를 갖게 된다. 마음이 열리면 나 자신을 긍정할 수 있고 모든 것이 다시 깨어나 삶을 긍정하는 에너지가 활성화되며 세계의 긍정적 구성원으로 다시 태어나게 된다.

자기 자신을 인식하기 위해서 침묵하는 시간이 필요하다. 고요한 가운데 영혼이 자신에게 말을 걸게 하고 마음속에 떠오르는 새로운 생각을 받아들이면, 거친 세상을 살아가는 데 필요한 삶의 에너지가 내 속에 있음을 확신하게 된다.[30] 고요를 경험하는 것은 충만한 삶 자체를 경험하는 일과 같다. 고요는 삶의 긍정적 에너지인 사랑을 경험할 수 있는 중요한 통로이다. 홀로 자신과 마주하는 사람은 자신이 무엇을 생각하고 느끼는지, 가지고 있는 것과 부족한 것이 무엇인지 생각하게 되며,

---

29 Wilhelm Schmid, *Glück*, 13쪽.
30 우베 뵈쉐마이어, 《행복이 낯선 당신에게》, 23쪽.

지금까지 알지 못했던 자신의 참모습을 만나게 된다.[31] 행복은 고요 속에서 자신과 만나는 과정에서 열리는 자각의 느낌에서 비롯되고, 긍정적 자기 확신의 내적 체험이다. 이러한 내적 체험은 긍정적 감정으로 표현된다.

인생의 기본 가치는 사랑, 자유, 자기 자신과 타인에 대한 책임, 용기, 희망, 신용, 선善, 화해, 정직, 진실, 솔직함, 지혜, 이해, 관용, 창조력, 친절, 평온, 소탈함, 열정 등으로 다양하다. 이러한 인간적 가치는 삶의 의미를 알려주고 삶이 나아갈 방향을 제시해주는 나침반과 같은 역할을 한다.[32] 하버드대학교 의과대학의 정신과 교수이자 성인발달 연구 및 긍정심리학의 대표적 학자인 조지 베일런트George E. Vaillant는 행복을 연구하며, 사랑, 용서, 희망, 기쁨, 믿음, 연민과 같은 긍정적인 감정은 인간을 성숙시키며 삶을 향상시킬 수 있다고 말한다. 그에 따르면 행복은 긍정적 감정에서 비롯된다.[33]

긍정적 감정을 가지면 삶을 긍정하게 되고, '지금, 여기'에서 누리는 삶을 기쁘게 살아갈 수 있다. 이에 반해 부정적 감정을 가지면 현실을 부정하고 불평을 늘어놓게 된다. 니체는 현실을 긍정하고 능동적 의지로 삶을 살아야 한다고 말하며, 삶을 사랑하는 사랑의 철학을 '운명애 amor fati'라는 용어로 집약했다. 긍정과 능동적 의지로 창조적인 삶을 실

---

31 우베 뵈쉐마이어, 《행복이 낯선 당신에게》, 103~104쪽.
32 같은 책, 37쪽.
33 조지 베일런트, 《행복의 완성》, 김한영 옮김(흐름출판, 2011) 참조할 것. ; 권석만은 긍정심리학자들의 자기실현적 행복관이 아리스토텔레스의 행복 개념에 뿌리가 맞닿아 있다고 보고 있다.(권석만, 〈긍정심리학, 개인과 사회의 상생적 행복을 꿈꾸다〉, 박찬욱 외, 《행복, 채움으로 얻는가 비움으로 얻는가》(운주사, 2010), 338쪽.)

현할 때 삶의 고통과 시련을 극복하는 힘이 차오르며 행복이 다가오는 것이다. 삶에 대한 긍정적 감정이 유발하는 내적 체험은 다름 아닌 충만한 삶이다.

행복은 삶의 의미가 있는 충만함이다

삶의 기예를 주창한 독일의 현대 철학자 슈미트에 따르면 행복에는 '우연의 행복Zufallsglück', '쾌적감의 행복Wohlfühlglück', '충일감의 행복 Das Glück der Fülle' 등이 있다. '우연의 행복'은 우발적으로 일어나는 사건이나 일회적 느낌에 그친다. 이는 시간이 지나면서 불행이 되기도 하고, 반대로 불행이 행복이 되기도 한다.[34] 복권이 당첨되거나 우연히 행운을 얻는 경우가 여기에 해당한다. 또 하나의 행복으로 삶의 안락이나 쾌적감, 만족감과 연관된 '쾌적감의 행복'이 있다. 육체의 안락이나 감각적 만족과 같은 것이다. 이것은 고통을 배제하거나 최소화하는 데서 얻는 행복으로, 여기에 빠지면 희로애락을 통해 얻는 삶의 의미를 체득하기 어려우며 방향감각 상실을 초래할 수도 있다. 힘들고 어려운 일을 회피하고 오로지 쾌락을 구하며 행복을 찾는 것은 불행으로 향하는 가장 확실한 길이기도 하다.[35] 이에 반해 '충일감의 행복'은 삶에서 일어나는 고통과 쾌락을 온전히 성찰함으로써 얻을 수 있다. 이는 "우리가 모든 쾌락을 선택하는 것은 아니며, 고통이 비록 나쁜 것이지만 우리가 항상 고통을 피하는 것도 아니다"[36]라는 에피쿠로스의 말처럼 기쁨과 고통을

---

34 Wilhelm Schmid, *Glück*, 15쪽.
35 같은 책, 23쪽.
36 에피쿠로스,《쾌락》, 46쪽.

함께 삶의 일부로 받아들이는 데서 성립한다. 충일감의 행복은 삶에 대한 정신적 태도에 의존하며 긍정과 부정이라는 양극 사이에서 이루어지는 호흡과 유사하다.[37] 이 행복은 삶의 양극에서 새로운 것을 찾는 균형에 이르게 되며 우연의 행복이나 쾌적감의 행복보다 포괄적이고 지속적인 성격을 띤다.[38]

인간은 매 순간 삶의 태도를 결정하면서 자신의 삶을 스스로 선택하고 만들어간다. 행복도 마찬가지다. 스토아학파의 정초자 가운데 한 사람인 제논Zenon ho Kitieus은 행복을 "삶의 좋은 흐름εύροία βίου"으로 여기고 있는데, 이는 밀물과 썰물이 있는 바다처럼 삶의 현장에서 자신과 하나가 되어 주어진 본성과 함께 흐르는 것을 뜻한다.[39] 어떤 사태나 상황에 자신을 온전히 내맡기는 몰입의 과정은 자신을 잃는 과정이 아니라 또 다른 충일감을 찾는 과정, 즉 감정이나 사고의 풍부한 내적 자원에서 새로운 에너지를 찾는 과정이기도 하다.[40] 충일감의 행복은 삶에서 가장 중요한 의미의 충족 체험에 기반을 두고 얻을 수 있다.[41] 쾌적함과 만족만이 행복의 요소가 아니고, 고통과 불행이 단순히 회피해야 할 대상이 아니며, 삶은 이 두 과정에서 새로운 의미를 발견하는 것임을 자각함으로써 우리는 성숙한 자신을 발견한다.

행복의 문제는 삶의 의미와 연관되어 있다. 그러나 여기서 말하는

---

37 Wilhelm Schmid, *Glück*, 30쪽.
38 같은 책, 31쪽.
39 R. Kuhlen, "Glück", in: hrsg. Joachim Ritter, *Historisches Wörterbuch der Philosophie*, Bd. 3(Basel/ Stuttgart: Schwabe & Co. AG Verlag, 1974), 686쪽.
40 Wilhelm Schmid, 앞의 책, 32쪽.
41 같은 책, 47쪽.

삶의 의미는 모든 사람들에게 적용되는 게 아니라 바로 나에게 구체적으로 다가오는 삶의 의미이다. 이러한 맥락에서 행복은 다른 사람에게 양도할 수 없는, 내 삶이나 의식에서 일어나는 구체적인 체험이나 느낌에 관련되어 있다. 삶의 의미 찾기는 연령과 성별, 교육 정도 등에 상관없이 누구에게나 중요한 문제이다. 우리는 인간다운 삶을 영위하기 위해 삶의 의미를 찾고자 한다. 삶의 의미가 결여되었다는 것은 살아가는 이유를 찾지 못했다는 뜻이기도 하다. 이는 자유, 사랑, 희망, 용기, 기쁨과 같은 인간의 특별한 가치와 단절됐음을 의미하며, 사람들을 '실존적 공허', 즉 '내면의 공허'로 내몰게 된다.[42] 삶이 가치와 멀어질수록 두려움, 폭력, 스트레스, 우울, 삶에 대한 싫증, 중독, 심리적 장애 등 행복한 삶과 의미 있는 경험을 방해하는 것들에 유혹당하기 쉽게 된다.[43]

에피쿠로스는 "삶을 포기할 많은 구실을 가지고 있는 사람은 아주 별 볼일 없는 자이다"[44]라고 말한다. 불안, 고통, 시련, 장애 때문에 삶을 포기할 구실을 가지고 있는 사람은 진정한 삶의 의미나 가치를 찾지 못하게 된다. 니체 역시 "왜 살아야 하는지 그 이유를 분명히 아는 사람은 삶을 어떻게 살아야 하는지도 쉽게 찾게 된다"[45]라고 말한다. 삶의 의미를 아는 사람은 어떤 고통도 이겨낼 수 있을 뿐만 아니라 마침내는 삶의 진정한 의미도 찾아낼 수 있다는 것이다. 행복은 장애나 시련을 이겨내고 얻는 삶의 의미와 연관해 나타난다. 다시 말해 각자의 삶의 맥락에서

---

42 우베 뵈쉐마이어,《행복이 낯선 당신에게》, 40쪽.
43 같은 책, 41쪽.
44 에피쿠로스,《쾌락》, XXXVIII번, 29쪽.
45 Friedrich Nietzsche, *Nachgelassene Fragmente*, 11[104], KSA 13, 50쪽.

일어나는 삶의 극복과 의미 찾기의 놀이인 것이다. 삶의 의미 혹은 행복을 찾기 위해 우리는 삶의 기술이 필요하다.

뵈쉐마이어는 독일 함부르크에서 '인생의 학교'를 열어 행복, 사랑, 자신감, 화해, 용서, 꿈, 성공 등 다양한 주제에 대해 강의하면서 인생을 풍요롭게 만드는 가치, 보다 충만하고 행복한 삶을 선사하는 가치에 대해 이야기한다. 그에 따르면 "문제가 없는 사람이 아니라 문제를 헤쳐나갈 수 있는 사람이 진정 건강한 사람이다."[46] 그러나 삶의 문제를 헤쳐나가기 위해서는 지혜와 용기뿐만 아니라 삶의 기술과 훈련도 필요하다.

우리의 일상에는 나 자신의 의지로 어쩔 수 없는 힘들고 어려운 일들도 일어나지만, 감사하고 즐거워해야 할 일들도 하루에도 수없이 많이 일어난다. 이때 삶을 긍정하는 태도로 바라보는 사람은 오늘의 일상에 감사하는 삶의 태도를 견지한다. 감사하는 사람은 자신에게 닥친 모든 것을 긍정적으로 받아들이고, 감사할 수 없는 일조차 너그럽게 받아들이려 노력하는 것이다. 그런 사람은 감사하는 마음을 삶의 일부로 생각하는 법을 배우게 된다.[47] 일상의 삶에 대한 긍정과 감사의 마음을 키움으로써 세계에 대한 내면적인 공간, 즉 여유로움을 확보하며 삶에서 일어나는 부정적인 사건도 용서할 줄 아는 너그러움을 얻을 수 있다. 삶에 대한 긍정적인 감정을 가지고 있는 사람은 인생에서 보람 있는 가치를 추구하게 된다. 감사는 어렵지만 매우 강력한 삶의 기술이며, 배울

---

46 우베 뵈쉐마이어, 《행복이 낯선 당신에게》, 70쪽.
47 같은 책, 72쪽.

(학습) 수 있는 삶의 가치인 것이다. 자신의 일상과 현실을 부정하면 감사와 사랑, 행복과 자긍감 같은 긍정적 가치가 생겨나지 않는다. 현실에 대해 생각하는 법, 삶의 어려움을 극복하는 법, 긍정적 가치를 키우며 살아가는 법, 부정적인 과거나 고통과 화해하는 법을 배우는 것은 삶을 풍요롭고 행복하고 아름답게 만들려는 의지의 산물이다.

4. 행복을 찾기 위한 삶의 기예

철학적 영혼관리사philosophischer Seelsorger로 활동하고 있는 독일의 현대 철학자 슈미트는 우리는 자기 삶을 의식적으로 이끌어갈 필요가 있다고 역설한다. 이는 우리가 매 순간 깨어 있는 삶, 자신의 힘으로 의식적으로 자기 삶에 의미를 부여하는 자세를 유지할 필요가 있다는 것을 의미한다. 그가 말하고 있는 '삶의 기예Lebenskunst' 철학은 "의식적으로 이끌어가는 삶의 토대와 가능한 삶의 방식에 대해 성찰하고 유지하는 것"이 목적이다.[48] 요컨대 아름다운 삶을 일구고 긍정적인 가치가 있는 삶을 구현하며 충일한 삶을 지향하는 것이다. 우리의 행복 역시 이러한 아름다운 삶, 가치 있는 삶, 충일한 삶의 현장에서 다가오게 된다.

이를 위해 삶의 기예 철학은 인간관계에서 일어나는 모든 일에 관심을 갖는다. 우리의 삶은 물질이나 도구적 세계 이외에도 사회적 세계,

---

48 Wilhelm Schmid, "Die Wiederentdeckung der Lebenskunst", in: Wilhelm Schmid(Hrsg.), *Leben und Lebenskunst am Beginn des 21. Jahrhunderts*(München: Wilhelm Fink Verlag, 2005), 14쪽.

즉 인간관계와 다양하게 얽혀 있기에 자신과의 대화나 타인과의 만남은 삶의 의미를 형성하는 데 매우 중요한 역할을 할 뿐만 아니라 자기 배려의 한 요소이기도 하다. 그가 '실존의 해석학Hermeneutik der Existenz' 혹은 '삶의 기예의 해석학Hermeneutik der Lebenskunst'이라고 부른 자기 배려의 기술이나 삶의 기술은 자신의 삶을 유지하는 방식의 방향 설정, 세계 속에서 올바른 길을 찾아내는 기술의 연마, 삶과 세계에 의미를 부여하는 데 기여하게 된다.[49] 이는 삶에 의미를 부여하고 자신과 삶을 해석하고 삶을 성찰하게 한다.

자신의 삶을 해석하는 것은 아름다운 삶이나 아름다움에 기반을 둔 삶을 조형하는 작업이다. 삶의 의미나 긍정적·부정적 가치들에 대한 해석이나 성찰 없이는 어떤 인간도 깨어 있을 수 없고, 깨어 있지 않은 사람이 아름다운 삶, 충만한 삶을 구현할 수는 없다. 슈미트가 푸코의 '실존의 미학'에 기반을 두고 삶의 기예에 주목한 것은 삶 자체를 긍정할 만한 아름다운 작품으로 만들기 위해서다. 그에 따르면 삶에 대한 책임이 궁극적으로 자신에게 있다는 책임 의식이 수반될 때 자기 의식이 풍요로워지는 '자기 강화Selbstmächtigkeit'가 이루어지게 된다. 이러한 힘이 있을 때 우리는 삶에 의미와 법칙을 부여할 수 있는 '선택 행위'를 할 수 있으며, 자신과 타자의 삶의 가능성과 의미에 주목하고, 사회관계를 인지하고 판단하는 감수성을 발휘할 수 있다. 우리는 자신의 삶이라는 재료를 조형하여 자기를 구성해야 하는 존재이며('실존의 조형성'), 자신의 실존에 형식을 부여하여 삶을 아름답게 만들어갈 수 있다.

---

49 Wilhelm Schmid, *Schönes Leben?*(Frankfurt a.M.: Suhrkamp, 2000), 169, 172쪽.

삶의 기예와 실존의 미학에서는 아름다움의 개념을 새롭게 규정한다. 여기에서 아름다움은 긍정할 만한 가치가 있는 것이며, 실존의 미학은 성공이나 쾌락, 사랑 같은 긍정적 가치뿐만 아니라 실패나 고통, 시련 등의 부정적 가치도 함께 주목한다. 여기에서 중요한 것은 삶이 총체적으로 긍정할 만한 가치가 있어 보이는가에 있다.[50] 아름다운 삶을 만드는 것은 삶을 가치 있게 만드는 것이다. 또 자기 자신을, 자신의 삶을, 타인과 더불어 사는 삶을, 이러한 삶을 조건 짓는 관계를 성찰하며 살아간다는 뜻이다. 자기 강화, 실존의 예술적 조형, 선택 행위, 감수성과 판단력, 아름다움의 실현은 충일한 삶에 기여하게 된다.[51] 진정한 행복이란 아름답고 충만한 삶을 구현하는 가운데 실행하는 예술적 활동에서 온다.

5. 깨어 있는 삶과 존재의 미학

우리는 일반적으로 행복을 물질적 풍요나 자신의 기대와 욕구가 충족될 때 불시에 찾아오는 감정으로 이해하고 있다. 그래서 행복하려면 재산이나 권력, 명예, 건강 등이 충족되어야만 한다고 생각하곤 한다. 하지만 이러한 외형적 가치에 집착하면 할수록 우리에게서 멀리 달아나고 내가 얻을 수 없는 낯선 그 무엇으로 느끼게 된다. 우리 주위에

---

50 Wilhelm Schmid, *Schönes Leben?*, 177쪽.
51 같은 책, 180쪽.

는 자신의 삶에 만족하지 못하면서도 그것을 개선하려고 노력하지 않고 불평만 하는 사람도 있으며, 겉으로 부유하지만 실은 인색하고 자신의 에너지를 주위에 나누어줄 줄 모르는 '가난한' 사람들도 있다. 재화로 자신을 얽어매는 족쇄를 만들어 이를 몸에 차고 살아가는 사람도 있고, 삶에 대한 불안과 두려움으로 감각적이거나 절망적인 도피의 삶을 살아가는 사람도 있다.

이 모든 사람은 물질이나 외형적 가치에 매달리면서 동시에 행복을 추구한다. 그러나 이는 깨어 있는 영혼이 일구어가는 삶의 정신적 가치와 아름다움을 보지 못하면서 행복을 찾으려는 것과 같다. 무도병에 걸린 사람이 신경계 이상으로 신체와 손발의 움직임이 맞지 않아 마치 춤추는 것처럼 보이듯, 잘못된 인생관과 삶의 태도, 습관을 가진 사람은 삶의 조화를 이루지 못하고 긍정감과 충일함이 마음속에 차오르는 행복을 찾기 어렵다. 일상적인 불행에서 벗어날 수 있는 해법을 제시하면서 불행의 원인으로 '잘못된 세계관', '그릇된 윤리', '좋지 못한 생활습관'을 지적하고 있는 러셀의 말처럼,[52] 불행으로부터 벗어나기 위해서는 나에게 주어진 현실을 긍정하고 세계를 있는 그대로 받아들이는 긍정적 세계관이 요청된다.

아름다운 삶, 행복한 삶을 살기 위해서는 자신과의 대화 속에서 일어나는 세계관의 변화가 따라야 한다. 외형적 가치나 속물적 가치로 자신을 평가하거나 타인과의 비교 속에서 자신의 삶을 재단하는 것은 우리의 삶을 불행으로 몰고 간다. 성공이나 행복, 살아 있음(생명), 감사 등

---

52 버트런드 러셀, 《행복의 정복》, 14쪽.

의 의미를 내적 목소리로 들을 수 있을 때 우리는 행복이 사람들의 일반적인 평가에 달린 것이 아니라 나의 내면 체험에서 울려 퍼지는 자각적 활동이라는 것을 깨달을 수 있다. 자연과 호흡하며 구도자적인 삶을 살아간 《월든*Walden*》의 작가 헨리 데이비드 소로Henry David Thoreau는 "모든 지혜는 아침과 함께 시작한다"는 《베다*Veda*》의 말을 인용하며 우리는 아침에 일어날 때처럼 눈을 뜨고 우리 자신에 대해 계속 깨어 있는 법을 배워야 한다고 강조한다.[53] 사람은 의식적으로 노력함으로써 삶을 향상시킬 수 있는 능력이 있기 때문이다. 행복이란 깨어 있는 정신으로 삶을 철저히 살아온 사람의 몫이다. 세속적 의미의 가난이나 실패가 아니라 자신의 삶에 대한 성실함, 진지함, 깨어 있음, 삶을 긍정하려는 노력, 사랑과 헌신, 감사의 가치를 인지하는 능력이 만들어내는 인생의 가치가 다름 아닌 행복인 것이다.

미국의 철학자이자 시인 랠프 월도 에머슨Ralph Waldo Emerson의 말은 현대에 우리가 행복과 성공을 어떻게 생각해야만 하는지를 잘 보여준다. "성공은 많이 웃고 사랑하는 것이다. 성공은 다른 사람들로부터 존경을 받고, 아이들로부터 사랑을 받고, 저명한 비평가들로부터 인정을 받는 것이다. 성공은 아름다운 것에 대해 고마워할 줄 아는 것이며, 자기 자신을 내주는 것이다. 열정적으로 즐기고 노래하는 것, 당신이 살아 있다는 이유만으로 편안히 숨 쉴 수 있는 사람이 있다는 사실을 아는 것, 그것이 바로 성공이다."[54] 내가 살아 있다는 사실로부터 누군가가 생

---

53 헨리 데이비드 소로, 《월든》, 양병석 옮김(범우, 2006), 139쪽.
54 우베 뵈쉐마이어, 《행복이 낯선 당신에게》, 76쪽.

명의 에너지를 얻고 삶에 감사할 수 있다면 나의 삶은 성공한 삶일 것이다. 세속적인 성공이 아니라 삶을 긍정하고 매사 감사하고 행복해하는 태도가 우리의 삶 자체를 성공으로 만드는 것이다. 행복은 내 존재가 이 세계에서 아름답다고 여겨질 수 있는 삶의 예술에서 얻어질 수 있는 존재의 미학이다.

제8장

행복이란 무엇인가
— 니체의 행복과 치유의 사상: 마음 테라피(2)

1. 행복산업 시대, 우리는 과연 행복한가?

행복이란 무엇일까? 오늘날 우리는 과연 행복하게 살고 있는 것일까? 물질적 부가 넘치는 풍요 사회 혹은 소비사회 속에서 우리는 왜 피로, 불안, 우울증, 스트레스, 낮은 자존감 등으로 힘들어하는 것일까? 어떻게 해야 우리는 행복하게 살 수 있는 것일까? 행복과 삶의 의미는 어떤 연관이 있는 것일까? 삶에는 행복에 이르는 기술이 있는 것일까? 우리는 어떻게 자신의 삶을 이끌어가야 하는 것일까?

오늘날 우리는 물질적 욕구 충족과 행복을 추구하며 이에 집착하지만 동시에 경쟁, 불안, 피로에 시달리며 어느 때보다 불행해하는 듯하다. 현대인은 노동 능력과 욕망을 효율적으로 관리하고 극대화하면서 자신을 성과 주체로 경영하지만 동시에 자신을 착취하고 스스로 소진되는 증후를 드러내고 있다.[1] 특히 산업화와 근대화를 이루고, 오로

2016. 1. 28. 김광명

석판화 〈차라투스트라와 삶의 이야기〉 (2016)

이 판화에는 하늘(해)과 땅(산), 그리고 그것을 잇는 원환의 세계(인간의 삶의 세계)가 있다. 또 그 안에는 모래시계(시간), 인간, 기도하는 손(소망), 항아리(삶의 흔적, 유골 등을 담은 도자기) 등이 있고, 또 하나의 내적 공간에는 독수리, 소나무, 사자, 어린아이 등 니체의 차라투스트라에 나오는 인간 정신의 상징들이 담겨 있다.

삶의 중심을 잡는 것, 깨어 있는 정신으로 살아가는 것, 좋은 삶을 사는 것, 의미 있게 살아가는 것, 행복한 삶을 사는 것, 이것을 위해서는 삶의 기예가 필요하다.

지 경제적 부의 축적이나 물질적 가치를 최상의 가치로 여기며 돌진해온 한국 사회에서 현대사회의 병리 현상은 더욱 극단화되고 있는 듯하다. 유엔이 발표한 '2015년 세계행복보고서'에 따르면 전 세계 158개 국가를 상대로 국민의 행복도를 조사한 결과 한국은 10점 만점에 총 5.984점을 얻어 47위를 기록하고 있다.[2] 이 보고서는 한국이 경제적으로는 선진국 대열에 진입했지만 국민들이 느끼는 행복 체감도, 즉 삶의 질에서는 문제가 많다는 것을 보여준다. 또한 2015년 대한신경정신의학회가 서울과 6대 광역시에서 만 20~59세 남녀 1,000명을 대상으로 '정신건강과 행복 조사'를 실시한 결과, 우리나라 성인 가운데 36퍼센트가 행복하지 않다고 느끼는 것으로 나타났다. 이 조사에 따르면 전체 조사자 가운데 3분의 1 정도가 우울, 불안, 분노 같은 정서 문제를 경험하고 있다.[3]

행복하지 않은 사회에서 사람들은 더욱더 행복을 누리고 싶어 하는 기대와 욕구를 갖게 되는데, 이는 상품화된 수많은 처세술과 자기계발 서적이 출간되는 데서 볼 수 있듯이 행복, 웰빙, 힐링, 명상 등에 대한 관심을 증폭시키고 있다. 그러나 이러한 정신적 가치의 확산은 단순히 개인 삶의 질적 향상이나 성숙에 대한 관심뿐만 아니라 실은 행복산업의 등장과도 관련이 있다. 자본과 정부가 이제 전략적으로 국민이나 개인의 행복에 관심을 갖고 이를 관리하는 시대가 된 것이다. 오늘날 기업

---

1 성과 사회와 피로 사회로 규정되는 현대사회의 이중적 성격과 '자아신경증' 문제에 대해서는, 김정현, 〈불안의 치유와 소통의 사유 ── '자아신경증'을 중심으로〉, 《범한철학》 제71집, 321~324쪽 참조할 것.
2 《연합뉴스》 2015년 4월 24일자.
3 《내외통신》 2015년 4월 6일자.

이나 경영자들도 노동자들의 심리 문제에 깊은 관심을 갖는다. 경영자들은 웰빙을 강조함으로써 노동자의 심신 상태가 작업장에 나쁜 영향을 미치지 않게 하고 노동자가 보다 적극적으로 헌신함으로써 노동생산성을 끌어올리도록 필요한 조치를 취한다. 이는 노동자들의 무력감이나 만성적이고 특정하기 어려운 소외 때문에 고용주와 정부가 치르는 경제적 비용이 막대하기 때문이다.[4]

피트니스, 행복, 긍정성, 성공 등 웰니스wellness 프로그램은 동기부여의 심리학, 신경과학, 불교의 명상법, 영양학 등을 버무려 넣어 행복과학을 만들어내고, 이 행복 과학은 이윤 극대화를 추구하는 기업의 최전방에 끌려나오게 된 것이다. 여기에는 행복한 사람일수록 직업 성취도가 높고 승진을 잘 하고 건강하다는 자본주의적 행복산업의 내용이 담겨 있다.[5] 행복이 자본주의 사회에 최적화된 사회적·심리적 자본이 되고 만 것이다. 욕망의 추구와 충족, 관리의 문제를 행복과 연관시키는 등 소비사회의 새로운 이데올로기가 등장한 것이다.[6]

행복의 심리학이나 긍정심리학의 등장 혹은 행복에 관한 대중의 관심 역시 이러한 시대적·사회적 분위기와 무관하지 않다. 행복에 관한 사회적·산업적 관심이나 수요만큼이나 자신의 삶의 질을 향상시키고자 하는 개인의 욕구나 관심도 증대되고 있다. 1998년 마틴 셀리그만 Martin E.P. Seligman이 더 이상 삶의 부정적 결과(중독, 트라우마, 우울증 등)를 다루며 과거 문제에 집착하는 심리학이 아니라 행복, 몰입, 삶의 의

---

4 윌리엄 데이비스,《행복산업》, 황성원 옮김(동녘, 2015), 126쪽.
5 같은 책, 127~134쪽.
6 필립 반 덴 보슈,《행복에 관한 10가지 철학적 성찰》, 김동윤 옮김(자작나무, 1999), 32쪽 참조.

미, 사랑, 감사, 성취감, 인간관계 등에 주목하는, 건강한 삶에 관심을 갖는 긍정심리학이 필요하다고 주장한 이후 "왜 인생이 살 가치가 있는지", "행복이란 무엇인지" 등에 관한 많은 연구가 진행되고 있다.[7] 이는 역설적으로 현대인이 행복하지 않다는 점을 방증하며 동시에 이런 욕구와 기대가 크다는 사실을 보여주고 있다. 이와 같이 행복은 개인뿐만 아니라 우리 시대의 위기와 관련된 문제이기도 하다.

---

7 최근 우리나라에서 행복 담론은 심리학(긍정심리학)과 심리치료(현실 요법), 로고테라피, 철학 등 네 가지 방향에서 다루어지고 있다. 첫째, 미국을 중심으로 하는 긍정심리학의 방향이다. 행복의 문제에 대해 셀리그만은 긍정적 정서와 성격 강점의 개발에 초점을 맞추고 있으며(마틴 셀리그만, 《마틴 셀리그만의 긍정심리학》, 김인자·우문식 옮김(물푸레, 2014). ; ──, 《마틴 셀리그만의 플로리시》, 우문식·윤상운 옮김(물푸레, 2011)), 조지 베일런트는 '성공적인 노화aging well'와 삶의 적응, 즉 성인 발달과 성공적인 인생 성장에 관심을 갖는다(조지 베일런트, 《행복의 조건》, 이덕남 옮김(프런티어, 2011). ; ──, 《행복의 완성》, 김한영 옮김(흐름출판, 2011)). 탈 벤-샤하르 Tal Ben-Shahar는 개인과 조직, 공동체를 행복하게 만드는 조건에 관심을 보이며(탈 벤-샤하르, 《해피어》, 노혜숙 옮김(위즈덤하우스, 2007). ; ──, 《완벽의 추구》, 노혜숙 옮김(위즈덤하우스, 2010). ; ──, 《하버드대 52주 행복 연습》, 서윤정 옮김(위즈덤하우스, 2010). ; ──, 《행복을 미루지 마라》, 권오열 옮김(와이즈베리, 2013). ; ──, 《행복이란 무엇인가》, 김정자 옮김(느낌이있는책, 2014)), 캐롤라인 밀러Caroline Miller와 마이클 프리슈Michael Frisch는 인생의 목표 설정을 중시하고(캐롤라인 A. 밀러, 유펜긍정심리학응용센터·마이클 프리슈, 《나는 이제 행복하게 살고 싶다》, 우문식·박선령 옮김(물푸레, 2015)), 니컬러스 크리스태키스Nicholas A. Christakis와 제임스 파울러James H. Fowler는 행복해지기 위해서는 무엇보다 자신과 타인의 관계, 즉 소셜 네트워크(사회적 연결망)가 중요하다고 본다(니컬러스 크리스태키스, 《행복은 전염된다》, 이충호 옮김, (김영사, 2010)). 둘째는 기존의 심리치료 쪽 연구로 윌리엄 글라써William Glasser의 현실 요법이 있다. 그는 인간관계에 파괴적인 외부 통제와 달리 인간관계를 향상시키는 새로운 내부 통제 심리학, 즉 선택 이론으로 삶의 변화와 행복을 찾고자 한다(윌리엄 글라써, 《행복의 심리, 선택 이론》, 김인자·우애령 옮김(한국심리상담연구소, 2010)). 셋째는 철학적 심리치료의 방향으로서 로고테라피(의미 치료)인데, 여기에서는 삶의 의미와 가치 상상의 문제를 중시한다(우베 뵈쉐마이어, 《행복이 낯선 당신에게》). 넷째는 기존 철학자들의 행복론에 관한 분석이나 성찰을 다루는 것이다(버트런드 러셀, 《행복의 정복》. ; 필립 반 덴 보슈, 《행복에 관한 10가지 철학적 성찰》. ; 시셀라 복, 《행복한 개론》, 노상미 옮김(이매진, 2012)). 그러나 넷째 행복에 관한 철학적 연구는 앞의 세 가지 심리학 혹은 심리치료적 연구만큼 현재 우리의 행복 문제를 다루는 데 크게 도움을 주지 못하고 있다. 보다 구체적인 우리 사회나 시대의 문제, 삶의 문제와 상황에 대한 분석 및 철학적 적용, 각 철학자들의 행복론과 연관해 보다 깊이 있는 연구가 필요한 시점이다.

긍정심리학과 같이 행복과 긍정적 정서에 관한 새로운 심리학적 통찰이 대두하고 철학의 역사에서 행복에 대한 수많은 논의가 있었음에도 불구하고, 오늘날 사회적 혹은 인간학적 문제를 해결하기 위해 행복을 고민해야 함에도 불구하고 이런 논의는 그리 많지 않다. 니체의 텍스트에 행복에 대한 수많은 언급이 있음에도 불구하고, 니체 연구에서도 지금까지 '행복'에 대한 학문적 논의는 거의 없는 형편이다.[8] 이 글은 니체 철학이 담고 있는 행복의 문제를 우리 시대의 문제와 연관해 다루고자 한다. 즉 현대의 긍정심리학이 제시하고 있듯이 삶에 대한 긍정적 의식, 자기 긍정감(자존감)의 확인이나 삶의 의미 등에 중심을 두고 행복의 문제를 철학적 · 심리학적 시각으로 접근하고자 한다. 먼저 두 번째 절에서 니체 철학에서 행복이란 어떤 의미가 있는지를 밝힌 후 행복과 불행의 관계를 논의할 것이다. 세 번째 절에서는 니체의 행복 문제가 긍정적 의식(삶의 긍정, 자기 긍정, 창조성)과 밀접하다는 것을 밝힌다. 그런 다음 행복이 '현재 여기에' 있는 일상을 영위하는 자기 자신(생명)에 대한 자각과 감사의 의식이며, 이를 찾기 위해 일상을 어떻게 관리해야

---

8 니체의 행복론에 대한 연구는 매우 부족한 형편이다. 독일어권에는 우르술라 슈나이더Ursula Schneider의 연구서(Ursula Schneider, *Grundzüge einer Philosophie des Glücks bei Nietzsche*(Berlin · New York: De Gruyter, 1983))가 있으며, 국내에서는 김효섭의 논문(김효섭, 〈니체의 행복론—행복의 조건〉,《니체연구》제22집(한국니체학회, 2012), 66~97쪽.)이 유일하다. 슈나이더는 니체의 행복 문제를 심리학적으로 다루기보다는 철학적 근본 명제로 다루며, 디오니소스적 행복, 행복의 교육자로서의 차라투스트라, 영원회귀를 통한 구원의 행복 등을 중심으로 논의한다. 김효섭은 니체의 행복의 문제를 윤리학의 관점에서 고찰하며 그 조건으로 창조적 삶, 탁월성, 성장, 여가 활동, 고통, 삶에 대한 긍정, 망각, 기존 도덕에서의 자유 등 여덟 가지 덕목이 필요하다고 말한다. 나는 니체의 행복론을 슈나이더의 철학적 명제 분석이나 김효섭의 윤리학의 관점과는 다르게 스스로를 최초의 심리학자로 주창한 니체의 관점을 따라가며 심리학적 관점에서 논의하고 불행과 고통에서 벗어나 존재의 충일감을 찾고 행복해지는 (철학) 치유적 관점에서 접근해보고자 한다.

하는지를 치유적 관점에서 다룰 것이다.

2. 니체의 행복론

행복이란 무엇인가?

행복이란 무엇일까? 행복이란 단순히 우리가 원하는 것을 소유하고 욕망을 충족하는 만족감일까? 아리스토텔레스가 제기하고 있듯이 행복이란 부, 명예, 권력, 건강, 장수와 같이 인간이 소유하고 누리고자하는 가치와 연관되어 있는 것일까? 혹은 칸트가 말하고 있듯이 행복 Glückseligkeit이란 "우리의 모든 경향성의 만족"[9]이나 "만족의 지속이 확실할 때 그런 상태에 대한 만족"[10], 다시 말해 인간이 추구하는 욕구를 현실적으로 충족하거나 획득할 수 있음을 확인하는 것 또는 그런 순간 느끼는 만족감일까? 아니면 타자의 시선과 인정 속에서 많은 사람들이 느끼는 공리적 쾌의 감정을 수용한 결과, 즉 사회적 시선이 제공하는 편안하고 안락한 감정인가?

니체는 최대 다수의 행복과 같은 공리주의적 행복관을 '영국적 행복'이라고 말하며 여기에는 '안락주의Comfortismus'가 담겨 있다면서 이를 거부한다.[11] 니체에게 행복이란 칸트적 경향성의 만족이나 공리주의

---

9 Immanuel Kant, *Kritik der reinen Vernunft*, von R. Schmidt(hrsg.)(Hamburg: Meiner Verlag, 1956), B 834.

10 Immanuel Kant, *Metaphysik der Sitten*, von H. Ebeling(hrsg.)(Stuttgart: Reclam, 1990), A 387.

11 프리드리히 니체, 《선악의 저편·도덕의 계보》, 214쪽. ; JGB 228, KSA 5, 164쪽. ; "영국식 철학의 근본적 추진력은 안락주의다."(프리드리히 니체, 《유고(1884년 초~가을)》, 정동호 옮김(책

적인 안락감이 아니라 내가 지금 여기에 살아 있다는 사실에 대한 자각, 즉 자기 자신의 충일감과 같은 힘의 느낌과 연관된다. 그에게 행복이란 "감정의 충일"이며 삶이 상승된다는 고양과 연관되어 있다. 그는 행복이란 "힘이 증가된다는 느낌, 저항이 극복되었다는 느낌"[12]이라고 말한다. 힘이 증가하고 저항이 극복된다는 것은 삶의 어려움이나 시련을 극복할 수 있다는 뜻이며, 행복이란 시련을 극복할 때의 힘의 느낌, 즉 내가 지금 의미 있게 살아 있다는 사실에 대한 자각을 말하는 것이다. 이는 행복이 단순히 어려움이 없고 평안한 안락 상태 혹은 단순한 욕구의 충족 상태가 아니라는 뜻이다.

니체에 따르면 행복은 어려움과 시련, 고난, 불행과 밀접한 연관이 있다. 삶에는 이러한 요소들이 동반되기에 이를 극복하면서 삶의 의미를 찾고 자신이 살아 있다는 것을 깨닫게 된다. 니체는 따라서 "힘과 승리가 지배하는 의식 속"에 "행복"이 있다고 말한다.[13] 니체에게 행복은 "충만한 감정과 그것에 수반되는 자부심"으로 특징지어진다.[14] 행복이란 산란기에 강을 거슬러 올라가는 소하溯河 특성을 지닌 연어처럼 어려움과 시련을 극복하는 힘의 느낌, 살아 있다는 생명감의 정점에서 오는 존재의 충만감과 자기 존재를 자각함으로써 얻는 자부심과 같은 감정으로 나타난다는 것이다. 니체가 '어려움과 시련, 고난Not'을 극복하고 이를 '전환하는 것wenden'을 '필연성Notwendigkeit'이라고 부르고 있듯

세상, 2004), 93쪽.; N 25[223], KSA 11, 72쪽.)

12 프리드리히 니체,《안티크리스트》, 백승영 옮김(책세상, 2002), 216쪽. ; A 2, KSA 6, 170쪽.

13 ──,《유고(1888년 초~1889년 1월 초)》, 백승영 옮김(책세상, 2004), 61쪽. ; N 14[70], KSA 13, 254쪽.

14 ──,《아침놀》, 박찬국 옮김(책세상, 2004), 342~343쪽. ; M 439, KSA 3, 268~269쪽.

이,[15] 삶의 필연성은 바로 고난과 자기 극복 과정에서 얻어지며 행복 역시 이러한 과정과 밀접한 연관성이 있다. 니체에게 행복이란 어려움에 직면해 이를 극복하고자 하는 긍정적인 의지이자 힘이며, 이 과정에서 자기 삶에 의미를 부여하는 것이고, 고난을 극복해냈다는 성취감에서 오는 자기 확인(자부심)이다. 이러한 과정은 자신의 삶을 긍정해야 가능하다. 셀리그만의 긍정심리학이 말하고 있는 다섯 가지 행복의 요소인 'PERMA', 즉 긍정적 정서positive emotion, 몰입engagement, 관계relation, 의미meaning, 성취accomplishment 등도 자신과 삶을 긍정하고 그 의미를 찾고자 하는 니체 사상을 닮았다.[16]

니체에게 행복이란 단순히 개인의 내면에서 일어나는 정서적 감응이나 인지적 확인만이 아니라 인간의 삶 전체를 관통하는 역사적 시선을 요구한다. 다시 말해 인간 삶의 역사적 지평 위에 펼쳐진 가치 목록들, 즉 고귀함, 책임, 미래, 희망, 인간성 등을 받아들이고 소화시켜 표현할 수 있는 힘으로서 실천 능력이 필요한 것이다.

인류의 가장 오래된 것과 가장 새로운 것, 상실과 희망, 정복과 승리 등이 모든 것을 자신의 영혼에 받아들이는 것 : 이 모든 것을 마침내 하나의 영혼 속에 지니고 하나의 감정으로 모으는 것 : ── 이것이 인간이 지금까

---

15 프리드리히 니체, 《차라투스트라는 이렇게 말했다》, 124, 349쪽. ; Za, KSA 4, 99, 268쪽.
16 마틴 셀리그만, 《마틴 셀리그만의 플로리시》, 41~56쪽. 셀리그만은 니체가 모든 인간 행위의 궁극적 목적을 권력(힘)에 두었다고 파악하고 여기에는 일원론적 성격이 있다고 보면서 니체 철학을 오해하고 있다. 하지만 긍정적 정서와 의미를 통해 인간의 심리 문제를 해결하고자 하는 그의 긍정심리학은 인간 문제를 바라보는 니체 철학과 많이 닮았다. 현대 심리학의 새로운 방향 가운데 하나인 긍정심리학과 니체 심리 사상의 공통점과 차이점은 따로 논의할 필요가 있다.

지 알지 못하던 행복을 그에게 부여할 것이다.── 힘과 사랑, 눈물과 웃음으로 충만한 신의 행복, 고갈되지 않는 자신의 부유함을 끊임없이 나누어주고는 바다로 가라앉는 저녁 무렵의 태양 같은 행복, 가난한 어부가 황금빛 노를 저어갈 때 가장 커다란 풍요를 느끼는 태양의 행복을! 그때에는 이 신적인 감정이 인간성이라고 불릴 것이다![17]

그는 이러한 덕목을 소화하여 충만한 힘과 사랑을 끊임없이 나누어줄 수 있는 역량을 '인간성Menschlichkeit'이라고 부르며, 행복은 자신의 풍부하고 충일한 힘을 획득하고 나누는 행위에서 온다고 본다. 니체는 선과 악, 좋음과 나쁨의 가치를 분석하고 이 가치가 도덕의 역사에서 전복되는 것을 계보학적으로 분석하는《도덕의 계보Genealogie der Moral》에서 행복을 두 가지로 구분한다. 하나는 힘이 넘쳐나는 능동적 인간의 행복으로, 이 경우에는 행위와 행복이 구분되지 않는다. 또 다른 하나는 무력한 자, 억압받는 자, 증오의 감정이 곪아 터져 고통을 느끼는 자에게서 나타나는 행복으로 이는 마취, 마비, 안정, 평화, 정서적 긴장 완화, 안도 등 수동적인 현상으로 나타난다.[18] 니체가 바라보는 행복은 단순히 욕구의 충족이나 만족감, 평안함, 안락함이나 긴장이 없는 상태와 같은 수동적인 것이 아니라 인간을 깊이 이해하고 삶의 고난을 극복하며 의미 있는 삶을 찾아가는 능동적 행위에 있다.

니체는《차라투스트라는 이렇게 말했다》의 시작과 마지막에서도

---

17 프리드리히 니체,《즐거운 학문, 메시나에서의 전원시, 유고(1881년 봄~1882년 여름)》, 안성찬·홍사현 옮김(책세상, 2005), 309쪽. ; FW 337, KSA 3, 565쪽.
18 ──,《선악의 저편·도덕의 계보》, 369쪽. ; GM I, 10, KSA 5, 272쪽.

행복을 언급하는데, 이는 곧 자기를 찾는 문제를 탐색한 것이다. 이 책의 첫 장에서는 차라투스트라가 나이 서른에 고향과 고향 마을의 호수를 떠나 산 속으로 들어가 10년을 고독 속에서 수행한 이후 어느 날 아침 동이 틀 때 마음의 변화를 느끼며 위대한 자연의 빛과 자신이 하나가 되는 행복감을 표현하고 있다.[19] 마지막 장에서는 머리 위로 사랑의 구름이 쏟아지고 사자의 포효 소리를 들으며 비둘기가 다가오고 태양이 하늘 한복판('정오')으로 솟아오르는 내적 체험, 즉 자신을 찾는 깨달음의 개시를 묘사하고 있다. 《차라투스트라는 이렇게 말했다》의 마지막 구절을 보자. "나의 고통과 나의 연민, 그것이 무슨 상관인가! 나는 행복을 열망하고 있다. 나는 나의 작품을 열망하고 있을 뿐이다!"[20] 니체가 말하는 나의 작품이란 인간이 자신을 극복하며 자기를 찾아가는 과정을 말한다. 니체의 행복이란 자기를 찾아가는 과정, 즉 삶의 문제들을 극복하고 의지를 발휘하는 능동적 과정에서 오는 힘의 충일감이자 이를 통해 고양되고 성장하는 내면적 성취감이다.

고통과 행복은 쌍둥이이다

니체에게 행복이란 결코 고통이나 불행이 없는 부재태가 아니다. 그는 자아 자체도 고등 사기의 하나로 보고 있듯이, '이기적' 행동과 '비이기적' 행동도 심리학적 자가당착이고, "인간은 행복을 추구한다", "행

---

19 "너 위대한 천체여! 네가 비추어줄 그런 것들이 존재하지 않는다면, 너의 행복이란 무엇이겠느냐!"(프리드리히 니체, 《차라투스트라는 이렇게 말했다》, 12쪽. ; Za I, Zarathustra's Vorrede 1, KSA 4, 11쪽.)

20 ──, 《차라투스트라는 이렇게 말했다》, 529쪽. ; Za IV, Das Zeichen, KSA 4, 408쪽.

복은 덕에 대한 보상이다", "쾌와 불쾌는 반대이다" 등도 심리적인 것을 왜곡하고 도덕화한 명제라고 보았다.[21] 자아, 이기주의와 이타주의, 행복과 덕, 쾌와 불쾌의 문제를 그는 심리학적으로 문제시한다. 니체는 "고통이란 모든 현존재의 중요한 그 무엇일 것"[22]이라고 말하며, 고통이 삶과 현재 살아 있는 인간을 이해하는 단서가 될 수 있다고 보았다. 쇼펜하우어가 세계를 고통의 세계로 보았듯이 니체도 인간 삶의 현장은 고통과 연관되어 있다고 보았다. 우리가 삶을 이해하기 위해서는 고통을 들여다보아야만 하는 것이다. "인간이 생을 그토록 깊이 들여다보면, 고통까지도 그만큼 깊이 들여다보게 된다."[23] 그는 고통과 불행, 실수, 실패, 궁핍, 고뇌, 상처를 겪으며 영혼의 균형을 잡고 삶의 깊은 의미를 찾는 영혼의 경제학이 필요하다고 말한다.

> 내 영혼의 전체적인 경제학과 "불행"을 통한 그것의 균형, 새로운 원천과 요구의 분출, 오래된 상처의 치유, 과거 전체에 대한 거부 등── 불행과 연관된 모든 것은 동정을 베푸는 자를 전혀 고려하지 않는다: 그는 **도움**을 주려 하지만, 불행에는 개인적인 필연성이 존재한다는 것, 공포, 결여, 궁핍, 한밤중의 시간들, 모험, 도박, 실수 등도 그 반대의 것들과 마찬가지로 나와 너에게 필요하다는 것, 더 나아가 신비적으로 나를 표현하면, 나

---

21 프리드리히 니체, 《이 사람을 보라》, 백승영 옮김(책세상, 2002), 384쪽. ; Eh, Warum ich so gute Bücher schreibe 5, KSA 6, 305쪽.
22 ──, 《유고(1884년 가을~1885년 가을)》, 김정현 옮김(책세상, 2004), 456쪽. ; N 39[16], KSA, Bd.11, 626쪽.
23 ──, 《차라투스트라는 이렇게 말했다》, 256~257쪽. ; Za III, Vom Gesicht und Räthsel 1, KSA 4, 199쪽.

자신의 하늘에 이르는 길은 항상 나 자신의 지옥에서 느끼는 쾌락을 통해야만 한다는 것을 생각하지 않는다. (……) 아, 안락하고 선량한 그대들은 인간의 **행복**에 대해 너무도 모르고 있다! 행복과 불행은 서로 함께 커가는 두 명의 오누이요 쌍둥이이며, 혹은 그대들과 같은 인간들에게서는 함께 **어린이로 머물러** 있는 오누이요 쌍둥이인 것이다![24]

영혼의 경제학은 자신을 불행하게 만들 수 있는 수많은 요인이나 상황, 조건에 대면해 그것을 극복하는 영혼의 치유술이자 긍정적 자기를 다시 탄생시키는 기술이다. 그는 행복과 불행을 서로 적대적이거나 모순된 것이 아니라, 함께 커갈 수도 있고 함께 어린아이처럼 미숙한 상태로 머물 수도 있는 오누이요 쌍둥이 관계로 이해한다. 불행과 불운, 시련과 고통을 어떻게 이해하고 처리하느냐에 따라 인간은 성숙한 큰 영혼이 되기도 하고, 증오와 원한을 품은 편협하고 하찮은 영혼이 되기도 한다. 그래서 니체가 무력하고 영혼이 병든 사람이 추구하는 안락함이나 평안함 혹은 욕구 충족이 아니라 능동적 힘과 의지로 모든 시련과 어려움을 이겨내고 자신의 삶을 긍정하며 그 과정에서 얻는 자부심을 행복과 연관시킨 것이다.

니체는 우리가 살아가면서 만나는 가장 고약한 적은 밖이 아니라 자기 안에 있다고 본다. 밖에서 오는 자극과 사건 혹은 대상을 어떻게 받아들이는가에 따라 행복과 불행이 결정된다고 본다. 즉 이를 수용하

---

24 프리드리히 니체, 《즐거운 학문, 메시나에서의 전원시, 유고(1881년 봄~1882년 여름)》, 310~311쪽. ; FW 338, KSA 3, 566~567쪽.

고 해석하는 우리 영혼의 능력에 달려 있다는 말이다. 그는 우리가 마주칠 수 있는 가장 고약한 적은 자기 자신인데, 이를 일곱 악마(이단자, 악마, 예언자, 바보, 의심하는 자, 경건하지 못한 자, 악한 자)로 표현한다. 이 것들과 마주하며 자신의 불길 속에서 스스로를 태워 재가 되어야 거듭 날 수 있다고, 즉 사랑과 창조, 고독 속에서 새로운 인간으로 다시 태어 날 수 있다고 말한다.[25] 우리가 직면하고 넘어서야 하는 니체의 일곱 악 마에 대한 언급은 그리스도교나 불교의 인간관에서도 유사하게 나타난 다. 중세의 교황 그레고리우스 1세(540~604)는 자만, 탐욕, 음탕, 분노/ 증오, 식탐, 시기심, 게으름/우울 이렇게 인간이 죄를 짓는 마음의 요소 를 '일곱 가지 중죄'로 규정하고,[26] 이 죄악을 벗어버리고 살아야 영혼이 구원받는다고 보았고, 오늘날에도 가톨릭에서는 이러한 것들이 인간을 죄악으로 몰아가는 중요한 요소라고 본다. 탐욕, 분노, 무지(탐진치貪瞋 癡)나 마음이 지어내는 온갖 모습(想, saṃjñā)에서 해방되어야 자유인이 될 수 있다는 금강경金剛經의 가르침도 궁극에는 세상의 문제를 자기 안 에서 찾는, 즉 자신과 대면하고 자기를 극복하는 과정, 자기 해방의 과 정을 가리키는 것이다.

자기 안의 어둠을 배척하거나 적대시하는 것이 아니라 자신의 삶 의 문제로 받아들이고 직시할 때 인간은 새로운 차원의 영성을 얻어 다 시 태어나게 된다. 나락과 질병, 의심 등 자신을 불행하게 만드는 요소

---

25 프리드리히 니체, 《차라투스트라는 이렇게 말했다》, 103쪽. ; Za I, Vom Wege des Schaffenden, KSA 4, 82쪽.
26 니체의 영향을 받은 대표적인 표현주의 화가 오토 딕스Otto Dix의 그림 〈일곱 가지 중죄die sieben Todsünden〉(1933)도 이 일곱 가지 항목을 의인화해서 묘사한 것이다.

를 극복하게 되면 오히려 보다 섬세한 감각과 기쁨 속에서 삶을 긍정하게 될 수 있다.

그러한 나락으로부터, 그러한 심각한 질병과 심각한 회의의 질병으로부터 돌아오면서 사람은 새로 태어난다. 낡은 껍질을 벗고, 더 민감해지고, 더 악의적으로 되고, 기쁨에 대한 더 세련된 취향을, 모든 좋은 것에 대한 보다 섬세한 혀를, 그리고 더욱 쾌활해진 감각과 기쁨 안에서 이제 보다 위험한 두 번째의 순진함을 지니게 되며, 동시에 더 천진난만하고 이전보다 백 배나 더 영리한 사람으로 다시 태어나게 되는 것이다.[27]

오직 고뇌와 극복 과정이라는 대가를 지불함으로써 인간은 실존의 파도가 해안까지 밀어 올리는 진귀한 조개를 얻을 수 있다.[28] 조개에 들어온 이물질에 대응하기 위해 생성된 분비물의 결정체가 진주가 되듯이 고통과 불행을 긍정적으로 받아들이고 넘어설 때 삶의 의미가 분비되고 영롱한 현존재의 의미체, 다시 말해 삶의 진주가 되는 것이다. 이제 어떻게 행복을 얻을 수 있는지를 구체적으로 살펴보자.

---

27 프리드리히 니체, 《즐거운 학문, 메시나에서의 전원시, 유고(1881년 봄~1882년 여름)》, 29~30쪽. ; FW, Vorrede zur zweiten Ausgabe 4, KSA 3, 351쪽.
28 같은 책, 279쪽. ; FW, 302, KSA 3, 541쪽.

3. 행복과 삶의 문제

행복은 삶의 긍정에서 시작된다

니체 철학은 우리가 온몸으로 살아가는 현실과 삶을 긍정한다. 우리가 처해 있는 현실이 바로 우리가 살아가는 삶의 터전이기 때문이다. 그는 자신의 힘과 두 다리로 몸과 마음을 지탱하며 독립적 인격체로 살아갈 수 있을 때 자기 삶의 주인이 될 수 있다고 본다. "사람들은 강건하게 자기 자신을 잡고 있어야만 한다. 그리고 용감히 자신의 두 다리로 서야만 한다. 그렇지 않으면 결코 사랑할 수 없다."[29] 삶의 무게를 짊어지고 자신의 현실을 긍정적으로 받아들이며 살아갈 때 비로소 우리는 삶을 긍정하고 인간을 사랑할 수 있다. 자신을 혐오하고 부정하며 타인에게 의존하는 사람은 자기 삶조차 온전히 살아낼 수 없고 타인에게 참된 사랑을 나눠줄 수도 없다. 이러한 사람은 타인이 베푸는 은혜가 얼마나 소중하고 감사한 것인지도 모르며 아주 작고 사소한 일에서 행복과 감사, 사랑을 찾을 수 있다는 사실도 알지 못한다. 자신이 처한 현실에서 감사와 생명을 느끼는 사람만이 행복을 찾을 수 있다.

> 아주 적은 것으로도 행복을 만드는 데는 충분함: 더없이 근소한 것, 더없이 조용한 것, 더없이 가벼운 것, 도마뱀의 바스락거림, 숨결 하나, 한 순간, 눈길 하나, 이처럼 **자그마한 것이 최상의 행복**을 만들어낸다.[30]

---

29 프리드리히 니체, 《이 사람을 보라》, 384쪽. ; Eh, Warum ich so gute Bücher schreibe 5, KSA 6, 305쪽.
30 ──, 《차라투스트라는 이렇게 말했다》, 446쪽. ; Za IV, Mittags, KSA 4, 344쪽.

행복이란 자신이 원하는 거창한 기대나 욕구가 실현될 때 비로소 얻는 게 아니라 아주 사소한 현실에서도 찾을 수 있다. 누구나 각자의 인생이 있고 각자의 행복이 있는 법이다. 삶의 현실을 긍정적으로 생각하고 자신을 사랑하는 사람은 자신이 걸어가야 할 길과 의미를 찾아낸다. 삶의 대지에서 자기 삶의 의미를 체현하며 살아갈 때 스스로 살아 있다는 감정을 느끼고 행복을 찾을 수 있다. "아직 어느 누구의 발길도 닿지 않는 길이 천 개나 있다. 천 가지의 건강법이 있으며 천 개의 숨겨진 생명의 섬이 있다. 무궁무진하여 아직도 발견되지 않은 것이 사람이며 사람의 대지다."[31] 행복이란 각자 삶의 대지에서 건강한 삶과 생명, 삶의 의미를 찾는 과정이다.[32]

행복은 자기 긍정에서 다가온다

니체의 인간학 가운데 중요한 것 하나는 '운명애' 사상이다. 자신의 삶을 긍정하고 사랑하는 것은 자기 긍정, 즉 자기 존재를 확인하는 일이자 자존감을 찾는 일이다. 그는 "인간의 위대함을 밝히는 내 정식은 운명애다"[33]라고 말한다. 그는 다른 것을 가지려 하지 않고 삶의 어둠이나 그림자를 은폐하려 하지 않으면서 삶을 당당히 받아들이며 자신을 있

---

31 프리드리히 니체, 《차라투스트라는 이렇게 말했다》, 125~126쪽. ; Za I, Von der schenkenden Tugend, KSA 4, 100쪽.

32 삶의 기예를 주창한 독일의 현대 철학자 슈미트가 말하는 충일감의 행복은 삶에서 일어나는 긍정적인 것과 부정적인 것, 이 양극 사이의 호흡을 통해 새로운 삶의 의미를 찾는 충족 체험이며, 성숙한 의미 체험이다.(Wilhelm Schmid, *Glück*, 16쪽 이하. ; ——, *Schönes Leben?*, 168쪽.) 니체는 우연이나 안락감이 아니라 지속적으로 삶의 의미를 찾고 성숙한 영혼이 체험할 수 있는 충일감의 행복을 추구한다.

33 Friedrich Nietzsche, Eh, Warum ich so klug bin 10, KSA 6, 297쪽.

는 그대로 사랑할 것을 요구한다. 나 자신의 삶을 사랑하고 최선을 다해 살아갈 때만이 다른 사람도 나를 도울 수 있는 것이다. "너 자신을 도와라: 그러면 모두가 너를 도울 것이다. 이웃 사랑의 원리"[34] 삶의 고통이나 시련에 굴하지 않고 최선을 다해 살아가자면 자신을 사랑하고 긍정하는 정신이 있어야만 한다. 어려움이 닥쳐도 스스로 일어서고 자신의 문제를 풀어내려고 노력하면 누군가 도움을 줄 수 있지만 다른 사람에게 의존하고 미움과 증오, 한탄과 원망으로 세월을 보내는 사람에게는 누구도 제대로 도움을 줄 수가 없다. 따라서 니체는 "내 인간애는 끊임없는 자기 극복이다"[35]라고 말한다. 자기 극복은 삶의 다양한 상황, 조건, 내적 갈등, 가치 충돌 속에서 이루어지며, 삶을 고양시켜 감사와 사랑, 능동과 긍정의 태도를 만들어내고 자기 삶의 주인이 되게 한다. "선과 악, 부유함과 빈곤함, 숭고함과 저열함, 그리고 가치의 모든 명칭들, 이것들은 무기가 되어야 하며, 생은 항상 자기 자신을 극복해야 한다는 것을 말해주는, 달그락거리는 표지가 되어야 한다. (……) 생은 오르기를 원하며 오르면서 자신을 극복하기를 원한다."[36] 니체가 말하는 인간애를 실현하기 위한 조건으로서 자기 극복은 건강한 자기 사랑으로 귀착된다. 병든 방식으로 자신을 사랑하는 것은 나르시시즘적인 병적 집착에 불과하기 때문이다.

---

34 프리드리히 니체,《우상의 황혼》, 백승영 옮김(책세상, 2002), 78쪽. ; GD, Sprüche und Pfeile 9, KSA 6, 60쪽.

35 ——,《이 사람을 보라》, 346쪽. ; Eh, Warum ich so weise bin 8, KSA 6, 276쪽.

36 ——,《차라투스트라는 이렇게 말했다》, 164쪽. ; Za, II, Von den Taranteln, KSA 4, 130쪽.

그렇다고 허약한 자나 병자의 방식으로 자기 자신을 사랑해서는 안 된다. (……)

나의 가르침은, 사람들은 자기 자신을 건전하며 건강한 사랑으로써 사랑하는 법을 배워야 한다는 것이다. 자기 자신을 참고 견뎌냄으로써 쓸데없이 배회하는 일이 없도록 하기 위해서다. (……)

그리고 정녕, 자기 자신을 사랑하는 법을 **배우는 것**은 단순히 오늘과 내일을 위한 계명이 아니다. 그것은 오히려 모든 기술 가운데서 가장 섬세하고 교묘하며, 궁극적인, 그리고 가장 큰 인내를 요구하는 기술인 것이다.[37]

행복이란 삶을 긍정하고 감사하고 즐거워하는 이에게 찾아온다. 이런 사람은 타인을 괴롭히거나 타인에게 고통을 주지 않으며 디오니소스적인 삶의 축제에 능동적으로 참여하게 된다. "우리가 좀더 기뻐할 줄 알게 된다면 다른 사람에게 고통을 준다거나 다른 사람들을 고통스럽게 할 궁리를 어느 때보다도 하지 않게 된다."[38] 니체에게 행복이란 자기 존재를 긍정적으로 확인하는 가운데 시작된다.

행복은 창조 속에 있다

니체에게 행복의 문제는 창조 행위와 밀접하게 연관된다. 모든 인간은 자기 행위의 원인자이며,[39] 자신의 힘을 분출하고 표현하려는 욕

---

37 프리드리히 니체, 《차라투스트라는 이렇게 말했다》, 313~314쪽. ; Za, III, Vom Geist der Schwere 2, KSA 4, 242쪽.
38 ——, 《차라투스트라는 이렇게 말했다》, 142쪽. ; Za, II, Von den Mitleidigen, KSA 4, 114쪽.
39 "모든 인간은 사건의 창조적인 원인, 근원적인 운동을 하는 제일 운동자primum mobil이다."
(——, 《유고(1882년 7월~1883/84년 겨울)》, 박찬국 옮김(책세상, 2001), 200쪽. ; N 4[138], KSA

구가 있기 때문이다.⁴⁰ 니체는 행복과 힘의 감정, 자기표현이 서로 연관되어 있다고 본다.

> **행복의 효과.**── 행복이 가져오는 첫 번째 효과는 **힘의 감정**이다. 우리 자신에 대해서든 다른 인간에 대해서든 표상에 대해서든 상상의 존재에 대해서든 이러한 힘의 감정은 **자신을 표현하고** 싶어 한다. 자신을 표현하는 가장 흔한 방식은 선물을 주는 것, 조롱하는 것, 파괴하는 것이다. 이 세 가지는 모두 하나의 공통된 근본 충동에 근거한다.⁴¹

정신적으로 가난하거나 병적 자기애를 지닌 사람은 자신을 부정적이고 이기적인 방식으로 표현하는 데 반해, 사랑과 긍정적인 힘의 감정을 지닌 건강한 사람은 자신을 긍정적 방식으로 표현한다. 니체는 이를 선물을 주는 것(베푸는 사랑), 조롱하고 파괴하는 것(병적인 자기표현) 등으로 묘사한다. 니체의 영향을 받아 의지 치료의 심리학을 창시한 랑크는 인간의 본성에는 자기표현의 의지가 있는데, 그 핵심에는 창조성의 문제가 담겨 있다고 보았다.⁴² 자기표현의 능력이 억압되어 스스로(자율

10, 154쪽.)

40 "힘의 감정.── 행복이 목표가 아니다. 오히려 인간과 인류 속에 있는 거대한 힘은 자신을 분출하고자 하고 창조하고자 한다. 그것은 결코 행복을 목적으로 삼지 않는 연쇄 폭발이다."(──,《유고(1882년 7월~1883/84년 겨울)》, 467쪽. ; N 9[48], KSA 10, 362쪽.)

41 ──,《아침놀》, 305~306쪽. ; M 456, KSA 3, 240쪽.

42 랑크의 의지 치료에 미친 니체의 영향에 대해서는, 김정현,《철학과 마음의 치유》, 84~115쪽. ; 랑크의 의지 치료의 핵심에 해당하는 '창조적 의지' 개념에 대해서는, 같은 책, 259~290쪽을 참조할 것. ; 의지 치료와 창의성 문제를 다룬 랑크의 탁월한 책으로 다음이 있다. Otto Rank, *Kunst und Künstler: Studien zur Genese und Entwicklung des Schaffensdranges*, von Hans-Jürgen Wirth(hrsg.) (Gießen: Psychosozial-Verlag, 2000).

적으로) 자신을 표현하지 못하면 억압된 의지가 드러나 신경증이 되는데, 이를 긍정적 의지로, 더 나아가 창조적 의지로 바꾸도록 돕는 것이 랑크의 의지 치료이다. 즉 억압된 자기표현의 의지를 해방시켜 활성화하고 창의적으로 표현할 수 있도록 하는 것이다.

> 우리는 현재의 우리 자신이 되고자 한다! 새롭고, 일회적이고, 비교 불가능하고, 자기 스스로가 입법자이고, 자기 스스로를 창조하는 인간이 되고자 한다! 그러기 위해서는 세계의 모든 법칙과 필연성을 배우고 발견하는 일에 최고의 역량을 쏟아야 한다.[43]

자율적으로 자신의 삶에 의지하고 원하는 삶을 일구어가기 위해서 세계의 법칙과 원리를 배워야만 하는 것이다. 사회적 관례와 관습, 규범을 배우고, 부정적 가치를 바꾸며 자기 삶의 원리에 적합하게 만드는 자기 입법의 창조적 역량이 필요한데, 이 과정에서 고통은 새로운 가치와 건강한 자신을 찾기 위한 조건이다. "창조, 그것은 고통으로부터의 위대한 구제이며 삶을 경쾌하게 하는 것이다. 그러나 창조하는 자가 있기 위해서는 고통이 있어야 하며 많은 변신이 있어야 한다."[44] 자기 세계의 입법자이자 창조자가 되는 일은 세계를 수용하고 그 가치를 전도할 수 있을 때, 즉 세계를 인식하고 해석하며 세계를 보다 의미 있고 아름답게

---

43 프리드리히 니체,《즐거운 학문, 메시나에서의 전원시, 유고(1881년 봄~1882년 여름)》, 307쪽. ; FW 335, KSA 3, 563쪽.
44 ──,《차라투스트라는 이렇게 말했다》, 138쪽. ; Za, II, Auf den glückseligen Inseln, KSA 4, 110쪽.

만들어낼 수 있을 때 가능한 것이다. 이때 나는 세계 안에서 병적·이기적 자기중심성을 넘어서 창조적 자기표현을 하고 행복한 삶에 동참하게 된다. "인식하는 사람의 행복은 세계의 아름다움을 증대시키며 존재하는 모든 것을 보다 밝게 만든다. 인식은 자신의 아름다움을 사물 주위에 펼칠 뿐만 아니라 장기적으로는 사물들 안에 자신의 아름다움을 투입한다."[45] 행복은 세계를 밝게 만드는 인식이며 아름답게 인식하는 정신 생명의 작용이다. 이는 사회적으로 중요하고 거창한 활동이 아닌, 아주 사소한 일상에서 맺는 관계와 자기관리에서 시작된다.

4. 니체의 치유 사상

일상의 관리술

우리의 일상은 삶의 현장이자 우리가 성장하거나 몰락하는 영혼의 싸움터이다. 삶을 긍정한다는 것은 일상에서 자기관리를 하며 영혼을 건강하게 운영한다는 뜻이다. 니체는 이러한 일상의 중요성을 강조하고 일상의 공간 안에서 삶이 파괴되고 망가지는 것을 경계하며 일상의 관리술을 제시한다.

알지 못하는 사이에 몰락하는 것을 피하는 법.——우리의 능력과 위대함은 단번에 무너지는 것이 아니라, 끊임없이 잘게 부서져 내린다. 모든 것 속

---

45 프리드리히 니체, 《아침놀》, 409쪽. ; M 550, KSA 3, 320쪽.

으로 들어가 자라고 어디에나 달라붙을 줄 아는 식물, 이것이 우리에게 있는 위대한 것을 파멸시킨다. 그것은 매일, 매시간 간과되고 있는 우리 주변의 비참함이며 이런저런 작고 소심한 감각의 수천 개의 작은 뿌리가 되어 우리의 이웃, 직장 교제, 일상의 일에서 자라난다. 우리가 이 작은 잡초를 조심하지 않으면 알지 못하는 사이에 그것 때문에 몰락하게 된다![46]

개개인의 거의 모든 **육체적, 정신적 무기력함**은 이러한 결여에서 유래한다는 사실을 잘 생각해보라: 생활양식의 설정, 하루 일의 할당, 교제를 위한 시간과 선택, 직업과 여가, 명령과 복종, 자연과 예술에 대한 감각, 식사, 수면, 반성적 사색에서 무엇이 바람직하며 무엇이 우리에게 해로운가를 알지 못하는 것이다; **가장 사소한 것과 가장 일상적인 것에 무지하고** 예리한 안목이 없다는 것, ——이것이 바로 많은 사람들에게 이 땅을 '재앙의 초원'으로 만드는 것이다.[47]

우리가 어떻게 살지, 매일 어떻게 일할지, 누구를 만나고 시간을 어떻게 보낼지, 어떤 직업을 선택하며 어떻게 휴가를 보낼지 같은 사소해 보이는 일상에 대한 성찰 없이 삶을 잘 꾸려가며 행복을 누리기란 쉽지 않다. 니체에게 이러한 일상의 관리술은 단순히 시간과 공간의 관리나 경제생활의 운영을 의미하는 것만은 아니다. 이는 일상에서 자신의 영

---

46 프리드리히 니체, 《아침놀》, 341쪽.; M 435, KSA 3, 267쪽.
47 ——, 《인간적인 너무나 인간적인 II》, 김미기 옮김(책세상, 2002), 223~224쪽.; MA, Der Wanderer und sein Schatten 6, KSA 2, 542쪽.

혼을 관리하는 것이자 삶에 대한 긍정적 마음을 찾아내 건강한 몸과 마음을 운영하는 기예이기도 하다.

> **미리 필요한 것**──자신의 성급함, 짜증과 복수욕 그리고 욕망을 이겨내는 대가가 되려고는 하지 않으면서 그 밖의 다른 곳에서는 대가가 되려고 하는 사람은, 급류에 대한 아무런 보호 대책도 없이 그 옆에다 밭을 일구는 농부와 마찬가지로 어리석다.[48]

자신의 마음 안에 있는 부정적 요소, 즉 미움, 증오, 성급함, 짜증, 시기, 질투, 복수욕, 분노, 오만, 과도한 자의식, 무관심, 자기부정, 자학 등을 이겨내야만 삶의 주인이 될 수 있다. 일반적으로 다른 사람에게 무관심하고 냉담한 사람은 가혹하고 잔인하며 성격 결함이 있다고 하지만, 니체에 따르면 이러한 사람은 실은 정신이 피로에 젖은 사람이며, 자신뿐만 아니라 다른 사람도 중요하지 않거나 귀찮은 존재로 여기게 된다.[49] 삶의 주인이 되어 충일한 힘을 가지고 행복하게 살기 위해서는 정신의 피로에서 회복되고 치유되어야 한다. 니체는 우리의 행복과 불행은 삶의 태도나 영혼의 관리, 심신의 습관과 건강한 행동, 생각의 습관과 말하는 습관 등과 밀접한 연관이 있으며, 삶의 치유는 구체적인 일상의 운영에서 일어난다고 말한다.

---

48 프리드리히 니체, 《인간적인 너무나 인간적인 II》, 272쪽. ; MA II, Der Wanderer und sein Schatten 65, KSA 2, 581쪽.
49 같은 책, 407쪽. ; MA II, Der Wanderer und sein Schatten 299, KSA 2, 688쪽.

서서히 일어나는 치료.──육체의 만성적인 병과 마찬가지로 만성적인 영혼의 병은 육체와 영혼의 법칙을 크게 한번 침해하는 것으로만 생기는 경우는 매우 드물다. 그것은 흔히 알아채지 못한 무수하고 사소한 소홀 때문에 발생한다. (……) 자신의 영혼을 치유하려는 사람조차 가장 사소한 습관들을 고쳐야 한다. 많은 사람들이 매일 열 번씩 자기 주위의 사람들에게 악의에 가득 찬 차가운 말을 퍼부으면서도 거의 그것을 대수롭지 않게 생각한다. 특히 몇 년 후에 그는 자신이 매일 열 번 주위 사람들을 기분 나쁘게 하도록 그를 강제하는 습관의 법칙 하나를 만들어냈다는 사실을 생각하지 않는다. 그러나 그는 주위 사람들을 매일 열 번씩 기분 좋게 만드는 습관을 들일 수도 있다.[50]

니체에 따르면 자신의 영혼을 치유하려는 사람은 일상의 생활 태도나 습관, 정서적 반응과 언어 표현 등에서 의식적 자각을 할 필요가 있다. 아무 성찰 없이 내뱉는 공격적인 말이나 표현이 주변 사람에게 상처를 주는지도 모른 채 이를 습관적으로 되풀이하는 사람은 삶에 실패하거나 자신과 타인의 삶을 파괴하게 된다. 니체적 의미의 일상의 관리술은 오늘날 슈미트에게 이어져, 자신의 삶을 의식적으로 이끌고 자기를 강화하며 자기 관계의 배려술을 가르치는 '삶의 기예Lebenskunst'로 탄생해 주목받고 있다.[51]

---

50 프리드리히 니체,《아침놀》, 354~355쪽. ; M, 462, KSA 3, 278쪽.
51 Wilhelm Schmid, *Philosophie des Lebens*(Frankfurt a.M.: Suhrkamp, 1998). ; 니체와 슈미트의 삶의 기예의 연관성에 대한 논의로는, 김정현,《철학과 마음의 치유》, 171~178쪽을 참조할 것.

치유 방법 : 망각, 조형력, 창조성

행복하고 건강한 삶을 누리기 위해 니체가 제기하는 또 다른 문제는 망각, 조형력, 창조성이다. 니체에게 과거나 트라우마, 고통, 시련은 단순한 삶의 재료일 뿐, 이 때문에 꼭 삶이 불행해지는 것은 아니다. 우리는 과거의 상처로 인해 지금도 불행에서 헤어나지 못하기도 하지만, 이를 극복하는 과정에서 인생을 보다 깊이 이해하고 포용하는 위대한 영혼으로 다시 태어나기도 한다. 니체에게 과거나 상처, 고통은 인간이 자기 자신을 극복하며 새롭고 강하게 태어날 수 있는, 다시 말해 인간에 대한 깊은 이해 속에서 자신의 행복을 찾을 수 있는 터전이기도 하다. "상처에 의해 정신이 성장하고 힘이 솟는다 increscunt animi, virescit volnere virtus"[52]라는 니체의 주장은 과거나 상처가 오히려 인간을 성장시키고 성숙시킬 수 있는 터전이 될 수 있다는 치유 사상을 담고 있다.

과거나 상처를 대면할 때 니체는 망각 능력과 조형력, 창조력이 필요하며, 이러한 것이 바로 인간의 행복과 밀접하다고 말한다. 그는 인간이 건강하고 강인하다는 것은 다름 아닌 망각 덕이라고 보며 "망각이 없다면 행복도, 명랑함도, 희망도, 자부심도, 현재도 있을 수 없다"[53]라고 말한다.

가장 작은 행복에서도, 또 가장 큰 행복에서도 행복을 행복으로 만드는 것은 언제나 하나다. 잊을 수 있다는 것, 또는 학문적으로 표현하자면, 자

---

52 프리드리히 니체,《우상의 황혼》, 73쪽. ; GD, Vorwort, KSA 6, 58쪽.
53 ──,《선악의 저편·도덕의 계보》, 396쪽. ; GM II, 1, KSA 5, 292쪽.

신이 지속되는 동안 비역사적으로 느낄 수 있는 능력이 그것이다. 순간의 문턱에서 모든 과거를 잊으면서 정착할 수 없는 사람은, 또 승리의 여신처럼 현기증이나 두려움 없이 한 지점에 서 있을 수 없는 사람은 행복이 무엇인지 결코 알지 못할 것이다.[54]

우리가 경험하고 기억하고 있는 모든 것이 삶을 유용하게 하거나 충만하게 만드는 것은 아니다. 역사에도 역사적인 것과 비역사적인 것, 이를 넘어서는 초역사적인 것이 있듯이, 우리의 삶에도 유용하고 삶을 성장시키는 일이 있는가 하면 삶을 퇴락시키고 오히려 해(害)가 되는 것도 있다. 니체는 역사에는 보존하고(골동품적 역사) 기념해야 할 것(기념비적 역사)도 있지만 비판적으로 걸러내고 재해석해야 할 것(비판적 역사)도 있다고 보면서 과거, 현재, 미래의 관계에서 역사적 건강성을 다루고 있다. 이러한 그의 역사관은 인간의 생애사 혹은 건강한 삶의 문제를 다루는 심리치료에도 그대로 적용될 수 있다.[55] 옛일을 망각하는 것은 단순히 과거에 일어난 부정적 사건이나 이야기를 무조건 지워버리는 것이 아니라 비판적 재해석을 통해 걸러내면서 조형할 수 있는 능력이다. 이는 건강을 회복할 수 있는 조형력, 즉 회복탄력성과 연관된다.

과거의 것이 현재의 것의 무덤을 파지 않으려면, 과거의 것이 잊혀야 할

---

54 프리드리히 니체, 《비극의 탄생·반시대적 고찰》, 이진우 옮김(책세상, 2005), 292쪽. ; USB II, 1, KSA 1, 249쪽.
55 니체의 역사관과 심리치료의 관계에 대해서는, 김정현, 《생명과 치유의 철학》, 제5장 '니체의 역사치료학'을 참조할 것.

244　제3부 우리는 어떻게 살아야 하는가

한도와 한계를 결정하기 위해서는 우리는 한 인간, 한 민족과 한 문화의 조형력이 얼마나 큰지를 정확하게 알아야 한다. 조형력이란 스스로 고유한 방식으로 성장하고, 과거의 것과 낯선 것을 대체하고 부서진 형식을 스스로 복제할 수 있는 힘을 말한다. 이 힘을 거의 소유하고 있지 않아 단 한 번의 체험으로도, 단 하나의 고통으로도, 종종 단 하나의 연약한 불의로도, 단 하나의 조그만 상처로도 치유할 수 없을 정도로 피를 흘리는 사람이 있다. 다른 한편 가장 거칠고 끔찍한 삶의 재난이나 자신의 악한 행위도 아무런 영향을 주지 않아, 그 와중이나 그 직후에도 평상시의 건강과 일종의 평상심을 유지할 수 있는 사람도 있다.[56]

조형력은 우리가 체험하는 불행이나 불쾌한 사건을 자기에게 유용하게 만들며, 자기 자신과 다른 사람들과 좋은 관계를 맺으며 긍정적 의지로 자신을 건강하게 만드는 치유력이다. 이러한 조형력이 있는 사람은 불운과 시련을 통해 오히려 더욱 강해진다고 니체는 말한다.[57] 이 경우 과거와 고통, 불행과 시련은 인간을 강하게 만들어 불행한 상황이 일어나도 평상심을 유지하게 만든다. 조형력은 과거를 통해 현재를 의미

---

56 프리드리히 니체, 《비극의 탄생·반시대적 고찰》, 293쪽. ; USB II, 1, KSA 1, 251쪽.
57 "그[제대로 된 잘된 인간: 필자]는 우연한 나쁜 경우들을 자기에게 유용하게 만들 줄 안다. ; 그를 죽이지 못하는 것은 그를 더욱 강하게 만든다. 그는 자기가 보고 듣고 체험한 모든 것을 본능적으로 모아서, **자기만의 합계**를 낸다. : 그가 선택의 원칙이고, 그는 많은 것을 버려버린다. 그가 교제하는 것이 책이든 사람이든 지역이든 그는 언제나 자기의 사회 안에 처해 있다. : **선택**하면서, 용인하면서, **신뢰**하면서 그는 경의를 표한다. 그는 모든 종류의 자극에 서서히 반응한다. 오랫동안의 신중함과 의욕된 긍지가 그를 그렇게 양육시켰다. (……) 그는 '불행'도 '죄'도 믿지 않는다. : 그는 자기 자신과 다른 사람들을 잘 조절하며, **잊어버릴 줄도 안다**."(──, 《이 사람을 보라》, 335쪽. ; Eh, Warum ich so weise bin 2, KSA 6, 267쪽.)

있게 만들며 미래를 창조하는 힘이다.[58] 니체에게 망각, 조형력, 창조성은 삶을 건강하고 충일하게 만드는 힘이다. 삶의 충일한 의미는 삶의 긍정성과 부정성을 온전히 통찰(전관全觀)하는 데서 찾을 수 있으며, 행복이란 망각과 조형력의 기예를 통해 이루어지는 성숙한 영혼의 창조적 충일 체험이다.

5. 행복은 의미 있게 살아가는 삶의 기예이다

경쟁과 성과를 중시하며 동시에 피로와 불안이 일상에 켜켜이 배어 있는 현대만큼 행복의 가치에 매달리는 시대도 없는 듯하다. 현대인은 부, 권력, 명예, 건강, 성공, 놀이(유흥), 쾌락, 안락 등과 같은 물질적·신체적 가치를 추구하며 이를 통해 행복을 획득할 수 있다는 '행복 노이로제'에 걸려 있다. 현대인들은 인간의 행복을 재산의 소유와 연결하며 돈으로 행복을 살 수 있다고 생각한다는 미래학자 리프킨의 비판에서 볼 수 있듯이,[59] 우리는 속물적·소비문화적 가치 속에서 독단과 불통(공감 능력의 마비), 경쟁과 불안, 고통과 불행에서 헤어나지 못하고 있다. 행복을 물질적 욕구의 충족이나 명예의 독점과 같은 외형적 가치에서 찾을수록 이것은 우리에게서 달아나 낯선 것으로 변하고 만다. 잘못

---

58 "창조하는 자로서, 수수께끼를 푸는 자로서, 그리고 우연을 구제하는 자로서 나는 그들에게 미래를 창조할 것을, 그리고 이미 있었던 모든 것을 창조를 통하여 구제할 것을 가르쳤다."(프리드리히 니체,《차라투스트라는 이렇게 말했다》, 322쪽. ; Za, III, Von alten und neuen Tafeln 3, KSA 4, 248~249쪽.)

59 제러미 리프킨,《공감의 시대》, 619쪽.

된 인생관으로 아무런 성찰 없이 살아가는 삶의 태도(윤리), 좋지 못한 생활습관, 비뚤어진 마음, 매사를 부정적으로 생각하고 말하는 사고 습관이나 언어 습관 등을 떨치지 못하면 정신적 가치와 아름다움, 의미 등을 찾기 어렵고 삶을 전체적으로 긍정하는 데서 오는 충일한 행복감을 얻기는 더욱더 어렵다.

니체에게 행복은 아리스토텔레스가 말하듯 삶의 목적 자체가 아니라, 각자 삶의 문제와 직면해 자기를 극복하고 의미 있는 삶을 추구하면서 얻어지는 충일 체험이다. 니체적 의미의 행복이란 자신과 삶을 긍정하고 창조적으로 자신의 미래를 만들어가는 능동적 인간에게서 찾을 수 있는 자각적 정신 활동이자 체험이다. 행복이란 세속적 의미의 가난이나 실패 혹은 가치 평가가 아니라 삶에 대한 성실함, 진지함, 깨어 있음, 삶에 대한 긍정, 사랑과 감사의 가치를 인지하는 인생의 가치인 것이다.[60] 행복이란 고난과 시련, 어려움과 저항을 극복해나가며 자신을 표현하는 능동적 활동 속에서 찾을 수 있으며, 니체는 이를 위해 일상의 관리술뿐만 아니라 망각과 조형력, 충일한 삶의 의미를 찾는 길을 제시한다.

자신을 있는 그대로 긍정하거나 수용하지 못하고 세속적 가치를 좇으며 타인과 끊임없이 비교하며 살면서 점차 자존감을 상실해가는 현대인에게 니체적 행복과 치유의 사상은 많은 성찰거리를 제공한다. 니체의 사상은 자신의 무게중심이 없어 '자아신경증'을 앓고 있고, 자아

---

60 김정현, 〈행복의 철학과 삶의 예술〉,《원불교사상과 종교문화》 제50집 (원불교사상연구원, 2011년 12월), 268쪽.

팽창과 오만, 이기심으로 인간관계를 파괴하며, 강박과 시기 질투, 의존과 분노, 허영과 불안의 감옥에 갇혀 마음의 고통을 겪는 황폐해진 현대인들에게 의미 있는 삶이란 무엇이고, 아름다운 인생은 무엇이며, 행복한 삶은 어떻게 얻을 수 있는지를 성찰하게 한다. 비트겐슈타인이 말하고 있듯이 유리병에 갇혀 빠져나오지 못하는 파리처럼 현대인은 어두운 마음의 미로, 혼란스러운 가치의 막다른 골목에서 빠져나오지 못하고 행복만을 외치며 불행해하는 듯하다.

의미 있는 삶을 누리고, 깨어 있는 정신으로 자신의 삶을 자각하며, 삶의 어려움을 극복하기 위한 의지를 북돋우고 그런 힘을 스스로 느끼는 것이야말로 행복으로 가는 길이다. 다시 말해 자신이 살아 있다는 사실(생명)을 깨닫고, 삶에 의미를 부여하며 삶을 조형하는 예술가가 되어 창조적 삶을 사는 것이 바로 니체적 의미의 행복을 찾는 길이다. 외형적·물질적 가치를 추구하며 행복 노이로제에 걸려 있는 오늘날, 경제적 부와 성과에 매달려 존재를 소진하고 피로와 불안에 빠져 있는 소진의 시대에 진정한 의미의 행복이 무엇인지, 어떻게 주체적으로 살아갈지, 어떻게 해야 건강한 삶을 누릴 수 있는지, 잠시 걸음을 멈추어 이런 물음을 던지고 내면 깊은 곳에서 울려오는 존재의 소리에 귀 기울일 때다.

참고문헌

가타리, 펠릭스,《세 가지 생태학》, 윤수종 옮김(동문선, 2003).

구인회, 〈현대인에게 있어 죽음의 의미와 그 도덕적 문제〉,《철학탐구》제16집(중앙철학 연구소, 2004), 59~81쪽.

권석만, 〈긍정심리학, 개인과 사회의 상생적 행복을 꿈꾸다〉, 박찬욱 외,《행복, 채움으로 얻는가 비움으로 얻는가》(운주사, 2010), 326~366쪽.

그레이, 존,《전지구적 자본주의의 환상》, 김영진 옮김(도서출판 창, 1999).

글라써, 윌리암,《행복의 심리, 선택 이론》, 김인자·우애령 옮김(한국심리상담연구소, 2010).

기든스, 앤서니,《좌파와 우파를 넘어서》, 김현욱 옮김(한울, 1997).

——,《현대성과 자아정체성》, 권기돈 옮김(새물결, 1997).

——,《제3의 길》, 한상진·박찬욱 옮김(생각의 나무, 1998).

——,《질주하는 세계》, 박찬욱 옮김(생각의 나무, 2000).

김정현,《니체의 몸철학》(지성의 샘, 1995).

——, 〈현대의 자아지리학: 프롬의 자유의 인간학〉,《사회비평》제18호(1998), 241~ 266쪽.

——, 〈고통의 심층철학〉,《철학연구》제68집(대한철학회, 1998년 11월), 119~145쪽.

——, 〈포스트모더니즘의 안과 밖〉,《인문학지》제17집(충북대 인문학연구소, 1999년 2월), 297~319쪽.

——, 〈서양 철학사에 나타난 무의식의 개념〉,《한국정신치료학회지》제17호(한국정신 치료학회, 2000년 12월), 13~27쪽.

——, 〈열린 정신과 상생의 도덕〉,《열린 정신 인문학연구》제4집(원광대 인문학연구 소, 2003년 2월), 9~15쪽.

——,《니체, 생명과 치유의 철학》(책세상, 2006).

———, 〈니체 사상과 오토 랑크의 심리학〉, 《니체연구》 제16집 (한국니체학회, 2009년 가을), 152~153쪽.

———, 〈프랑클의 실존분석과 로고테라피, 그 이론적 기초〉, 《철학연구》 제87집 (철학연구회, 2009년 겨울), 57~83쪽.

———, 〈행복의 철학과 삶의 예술〉, 《원불교사상과 종교문화》 제50집 (원불교사상연구원, 2011년 12월), 245~272쪽.

———, 〈글로컬리즘에 대한 철학적 성찰—'자아 정체성'을 중심으로〉, 《범한철학》 제67집 (범한철학회, 2012년 겨울), 315~336쪽.

———, 《철학과 마음의 치유》 (책세상, 2013).

———, 〈에쿠멘 윤리, 대지와 몸의 생태 사상〉, 《철학연구》 제126집 (대한철학회, 2013년 5월), 1~23쪽.

———, 〈불안의 치유와 소통의 사유—'자아신경증'을 중심으로〉, 《범한철학》 제71집 (범한철학회, 2013년 겨울), 321~348쪽.

———, 〈현대에서 '죽음'의 의미〉, 《열린 정신 인문학 연구》 제15집 2호 (원광대 인문학연구소, 2015년 1월), 77~100쪽.

———, 〈니체의 행복과 치유의 사상〉, 《철학연구》 제135집 (대한철학회, 2015년 8월), 209~235쪽.

———, 〈소진의 시대와 영혼의 보살핌〉, 《철학연구》 제140집 (대한철학회, 2016년 12월), 217~242쪽.

김효섭, 〈니체의 행복론—행복의 조건〉, 《니체연구》 제22집 (한국니체학회, 2012), 66~97쪽.

니체, 프리드리히, 《차라투스트라는 이렇게 말했다》, 정동호 옮김 (책세상, 2000).

———, 《유고(1882년 7월~1883/84년 겨울)》, 박찬국 옮김 (책세상, 2001).

———, 《선악의 저편·도덕의 계보》, 김정현 옮김 (책세상, 2002).

———, 《바그너의 경우·우상의 황혼·안티크리스트·이 사람을 보라·디오니소스 송가·니체 대 바그너》, 백승영 옮김 (책세상, 2002).

———, 《인간적인 너무나 인간적인 II》, 김미기 옮김 (책세상, 2002).

———, 《아침놀》, 박찬국 옮김 (책세상, 2004).

──────,《유고(1884년 초~가을)》, 정동호 옮김(책세상, 2004).

──────,《유고(1884년 가을~1885년 가을)》, 김정현 옮김(책세상, 2004).

──────,《유고(1888년 초~1889년 1월 초)》, 백승영 옮김(책세상, 2004).

──────,《비극의 탄생·반시대적 고찰》, 이진우 옮김(책세상, 2005).

──────,《즐거운 학문·메시나에서의 전원시·유고(1881년 봄~1882년 여름)》, 안성찬·
    홍사현 옮김(책세상, 2005).

데이비스, 윌리엄,《행복산업》, 황성원 옮김(동녘, 2015).

데자르뎅, J. R.,《환경윤리》, 김명식 옮김(자작나무, 1999).

돌퓌스, 올리비에,《세계화》, 최혜란 옮김(한울, 1998).

라자라토, 마우리치오《부채인간》, 허경·양진성 옮김(메디치미디어, 2012).

러브록, 제임스,《가이아》, 김기협 옮김(김영사, 1996).

러셀, 버트런드,《행복의 정복》, 황문수 옮김(문예출판사, 2009).

레비나스, 에마뉘엘,《시간과 타자》, 강영안 옮김(문예출판사, 1996).

──────,《윤리와 무한》, 양명수 옮김(다산글방, 2000).

로텐버그, 데이비드,《생각하는 것이 왜 고통스러운가요?》, 박준식 옮김(낮은산, 2011).

리만, 프리츠,《불안의 심리》, 전영애 옮김(문예출판사, 2008).

리프킨, 제러미,《생명권 정치학》, 이정배 옮김(대화출판사, 1996).

──────,《유러피언 드림》, 이원기 옮김(민음사, 2005).

──────,《육식의 종말》, 신현승 옮김(시공사, 2008).

──────,《공감의 시대》, 이경남 옮김(민음사, 2011).

──────,《3차 산업혁명》, 안진환 옮김(민음사, 2012).

메이, 롤로,《자아를 잃어버린 현대인》, 백상창 옮김(문예출판사, 1991).

모르쉬츠키, 한스·자토어, 지그리트,《두려움의 열 가지 얼굴》, 김현정 옮김(애플북스,
    2012).

모심과살림연구소,《죽임의 문명에서 살림의 문명으로》(한살림, 2011).

밀러, 캐롤라인 A.·유펜긍정심리학응용센터·프리슈, 마이클,《나는 이제 행복하게 살고
    싶다》, 우문식·박선령 옮김(물푸레, 2015).

바우만, 지그문트,《유동하는 공포》, 함규진 옮김(산책자, 2009).

――, 《고독을 잃어버린 시간》, 조은평·강지은 옮김(동녘, 2012).

――, 《방황하는 개인들의 사회》, 홍지수 옮김(봄아필, 2013).

바이츠체커, 에른스트 울리히 폰, 《환경의 세기》, 권정임·박진희 옮김(생각의나무, 1999).

베르더, 루츠 폰·슐테-슈타이니케, 바바라, 《교양인이 되기 위한 즐거운 글쓰기》, 김동희 옮김(동녘, 2004).

베르크, 오귀스탱, 《대지에서 인간으로 산다는 것》, 김주경 옮김(미다스북스, 2001).

베리, 웬델, 《온 삶을 먹다》, 이한중 옮김(낮은산, 2011).

베이컨, 프랜시스, 《신기관》, 진석용 옮김(한길사, 2001).

베일런트, 조지, 《행복의 완성》, 김한영 옮김(흐름출판, 2011).

벡, 울리히, 《글로벌 위험사회》, 박미애·이진우 옮김(길, 2010).

――, 《세계화 시대의 권력과 대항권력》, 홍찬숙 옮김(길, 2011).

벤-샤하르, 탈, 《해피어》, 노혜숙 옮김(위즈덤하우스, 2007).

――, 《완벽의 추구》, 노혜숙 옮김(위즈덤하우스, 2010).

――, 《하버드대 52주 행복 연습》, 서윤정 옮김(위즈덤하우스, 2010).

――, 《행복을 미루지 마라》, 권오열 옮김(와이즈베리, 2013).

――, 《행복이란 무엇인가》, 김정자 옮김(느낌이있는책, 2014).

보슈, 필립 반 덴, 《행복에 관한 10가지 철학적 성찰》, 김동윤 옮김(자작나무, 1999).

복, 시셀라, 《행복한 개론》, 노상미 옮김(이매진, 2012).

볼로우, 오토 프리드리히, 〈실존 철학에서의 죽음의 문제〉, 정동호 편, 《죽음의 철학》(청람, 1997), 211~243쪽.

뵈셰마이어, 우베, 《행복이 낯선 당신에게》, 박미화 옮김(서돌, 2011).

부르디외, 피에르, 〈신자유주의의 본질〉, 비평이론학회, 《비평》 제2호(생각의나무, 2000), 172~180쪽.

부버, 마르틴, 《나와 너》, 표재명 옮김(문예출판사, 1984).

블레이, 하름 데, 《공간의 힘》, 황근하 옮김(천지인, 2009).

세네카, 루키우스 안나이우스, 《인생이 왜 짧은가》, 천병희 옮김(숲, 2005).

――, 《화에 대하여》, 김경숙 옮김(사이, 2013).

셀리그만, 마틴, 《마틴 셀리그만의 플로리시》, 우문식 · 윤상운 옮김(물푸레, 2011).

──, 《마틴 셀리그만의 긍정심리학》, 김인자 · 우문식 옮김(물푸레, 2014).

소로, 헨리 데이비드, 《월든》, 양병석 옮김(범우, 2006).

소르망, 기, 《열린 세계와 문명 창조》, 박선 옮김(한국경제신문사, 1998).

손병석, 《고대 희랍 · 로마의 분노론》(바다출판사, 2013).

송두율, 《21세기와의 대화》(한겨레신문사, 1998).

쉐프, 알프레트, 《프로이트와 현대철학》, 김광명 · 김정현 · 홍기수 옮김(열린책들, 2001).

슐츠, 발터, 〈죽음의 문제에 대하여〉, 정동호 외 편, 《죽음의 철학》(청람, 1997), 33~62쪽.

시뢸니크, 보리스, 《불행의 놀라운 치유력》, 임희근 옮김(북하우스, 2006).

싱어, 피터 · 메이슨, 짐, 《죽음의 밥상》, 함규진 옮김(산책자, 2008).

아우구스띠누스, 《참된 종교》, 성염 역주(분도출판사, 1989).

아우렐리우스, 마르쿠스, 《명상록》, 천병희 옮김(숲, 2011).

알폰스 데켄, 《죽음을 어떻게 맞이할 것인가》, 오진탁 옮김(궁리, 2003).

──, 《인문학으로서의 죽음교육》, 전성곤 옮김(인간사랑, 2008).

에피쿠로스, 《쾌락》, 오유석 옮김(문학과지성사, 1998).

엘리스, 엘버트, 《화가 날 때 읽는 책》, 홍경자 · 김선남 옮김(학지사, 2002).

──, 《불안과의 싸움》, 정경주 옮김(북섬, 2009).

엘리아스, 노르베르트, 《죽어가는 자의 고독》, 김수정 옮김(문학동네, 2012).

오진탁, 《마지막 선물》(세종서적, 2007).

월러스틴, 이매뉴얼 · 홉킨스, 테렌스 K., 《이행의 시대》, 백승욱 · 김영아 옮김(창작과비평사, 1998).

이기상, 《글로벌생명학》(자음과모음, 2010).

장일순, 《나락 한 알 속의 우주》(녹색평론사, 2009).

정동호 편, 《죽음의 철학》(청람, 1997).

천선영, 《죽음을 살다》(나남, 2012).

초스도프스키, 미셸, 《빈곤의 세계화》, 이대훈 옮김(당대, 1998).

촘스키, 놈, 《그들에게 국민은 없다》, 강주헌 옮김(모색, 1999).

──, 《507년, 정복은 계속된다》, 오애리 옮김(이후, 2000).

최준식, 《죽음학 개론》(모시는사람들, 2013).

카슨, 레이첼, 《침묵의 봄》, 이태희 옮김(참나무, 1996).

크리스태키스, 니컬러스·파울러, 제임스, 《행복은 전염된다》, 이충호 옮김(김영사, 2010).

테일러, 찰스, 《불안한 현대 사회》, 송영배 옮김(이학사, 2009).

톨스토이, 레프, 《이반 일리치의 죽음》, 고일 옮김(작가정신, 2014).

──────, 《톨스토이 인생론·참회론》, 박병덕 옮김(육문사, 2012).

틸리히, 폴, 《존재의 용기》, 차성구 옮김(예영커뮤니케이션, 2006).

포스터, 존, 《환경혁명》, 조길영 옮김(동쪽나라, 1996).

프레이저, 낸시, 《지구화 시대의 정의》, 김원식 옮김(그린비, 2010).

프로이트, 지그문트, 《문명 속의 불만》, 김석희 옮김(열린책들, 1997).

프롬, 에리히, 《자기를 찾는 인간》, 박갑성·최현철 옮김(종로서적, 1992).

하그로브, 유진, 《환경윤리학》, 김형철 옮김(철학과현실사, 1994).

하이데거, 마르틴, 《기술과 전향》, 이기상 옮김(서광사, 1993).

한병철, 《피로사회》, 김태환 옮김(문학과지성사, 2012).

──────, 《시간의 향기》, 김태환 옮김(문학과지성사, 2015).

──────, 《심리정치》, 김태환 옮김(문학과지성사, 2015).

홍성욱, 《네트워크 혁명, 그 열림과 닫힘》(들녘, 2002).

Andreas-Grisebach, Manon, *Eine Ethik für die Natur*(Frankfurt a.M., 1994).

Adorno, Theodor L.W., *Minima Moralia*(Frankfurt a.M., 1991).

Aristoteles, *Nikomakische Ethik*, von Günther Bien(hrsg.)(Hamburg, 1985).

Beck, Ulrich, *Risikogesellschaft*(Frankfurt a.M., 1986).

──────, *Was ist Globalisierung?*(Frankfurt a.M. 1997).; 벡, 울리히, 《지구화의 길》, 조만영 옮김(거름, 2000).

Descartes, René, *Discours de la méthede*, von Lüder Gäbe(übers.)(Hamburg, 1990).

Deleuze, Gilles, *Foucault*, von H. Kocyba(übers.)(Frankfurt a.M., 1992).

Deleuze, Gilles·Guattari, Felix, *Rhizom*, von D.Berger(übers.)(Berlin 1977).; (들뢰즈, 질·

가타리, 펠릭스, 《천개의 고원》, 김재인 옮김(새물결, 2001).

Epictetus, *The Enchiridion*, N.C.Raleighi(Alex Catalogue(NetLibrary), 1996).

Freud, Sigmund, *Gesammelte Werke*, Band 10(Frankfurt, 1960).

──────, *Das Unbehagen in der Kultur, Sigmund Freud Studienausgabe*, Bd.IX, von A. Mitscherlich · A. Richards · J. Strachey(hrsg.)(Frankfurt a.M., 1974).

Fromm, Erich, *Die Kunst des Liebens*, von Liselotte und Enrst Mickel(übers.)(Frankfurt a.M., 1992).

──────, *Gesamtausgabe in zwölf Bänden*, Bd.VII: *Aggressionstheorie*, von Rainer Funk(hrsg.) (Stuttgart, 1999).

Fukuyama, Francis, *The End of History and the Lastman*(New York, 1992).

Habermas, Jürgen, *Die Neue Unübersichtlichkeit*(Frankfurt a.M., 1985).

──────, *Nachmetaphysisches Denken*(Frankfurt a.M., 1988).

──────, "Struggles for Recognition in the Democratic Constitutional State", Amy Gutmann(ed.), *Multiculturalism*(Princeton: Princeton University Press, 1994).

──────, "Begründete Enthaltsamkeit. Gibt es postmetaphysische Antworten auf die Frage nach dem 'richtigen Leben'?", Habermas, Jürgen, *Die Zukunft der menschlichen Natur. Auf dem Weg zu einer liberalen Eugenik?*(Frankfurt a.M., 2001), 11~33쪽.

Hegel, Friedrich, *Phänomenologie des Geistes*(Hamburg, 1952).

Heidegger, Martin, "Die Zeit des Weltbildes"(1938), Heidegger, Martin, *Holzwege*(Frankfurt a.M., 1980), 73~110쪽.

──────, "Nietzsches Wort 'Got ist tot'"(1943), Heidegger, Martin, *Holzwege*, 205~263쪽.

──────, *Sein und Zeit*(Tübingen, 1972).

──────, *Zollikoner Seminare*, von Medard Boss(hrsg.)(Frankfurt a.M., 2006).

Horkheimer, Max · Adorno, Theodor L.W., *Dialektik der Aufklärung*(Frankfurt a.M., 1989).

Hügl, A. · Artilel "Tod", *Historisches Wörterbuch der Philosophie*, Bd.10, von J. Ritter und K. Gründer(hrsg.)(Basel, 1998), 1227~1242쪽.

Jaspers, Karl, *Philosophie II: Existenzerhellung*(München, 1994).

Jonas, Hans, *Das Prinzip Verantwortung*(Frankfurt a.M., 1984).

―――, *Philosophie. Rückschau und Vorschau am Ende des Jahrhunderts*(Frankfurt a.M., 1993).

Kant, Immanue, *Kritik der reinen Vernunft*, von R. Schmidt(hrsg.)(Hamburg, 1956).

―――, *Grundlegung zur Metaphysik der Sitten*(Hamburg, 1965).

―――, *Metaphysik der Sitten*, von H. Ebeling(hrsg.)(Stuttgart, 1990).

Kierkegaard, Søren, *Der Begriff Angst*, von Hans Rochol(übers.)(Hamburg, 2005).

―――, *Die Krankheit zum Tode*, von Hans Rochol(übers.)(Hamburg, 2005).

Kohut, Heinz, *Heilung des Selbst*, von Elke vom Scheidt(übers.)(Frankfurt a.M., 1996).

―――, *Narzißmus*, von Lutz Rosenkötter(übers.)(Frankfurt a.M., 1997).

Kuhlen, R., "Glück", Joachim Ritter(Hrsg.), *Historisches Wörterbuch der Philosophie*, Bd.3(Basel/Stuttgart, 1974), 679~707쪽.

Leopold, Aldo, *A Sand Country Almanac and Sketches Here and There*(New York: Oxford University Press, 1966).

Levinas, Emmanuel, *Totalitéet Infini*(La Haye: Niihoff, 1961).

Lyotard, Jean-François, *Das postmodern Wissen*, von O.Pfersmann(übers.)(Graz, 1986).

MacInture, Alasdair, *After Virtue*(Nortre Dame: University of Nortre Dame Press, 1984).; 매킨타이어, 알래스데어, 《덕의 상실》, 이진우 옮김(문예출판사, 1997).

Marinoff, Lou, *Plato, not prozac!: applying eternal wisdom to everyday problems*(New York: HarperCollins, 1999).

McLuhan, Marshall, *Understanding Media: The extention of man*(New York, 1964).

Mead, George H., *Gesammelte Aufsätze*, Bd.1, von Hans Joas(hrsg.)(Frankfurt a.M., 1987).

―――, *Geist, Identität und Gesellschaft*, von Charles W. Morris(hrsg.)(Frankfurt a.M., 1988).

Moore, Thomas, *Care of the Soul*(New York: HarperCollins, 1992).

Nietzsche, Friedrich, *Sämtliche Werke Studienausgabe*, G. Colli und M. Montinari(hrsg.)(München, 1980).

Platon, *Politeia(Der Staat)*, *Platon Werke*, Bd.4, von Friedrich Schleiermacher(übers.) (Darmstadt, 1971).

―――, *Phaidon*, *Platon Werke in acht Bänden*, Bd.3, von Gunther Eigler(hrsg.)(Darmstadt, 2005).

Rank, Otto, *Kunst und Künstler: Studien zur Genese und Entwicklung des Schaffensdranges*, von Hans-Jürgen Wirth(hrsg.)(Gießen, 2000).

Schmid, Wilhelm, "Die Wiederentdeckung der Lebenskunst", Wilhelm Schmid(Hrsg.), *Leben und Lebenskunst am Beginn des 21. Jahrhundert*(München, 2005), 13~24쪽.

―――, *Glück*(Frankfurt a.M. und Leipzig, 2007).

―――, *Philosophie der Lebenskunst*(Frankfurt a.M., 1998).

―――, *Schönes Leben?*(Frankfurt a.M., 2000).

Schneider, Ursula, *Grundzüge einer Philosophie des Glücks bei Nietzsche*(Berlin · New York, 1983).

Schöpf, Alessandro, "Die verdrängte praktische Seite des Problems von Pluralität und Konsensbildung", Schmitz, B. · Prechtl, P.(hrsg.), *Pluralität und Konsensfähigkeit* (Würzburg, 2001), 13~24쪽.

Sloterdijk, Peter, *Über die Verbesserung der guten Nachricht. Nietzsches füntes "Evangelium"* (Frankfurt a.M., 2001).

Stewart, Moira · Brown, Judith Bell, *Patient-Centered Midicine: Transformimg the Clinical Method*(Radcliffe Medical Press, 2003).

Wittgenstein, Ludwig, *Philosophische Untersuchungen*, Wittgenstein, Ludwig, *Schriften 1*, von G.E.M. Anscombe(hrsg.)(Frankfurt a.M., 1980).

Welsch, Wolfgang, *Homo mundanus: Jenseits der anthropischen Denkform der Moderne* (Weilerswist: Velbrück, 2012).

찾아보기

인명

ㄱ

ㄴ

ㄷ

ㄹ

ㅁ

서명

용어

소진 시대의 철학

펴낸날 초판 1쇄 2018년 1월 25일
          초판 2쇄 2019년 9월 5일

지은이 김정현
펴낸이 김현태
펴낸곳 책세상

주소 서울시 마포구 잔다리로 62-1, 3층(04031)
전화 02-704-1251(영업부), 02-3273-1333(편집부)
팩스 02-719-1258
이메일 bkworld11@gmail.com
광고제휴 문의 bkworldpub@naver.com

홈페이지 chaeksesang.com **페이스북** /chaeksesang
트위터 @chaeksesang **인스타그램** @chaeksesang **네이버포스트** bkworldpub

등록 1975. 5. 21. 제1-517호
ISBN 979-11-5931-208-3 93100

이 도서의 국립중앙도서관 출판시도서목록(CIP)은 서지정보유통지원시스템 홈페이지
(http://seoji.nl.go.kr)와 국가자료공동목록시스템(http://www.nl.go.kr/kolisnet)에서
이용하실 수 있습니다.(CIP제어번호 : CIP2018000959)